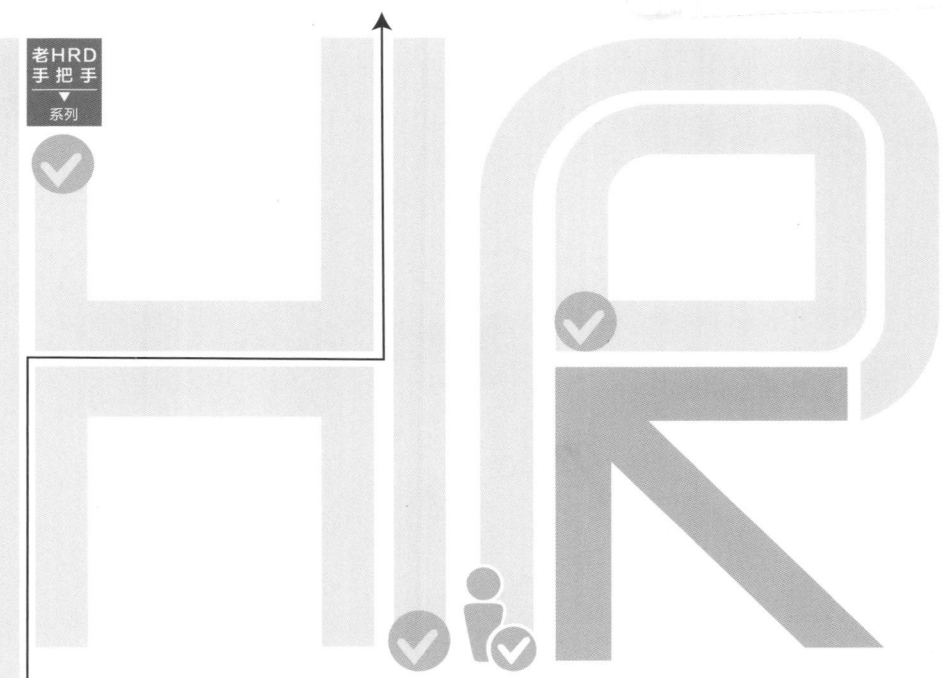

老HRD手把手教你
做培训
实操版

潘平　闫吉伦◎著

中国法制出版社
CHINA LEGAL PUBLISHING HOUSE

企业人力资源管理"手把手"丛书专家顾问委员会成员

（以下排名顺序不分先后）

隆　雨	京东集团首席人力资源官及法律总顾问
王文萍	奇虎360人力资源总监
张如国	新东方教育集团助理副总裁兼人力资源总监
马永武	腾讯学院院长
胡劲松	乐视网人力资源高级总监
蔡元启	海尔集团全球人才平台总监
高晓宇	酒仙网资深人力资源总监
李　琳	凤凰网人力资源中心总经理
徐惠来	清华同方本部人力资源总监
刘　莹	恒安集团人力资源总监
张晓春	新奥集团人力资源总监
杨　勇	安踏集团总裁助理兼人力资源总监
王珏珅	宇通客车人力资源总监
陈毅贤	北京中科金财科技股份人力资源副总裁
黄治民	北京北斗星通科技股份人力资源副总裁
周留征	北京东土科技股份副总裁
刘亚玲	北京华胜天成科技股份人力资源总经理
刘法圈	联想控股融科智地房地产人力资源总监
赵小兵	敦煌网人力资源高级顾问
张成强	京翰教育集团人力资源总监

周　博　中国电信翼支付人力资源总监
张　萌　光大永明人寿保险人力资源部总经理
李　瑛　东方国信人力资源总监
肖冬云　天音通信人力资源总监
王文涛　凌云光子集团人力资源副总裁
李美平　远光软件股份有限公司副总裁
薛　燕　天极传媒集团人力资源总监
王永贤　北京立思辰科技人力资源副总裁
王志成　亿龙集团人力资源副总裁
刘立明　北京建谊投资（集团）高级副总裁
张银昆　北京合纵科技股份人力资源副总裁
李　亮　万达集团人力资源管理中心副总经理
刘海赟　易车网人力资源中心总经理
高文举　微才网首席执行官
廖　亮　中国邮政人力资源总监
陈　沁　亚信集团薪酬福利总监
张　欣　北京华联商厦人力资源总监
兰　雨　人人网人力资源总监
赵东辉　拉卡拉人力资源总监
俞　波　新中大软件股份人力资源总监
王立平　北京久其软件人力资源总监
李默成　大公国际人力资源总监
姜　杉　中金数据科技人力资源总监
陈守元　易华录科技股份人力资源总监
张　琰　紫光集团人力资源部经理
徐冰雪　工商银行数据中心人力资源部经理
曹　冰　恒宝科技人力资源总监
郭　奇　北京盛百味餐饮集团总经理

企业人力资源管理实践领域一大盛事

我国企业从二十世纪九十年代开始致力于人力资源管理转型，历经二十多年，其发展水平仍然参差不齐，有些企业已经进入战略人力资源管理阶段，同时也有不少企业仍然徘徊在人事管理阶段。究其原因，一是企业领导人对人力资源管理的认识不到位；二是人力资源管理专业人员的业务能力不达标。现有的人力资源相关的出版物在服务企业家学习方面基本是够用的，但在提升人力资源专业人员的业务能力方面，尚有缺欠。"师带徒""边干边学"仍是中国企业人力资源新兵们"习武"的主要方式。

人力资源管理是一门致用之学，既有系统深入的理论基础，又有复杂多变的操作规则和艺术。综观书市，以人力资源管理为题的教材和理论性书籍林林总总、数不胜数，但完全由业界人士撰写的实战型精品却难得一见。中国法制出版社联手国内顶尖名企的人力资源高管共同打造"老HRD手把手系列丛书"，以契合此领域学习资料之短板，可谓年轻人力资源管理从业者之幸。

这套丛书的出身决定了它的独特个性：

1. 作者"道行深"：优秀的作者才能写出优秀的作品。这套丛书的"爸爸妈妈"都是硕士学历，接受过高水平的系统教育。他们从基层员工一步一步成长为人力资源高管，经历过多番变革，处理过多种矛盾，至今仍奋战在企业人力资源管理第一线。他们不仅深谙人力资源管理理论，更精通人力资源管理操作技巧，可以说，他们都是"有道行"的人，是有能力写出既有仙气又接地气的作品的人。

2. 内容"实"：本书的内容以"实战、实用、实效"为导向，书中所有实践经验均来自国内一流名企，这些公司都具有鲜明的代表性。书中不仅有文字描述和理念、原则的介绍，还有大量"开袋即食"型的流程、工具和表格，新手和生手们可以借此实现本公司实践与优秀公司经验之间的无缝对接。

3. 文字"简"：本套丛书没有将简单的问题复杂化，没有赘述枯燥的管理理论，内容表达简洁直接，便于读者快速把握要点。

4. 主题"全"：本套丛书涵盖企业招聘、绩效、培训和薪酬等各项职能，每本书又覆盖了一项职能中几乎所有的细节，可谓人力资源管理实操大全，为企业构建规范化、精细化人力资源管控体系提供了一整套解决方案，也为人力资源专业人员成为全能型选手提供了"十八般兵器"。

5. 附加值"高"：非常难得的是，本套丛书的读者遇到管理难题可通过QQ群免费咨询，作者们无私相助的诚心由此可见一斑。这是移动互联时代的服务创新，更是作者们社会责任感的充分体现。

正是因为本套丛书的以上特点，我很高兴、很荣幸写这个小序，一是向读者朋友们推荐这套丛书，二是向作者们致敬、祝贺。这套书不仅适用于企业人力资源管理专业人员中的新手和生手，也值得老手们参考。他山之石可以攻玉，在一个企业做久了，思路容易有局限，相信此套书也能给老手们带去清新之风。

我还要从高校教师和学生的角度感谢作者和出版社。大部分教授人力资源管理课程的老师都没有人力资源管理的实战经验，学生也难有机会全面了解企业人力资源管理的真实面貌。这套书把企业实践搬到师生们的眼前，虽不能代替调研和实践，却也能让师生们离企业实践更近。对高校的教学活动而言，这套书是很有价值的参考资料。

高境界的管理要做到知行合一、科学性与艺术性的有机统一；在这套"老HRD手把手系列丛书"里，我非常欣慰地看到了这一点。这同时也启发各位读者：尽信书不如无书，他人的经验还要和自己的实情相结合。人力资源管理有科学和普遍的成分，也有艺术和特殊的成分，把先进企业的经验作为铺路石去开拓自己的路，才是正确的做法。本书的价值在于告诉读者们要做什么、怎么做、为什么做，至于是不是自己做、做到什么程度，则没有标准的答案。

中国企业的转型升级已经进入了关键阶段，未来，人力资源管理在企业中必将扮演越来越重要的角色。祝愿中国企业的人力资源管理能伴随企业的改革发展而达到新的高度！祝愿中国的人力资源管理同仁薪火相传，打造一支能被企业领导和员工高度信赖的专业队伍，共同让人力资源成为中国企业决胜商场的第一资源！

——清华大学经济管理学院
领导力与组织管理系副教授
曲庆

愿"手把手"成为广大 HR 同仁的必备宝典

非常高兴为本套"老 HRD 手把手系列丛书"作序，特别是看到本套丛书完全是由企业 HRD/HRVP 级别的实战派专业人力资源管理人士编写的。这些作者在承担企业管理压力的同时，还能为中国企业提供一套来自本土企业的最具有实践借鉴价值的图书，他们这种社会责任感让我感到由衷的敬佩。

本套丛书的最大特色：

1. 定位非常鲜明

众所周知，未来的中国是大众创业、万众创新的时代，大众创业、万众创新是中国经济发展的新的发动机。未来无数中小企业将如同雨后春笋般茁壮成长。本套丛书就是为这些快速成长，不断创新的企业提供人力资源管理方面的建议和帮助。

2. 内容通俗易懂

让 HR 读者以最快的速度，吸收和借鉴国内一流企业丰富的管理实践和宝贵的经验。更为难能可贵的是，本套丛书内容具体翔实、接地气，回归到人力资源管理的本质价值。

3. 实战和可操作性强

读完就能懂，拿来就能用，图书内容有实战和可操作性，既有具体工作方法介绍，又有详细的整体方案设计和配套落地工具。

本套丛书的作者选择可谓精挑细选，全部为硕士研究生以上学历，HRD

以上职位，是从人力资源管理工作基层起步一步一步走上企业高管职位，每个作者至少有 10 年以上的著名大型企业从业经历，并且都是社会公益事业的热衷人士……这些典型的特点，让这套丛书充满内涵，可谓熠熠生辉。

作为"实战派"专家，本套丛书的各位作者对企业人力资源管理的业务和流程非常熟悉，因此才能分岗位、分职位地对企业人力资源管理的相关业务进行梳理，使读者在每一本书中都能清晰地看到人力资源从业者的职业发展路径——职员、主管、总监，明白自己在各种职位、各种岗位所应掌握的知识和能力，也为各企业针对人力资源部员工进行培训提供了岗对岗、职位对职位的优秀培训体系，开创了人力资源管理实战派图书的先河。

这些作者经过十多年的企业人力资源职场历练和磨砺，对人力资源乃至企业各种疑难问题的解决可以说是举重若轻，身经百战，依然奋斗在企业人力资源管理的第一线，每个作者都是人力资源实战派管理专家，能为本套丛书作序，我深感荣幸。

企业人力资源管理是科学更是艺术，管理实践必须接地气，要与企业管理实践实现零距离接触，只有这样才有真正的价值。近年来无论校企合作还是高校教师深入企业研究管理课题，无不深刻地推进企业管理理论和实践的紧密融合。因此实战性的管理专著更能引起管理者的共鸣。

市面上人力资源管理图书很多，但是本套丛书完全由企业实战派人士编写，每本书中流露出的思想光辉、核心理念、丰富的管理流程、超级实用的管理工具，让这套丛书的管理理论零距离地接近企业管理实践，这些先进的管理闪光点都是非常难能可贵的创新。本套丛书是企业人力资源管理经典实践的精华，它紧密结合企业管理实践，提炼了很多有价值的管理经典，为人力资源从业者提供了实实在在的指南。本套丛书不仅适合企业中高层管理者、人力资源从业者学习，也为高校教师、学生零距离研究企业人力资源管理实践提供了一本绝好的教材。

再次祝贺本套丛书问世，真的值得祝贺！

——奇虎 360 人力资源总监

王文萍

自序 PREFACE

我的新书《上承战略 下接人才——人力资源管理高端视野》出版后，在短短三个月的时间里，清华大学出版社就进行了三次印刷。从读者的评论中我又获得许多收获与感悟。我从中摘几句与大家分享：

"作者真是十分熟悉人力资源各方面，本书不仅对HR管理人员有启发，更对广大求职者有指导作用"；"菜鸟到行家人手一本的必备实战手册，该书既有高度，又接地气"；"知识板块结合案例深入分析，对人力资源领域高层管理者有很大的借鉴意义，学习起来也不枯燥，是一本很好的手边'实战'指导手册"；"本书从一个老HRD的角度，把自己所推崇的理念、思路、方法都写了出来"；"拿到这本书，如获知音，书中从战略、人才、行业、组织和HRD五个维度全面总结了高超的人力资源管理技艺，理论与实操相结合"等。

由此可见，本书对读者来说是非常有价值的。鉴于读者对这本书的认可和希望，本人开始筹划编写HR专业模块的书籍，此时中国法制出版社向我发出了邀请，希望我参与"老HRD手把手系列丛书"的编著，本人正有此愿，遂一拍即合。从构思到写作，历经几个月的奋战，今书终于成稿。

对于这套丛书之名"老HRD手把手系列丛书"，感觉立意很实，定位群体很精准。丛书的关键词"老HRD"和"手把手"，对于"老HRD"，本人是这样理解和认识的：从业HR时间长，经验丰富、老道；心智成熟，见多识广，宠辱不惊；有智有谋，上与老板交流战略文化，中与业务伙伴交流能力绩效，下与员工交流制度体系，情系员工，以情管人，乃智者；对 HR 业务资深，懂企业战略文化、管理体系、流程制度、技术方法等，是资深的 HR 管理专家；善于提炼，乐于分享，是传道授业解惑的老师。

本套丛书汇集了许多让读者"开卷有益"的知识。特别是对培训业务模块的知识理论体系的梳理，实践经验挖掘，开放式的知识分享。这些知识对初入职场从事 HR 的人来说是很好的福音：他们希望入职后立马拿到一本书，阅读后就知道培训的业务、流程、方法、工具、表单，就好像一位老师站在自己的身边，正手把手地教自己如何做培训，教了就会做，做后就有成。而本书正是基于此目的来编写的。

《老 HRD 手把手教你做培训》这本书，是以"高""低""活""远"四字为主题来编写的。"高"即眼要高，培训要用全景视角看企业战略、业务、员工和自我。"低"即手要低，要真正掌握"五·四·一"培训管理体系："五"为培训需求调查、计划制订、组织实施、效果评估、工作总结；"四"为培训的四大资源体系，即课程、讲师、软硬件资源与预算；"一"为制度保障，以培训的制度来推进培训业务发展。"活"即"用要活"，把"五·四·一"培训管理体系用于人才队伍的培训与管理中，做到学活、用活。"远"，即"行要远"，启迪培训管理者们要不断学习新的知识，追求卓越创新并快速成长，看远走远。

人生不过百年岁，荣辱归其"智"一生，对其"智"可以理解为每天知道多一点，也可理解为每天都会分享一点点知识。今天的我们虽不可说"智"，但我们愿意把这些"老"的东西、多年积累的管理经验，用"教"的方式写出来，奉献给那些初入培训业务的工作者。

人生如书，少年有趣，青年有情，中年成事，老年成就。我们每天都有进步与收获，不管用什么方式，我们的主动学习或被动参加培训，都要让知识每天增长。孔子周游列国培养弟子三千，被尊为"圣人"，教书者古时被称为"先生"，当今称"教授""老师"。对于这些，都聚焦于"教"字。而作为此系列丛书之一《老 HRD 手把手教你做培训》的作者，试想当时接此任务之时，心有忐忑，刚写成"人力资源管理高端视野"，一下又转到"手把手"的基础理论实践中，有如从唱高音民歌转到唱通俗歌曲，唱腔唱调都要有相当大的调整。好在本人早有此打算，也是从初入者一路走过来，自然知道初入者一书在手，一学全会的渴求。于是欣然起笔，经数月汗水，遂成此书。

人无"远虑"，则有"职忧"。面对互联网时代的影响，企业都在进行商业模式、流程、组织等的转型升级，特别是未来"互联网+"主流群体的千禧们，他们更需要快速转变与成长。通过阅读此书，他们可以快速掌握培训知识新模式、新方法、碎片培训、移动培训……顺势而学，借势成长。

中国文明五千年，教育传承几千里，百家争鸣，百花齐放，适合自己胃口的才是好食品。希望这本书能适合初入职场的读者，成为培训这个业务模块人才培养上的指路明灯。

本书的编写得到了我的爱人刘锐、我的儿子潘啸、我的同事闫吉伦和邹黎等的大力支持，在此表示衷心感谢！

潘平

目录

第1章
全景视角看培训

1.1 从四个维度看培训需求 // 003

1.2 从培训结果看培训价值 // 011

第2章
有效甄别培训需求

2.1 培训需求的来源 // 016

2.2 培训需求调查方法 // 020

2.3 实施培训需求调查 // 025

2.4 培训需求报告撰写 // 027

2.5 老 HRD 的智慧分享 // 028

第3章
培训计划制订

3.1 培训计划概述 // 032

3.2 培训计划编制管理 // 035

3.3 培训计划书的编制 // 036

3.4 老 HRD 的智慧分享 // 038

第4章
培训组织实施

4.1 培训准备 // 042

4.2 培训实施 // 046

4.3 学员积极性如何调动 // 048

4.4 老 HRD 的智慧分享 // 051

第5章
培训效果评估

5.1 培训效果评估的模型 // 054

5.2 培训效果评估的方法 // 057

5.3 培训评估工具的开发 // 058

5.4 培训评估的实施流程 // 065

5.5 培训成本效益的分析 // 068

5.6 老 HRD 的智慧分享 // 071

第6章
培训工作总结

6.1 培训总结的分类 // 074

6.2 培训总结的撰写方式 // 077

6.3 老 HRD 的智慧分享 // 085

第7章
培训课程开发管理

7.1 课程开发的必要性 // 088

7.2 培训课程开发管理 // 089

7.3 构建学习地图体系 // 109

7.4 老 HRD 的智慧分享 // 111

第8章
内部讲师培训开发管理

8.1 讲师开发的重要性 // 114

8.2 内部讲师的选拔 // 116

8.3 内部讲师的培养 // 120

8.4 内部讲师的认证 // 123

8.5 讲师的应用与评价 // 125

8.6 内部讲师的激励 // 131

8.7 老 HRD 的智慧分享 // 133

第9章
培训技术方法

9.1 企业培训的发展趋势 // 138

9.2 培训技术方法的介绍 // 141

9.3 培训方法选择及应用 // 154

9.4 老 HRD 的智慧分享 // 157

第10章
管理人才培训

10.1 管理人才的定义 // 160

10.2　领导力的管理体系 // 162

10.3　领导力的培训实践 // 168

10.4　培训应注意的问题 // 181

10.5　老 HRD 的智慧分享 // 185

第11章
专业技术人员队伍培训

11.1　专业技术人员定义 // 188

11.2　专业技术人员职业发展通道及能力要求 // 188

11.3　专业技术人员培训体系 // 190

11.4　老 HRD 的智慧分享 // 208

第12章
国际化业务人才培训

12.1　外派人员的培训 // 212

12.2　国际化营销人才培训 // 221

12.3　老 HRD 的智慧分享 // 236

第13章
营销一线人员培训

13.1　营销一线人员的定位 // 240

13.2　营销一线人员的特性 // 243

13.3　营销人员培训五步法 // 244

13.4　基于业绩提升的培训 // 257

13.5　服务能力提升的培训 // 259

13.6　老 HRD 的智慧分享 // 260

第14章
技能人才培训

14.1 技能人才培训需求来源 // 264

14.2 技能人才的发展通道 // 265

14.3 技能人才的培养体系 // 265

14.4 技能人才培训六步法 // 266

14.5 技能人才培训效果评估 // 279

14.6 社会力量助力技能人才培训 // 281

14.7 老 HRD 的智慧分享 // 288

第15章
校园人才"五步成长"培训

15.1 抓住"90 后"校园人才的特点 // 292

15.2 "4-3-2-1"校园人才培训体系 // 294

15.3 "五步成长"校园人才培训模式 // 295

15.4 老 HRD 的智慧分享 // 310

第16章
数字化学习时代真正到来了

16.1 E-learning——企业数字化学习 1.0 // 314

16.2 移动学习——企业数字化学习 2.0 // 318

16.3 AR 仿真学习和深度学习——企业数字化学习 3.0 // 323

16.4 数字化学习平台成功的"三驾马车" // 325

第 1 章
全景视角看培训

互联网时代中，行业间的竞争趋于白热化、人才的竞争加剧、用工成本增加、人口红利逐渐消失，这些都要求企业对"人"给予更高的关注。企业的发展关键在于"人"，而人与人之间存在着较大的能力差异。如何通过解决人的能力问题来解决企业的问题？企业培训是解决企业问题的重要手段之一。它是根据企业发展战略所开展的一种推进组织变革，提高组织、业务能力，从而提高整体绩效，是以促进员工发展、帮助培训管理者提升自我能力为目标的一种活动。

企业的培训活动从企业战略、业务目标、员工发展、培训管理者自我能力提升四个方面（如图1-1）来开展，而这四个方面处于企业的不同层面、不同维度。企业战略、业务目标为输入，员工为载体，培训业务管理为平台。因此，要做好培训自然要从全景视角来看，具体分为两个视角：以正向视角从

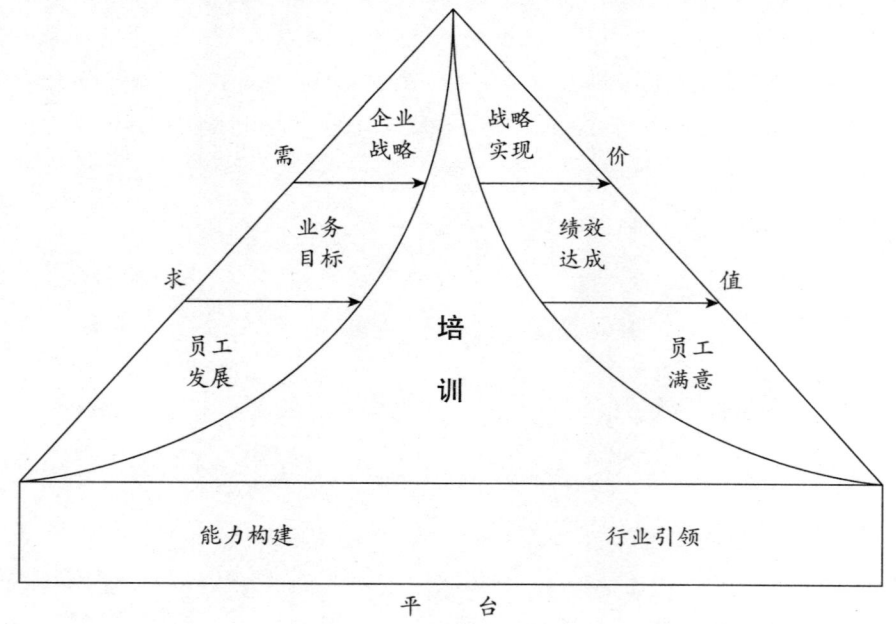

图 1-1　全景视角看培训

需求看培训和以逆向视角从培训结果看价值。以正向视角看战略目标、业务目标、员工发展和培训业务自身对培训的要求。而逆向视角则是通过培训结果来看价值，看培训是否有助于战略推进、业务绩效提高、员工能力提升、培训行业引领。企业领导、业务部门、员工对培训工作的满意度越高，培训工作自身的能力和价值就越高。

1.1 从四个维度看培训需求

1.1.1 仰望战略目标看能力需求

1. 如何理解企业的战略

"战略"一词来源于军事术语，"战"指战争、战役，"略"指谋略、策略、方法。而对于企业，战略则为目标、意图或目的，是企业为之奋斗的一系列目标，以及企业为达到这些目标而制订的方针与计划，包括中、长、短期计划及相应的目标路径、所需的资源与能力等。在组织的资源和能力中，核心人才队伍的资源和能力显得更加重要。对一个企业来说，首先要看它有无战略，战略制定得好与坏，战略目标能不能实现，路径及速度是否达成预期等。因为这些对人力资源战略而言都是关键的输入，企业以此制定相应的人力资源业务模块的策略，如企业制定培训业务策略就必须先从企业的战略体系中进行解读和承接。因此，培训管理者要前瞻性地考虑以战略目标为基准的培训需求，主动承接企业战略目标，主动思考如何通过培训保证战略的有效实现。

2. 企业战略制定与执行的方法论

BLM（业务领先模型，Business Leadership Model）是IBM的一整套战略制定及执行的模式和方法论。BLM认为，企业战略的制定和执行要从市场分析、战略意图、创新焦点、业务设计、关键任务、正式组织、人才、氛围与文化以及领导力等方面考虑。它们的关系如图1-2所示。

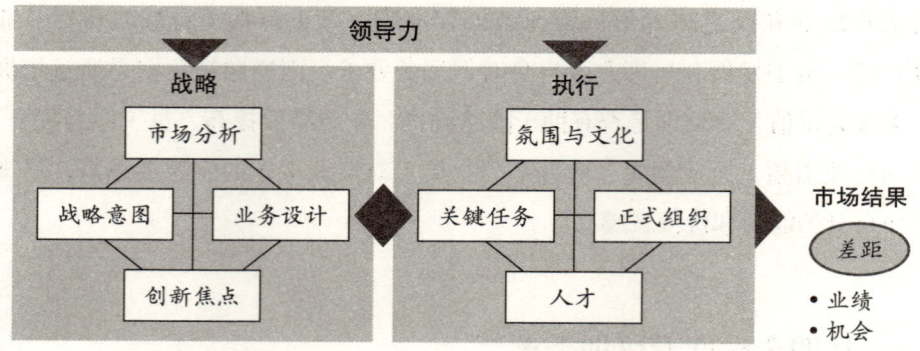

图 1-2　BLM（业务领先模型）

战略是对现状和期望业绩之间差距的一种感知，业绩差距和机会差距激发战略创新。战略制定的落脚点是业务设计，而业务设计则是战略迈向执行的关键。构成 BLM（业务领先模型）的各个要素的内涵如下表所示。

表 1-1　　　　　　　　　BLM（业务领先模型）分析

构成要素	内　　涵
战略意图	组织机构的远景、方向和最终目标，与公司的战略重点相一致。
市场分析	了解客户需求、竞争者动向、技术发展和市场经济状况，从中找到机遇和风险，旨在解释市场上正在发生什么以及这些变化对公司来说意味着什么。
创新焦点	包括时间点、资源利用和目标衡量三个方面。进行与市场同步的探索与试验，从广泛的资源中提取想法，通过试点和深入市场的实验探索新想法，谨慎地进行投资和处理资源，以应对行业的变化。
业务设计	业务设计五要素：选择客户、价值主张、价值获取、活动范围和战略控制。以对外部的深入理解为基础，利用内部能力和战略控制点探索可替代的业务设计。
关键任务	为满足业务设计和价值主张的要求所必需的行动。
正式组织	为确保关键任务和流程能有效地执行，需建立相应的组织机构、管理和考核标准，包括人员单位的大小和角色、奖励与激励系统、管理与考评、职业规划、人员和活动的物理位置，以便指导、控制和激励个人和集体去完成团队的重要任务。
人才	重要岗位的人员要具备相应的能力以完成出色的业绩，包括人才获得、培养、激励、留存等内容。
氛围与文化	创造好的工作环境以激励员工完成关键任务，并在危急时刻鼓舞他们。积极的氛围能激发人们创造出色的成绩，使得他们更加努力。

从 BLM 模型分析可以看出，人力资源部门要在诠释企业战略的基础上制定出人力资源战略、人才战略，并围绕这些战略要素去寻找着力点。通过评估着力点来找到企业需要提升哪些能力。

3. 看实现战略需要什么能力

（1）战略创新能力

企业要克服种种战略创新障碍，使战略创新变得更有效，并最终取得成功。就要求企业在战略创新过程中具备一系列的能力，这些能力综合起来可理解为战略创新能力。它的实质是当企业发现战略错误或不能再为客户创造更多价值时，有能力通过战略创新发现、获取、利用并整合企业内外部资源，改变目前的企业战略，应对行业变化，重塑市场边界。因此，提升组织整体的战略创新能力，培育员工的创新思维对企业战略的实现至关重要。

（2）战略绩效

对于企业高层管理者来说，实现战略绩效要求其具有非常强的洞察力、应变力和控制力，能对企业内外部环境的变化作出及时反应和应对，在企业战略实施过程中能够统筹全局、适时调整。对企业中层管理者来说，由于其工作起到承上启下的作用，实现战略绩效要求其做好桥梁性工作，具备战略眼光和心态，具有跨部门、跨领域的工作能力。对企业基层工作者来说，实现战略绩效要求其具有扎实的基层工作能力、深入的工作挖掘能力、广泛的工作拓展能力和了解战略目标的能力。

（3）组织力

企业组织力是指企业在市场竞争环境下，具有比竞争对手更高的生产效率或更高性价比的能力。组织力作为企业战略转化为执行力的桥梁，包括组织文化、组织架构、业绩管理和领导风格等方面。企业战略要真正落实，首先需要增强企业的组织力，从而提高企业战略的执行力，最终实现战略目标。而培训作为提高组织力的重要推手，可以提升此方面的能力。

（4）人才发展力

企业的人才发展能力可以概括为两个方面：一是外部人才的整合能力；二

是企业人才的"自生"能力。外部人才通过招聘的方式进入公司，其文化的融合性、知识能力的转化性与发挥性是社会人才培训的关键。对于人才的"自生"能力，企业必须有明确的员工职业发展规划，围绕规划来开展系统的培训、培养，并且"自生"人才的比例越高，企业的人才发展能力就越强。

4. 看战略性培训体系构建

战略性培训体系是以公司战略规划为导向，以岗位人才能力模型为基础，以创新的课程体系为支撑，以强大的内部讲师队伍为后盾所构建的符合组织战略发展需要的培训体系。这样的培训工作既符合公司组织发展需求，又符合人才自身职业发展的需要。

企业在构建战略性培训体系时，需要遵循以下路径，实现人才培养与企业战略的有效衔接。

（1）对企业战略进行解析

对企业战略目标进行分析，明确企业愿景和使命，落实到业务和职能部门中进行战略目标分解，将目标细化到每个岗位。

（2）确认战略实现需要的关键人才

不同类型的企业发展战略，对每个岗位的能力要求是不一样的。例如，实行创新战略的企业要求相关岗位上的员工思维开拓、反应灵敏、冒险精神强，而处于成本领先阶段战略的企业则要求员工具有较强的团队合作精神和变革意识。

（3）分析现有人员的能力差距

用根据战略确定的人才标准，衡量现有人员的能力与企业战略所要求的能力之间的差距，深入分析其原因，可以使培训需求更加具体和清晰。

（4）制定培训目标与规划

对照各部门、各岗位存在的能力差距，按照"优先次序、轻重缓急"的原则，明确培训的整体策略、长短期目标、阶段性培训计划以及重点培训项目等。同时，可以设计分层次、分部门、分类别的培训项目，最终形成紧密贴近企业战略的培训目标与规划。

1.1.2 贴近业务看绩效

企业战略目标的载体是业务目标，业务目标能否达成决定着战略目标能否达成，而业务能否达成目标则取决于其能力水平、团队文化等因素。

1. 看业务绩效目标达成度

（1）盯市场绩效目标看竞争力

企业要从别人的市场占有率中抢占份额，并不断提升，靠什么？关键靠能力。这些能力包括企业的产品竞争力、市场策划、渠道开发与服务等能力。因此，培训管理部门要不时地与业务部门交流沟通，共同探讨如何通过组织培训，学习竞争对手的先进管理经验，快速提升能力。

（2）盯内部绩效目标看运营能力

企业得到了发展，而企业投入的资源情况如何？绩效目标，如利润、业务目标是否达成？这就要看企业的运营管理能力，如质量指标的影响因素可能是工人的技能素质的高低，采购成本过高可能是受企业的供应商交付能力、价格因素的影响。一个企业有生命周期，一个业务目标也有生命周期，因此，一个优秀的企业在进行绩效管理时，应针对业务设计绩效指标及目标值，并进行有效评估，以此来激励团队不断达成绩效目标。

2. 分析绩效未达成的原因

绩效未达成的原因主要有以下几个方面：产品、质量、价格、服务。企业可以从以下几个方面分析绩效未达成的原因：一是通过业务诉求了解需求；二是根据职能系统的分析报告分析需求；三是作为培训专家去分析问题，发现需求等。对业务需求进行分析整合，最终才能找到影响绩效的因素，进而通过培训工作来推进业务绩效目标的达成。

（1）文化价值观的统一度

文化价值观的统一度较低是绩效未达成的原因之一。一个企业的强大，最重要的是文化强大，而提高企业文化价值观认同度的重要手段之一是培训。

一位优秀的企业经营管理者，首先是一位优秀的培训师。他不仅重视培训，而且善于通过培训言传身教，把企业的发展战略、经营理念、文化氛围、价值取向、行为模式等带给每位员工，让员工了解企业发展的历史、现在与未来，认同企业的文化价值观，凝聚为一股强大的力量勇往直前。

（2）组织能力的满足度

培训管理者要紧盯业务目标，从业务部门所提到的各种业务问题中明确业务部门的培训重点，做好培训前的调研工作，再根据与业务部门沟通的结果，及时制订培训方案来提升组织能力，从培训专业性的角度进行培训主题的确认、培训讲师的甄别与沟通、培训方式的选用等工作。解决问题是最好的培训，让员工掌握先进的管理理念、方法、技术，以业务为导向，不断发展业务部门的团队能力，从被动要求业务部门培训到他们主动提出培训需求。

（3）胜任力和驱动力程度

从人力资源角度分析，影响业务绩效的重要因素之一是员工的胜任力，而胜任力中，员工的胜岗力非常关键。提高员工胜任力的主要手段就是加强岗位技能的培训。员工的能力到位，薪酬激励政策到位，为什么员工仍不能达成岗位绩效呢？这时就要看影响驱动力的其他因素，如员工的文化价值观、工作激情、提高绩效的方法技术等。

1.1.3 看员工成长与发展

但凡基业长青的企业，其员工培训的开展及结果都非常好。企业通过培训深化文化建设，让员工不断提高自己的能力，在个人获得晋升发展的同时又推动企业发展。

1. 要有清晰的职业生涯设计

从员工进入公司之日起，就要通过企业的培训，了解企业对员工的职业发展规划。一般企业都会根据组织特点和员工特点设计较为完备的职业发展通道，并且围绕职业发展通道进行员工职业与培训规划。员工需要通过培训提升工作能力，以较快地胜任目前的工作，并为下一步的晋升奠定基础。

2. 各阶段的能力技能需求

无论是管理人员还是专业人员，他们的职业发展通道都要按阶段式进行科学设计：纵向晋升、横向拓展再晋升。无论是哪一种模式都必须有相应的素质技能及经历要求。职业生涯发展各阶段中所需要的知识和技能不尽相同。设计好各阶段对知识和技能的标准之后，就要以此评估现有员工能力的差异，同时要有针对性地设计各阶段的培训课程。

3. 胜岗度与职业发展激励

企业的员工胜岗度越高，成长得越快，越能促进企业经营活动的开展，员工的自我成就感、收获就越多。培训部门要基于岗位的任职能力要素来开发相应的课程，从任职资格认证的关键要素出发，设计出基于人员级别、专业的任职资格行为标准、专业知识和能力要求的课程规划体系，制订课程开发计划。通过系统性地组织培训并认证，让员工通过认证获得晋级/晋升激励。

4. 绩效提升的辅导培训

从绩效管理地图来看，组织绩效层层分解在岗位上，由员工共同来达成。当具体的业务策略在执行过程中遇到阻力或问题时，培训的目的就是解决问题、提升业绩。因此，培训管理者首先要区分出哪些是通过培训可以解决的，哪些是通过培训解决不了的，哪些因素是通过行为改变促进绩效提升的。在进行有效的绩效分析后，将绩效问题转化为培训项目，辅导和帮助员工提升能力和素质，确保员工绩效目标的达成。对于绩效不达标的员工要进行针对性的辅导，主要从知识、技能、态度等方面来进行辅导培训，以此确保员工绩效目标的达成。

5. 认同文化价值观体系

企业文化由企业组织、企业老板构建，他们所设计的、所倡导的理念已经很清晰，但文化的真正载体是员工。员工只有认同企业文化，才会增强主人翁意识、敬业精神、责任感，自觉学习并掌握知识和技能，更好地融入企业。

构建员工认同的价值观体系，培训是重要的环节。通过组织培训，把企业的价值观、行为规范逐层逐级地深入员工心中，让他们从知、信、行（如图1-3所示）中去达成企业文化的高度统一，这样才能让员工成为真正的"主人翁"。

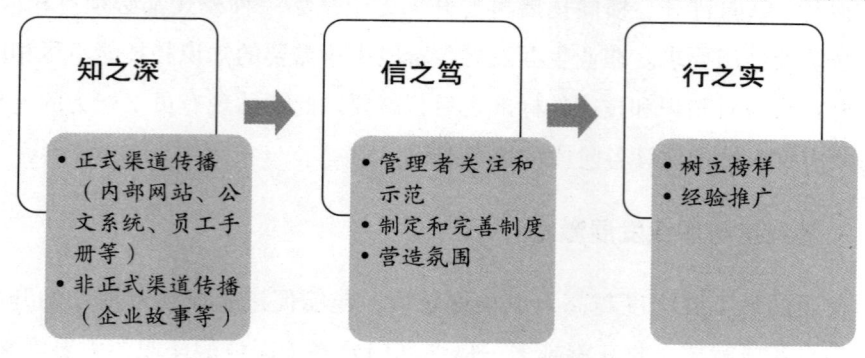

图1-3　企业文化培训落地

1.1.4　培训业务能力与培训目标要求

1. 看行业研究的前沿培训课题

一个企业，在互联网时代，必须进行相应的转型。因此，对培训工作者来说，如何抢占先机、引进新知识、调整自我方向非常关键。可以看以下两个方面：一是看潮流，要重视他们在研究什么样的培训课题，得到了什么成果；二是看先进性，要引入哪种模式才更适合自己，让培训能力的提升和效果更好。

培训管理者要借鉴和参考培训行业的前沿培训来创新自己的培训方式。与传统培训方式相比，现在的企业培训方式更注重培训带来的绩效改进，聚焦于柯氏四级评估中的"行为"和"结果"层面的改进效果，加快了绩效改进在企业内部实践的速度。如全球著名人才开发专家威廉·罗斯韦尔所说："培训领域正在进行的一个转变是，要求培训从业人员将原来关注的输入点，比如关注课程、学时等，转为关注输出点，也就是关注个人、团队和组织等不同层次的绩效。"培训机构也越来越重视对培训绩效进行量化管理，营造促进培训成果转化的工作环境。比如，运用培训成果转化的理论提高培训内容与工作的关联性，提高管理者的支持程度，建立岗位轮换制度等。

2. 看标杆企业培训推行的先进模式

培训管理者还要放眼标杆企业，以竞争视角从标杆企业的培训方向中看自己应做什么样的培训。标杆企业的培训文化、培训能力、培训方法技巧等都是培训管理者学习研究的课题。比如，据 Hay Group 发布的"2014 年最佳领导力培养公司"调研结果，最佳领导力培养公司前 20 强的企业越来越倾向于使用"高接触"的领导力培养方式。课堂式领导力培训仍然是他们的首选方式，而资深员工的辅导和内部员工的导师计划也受到高度重视。

又如，为培养互联网人才，搜狐开创了平台思维、众包思维、跨界思维等思维方式，腾讯采用全面渗透的企业文化、对核心人才的重点培养、丰富有趣的培训形式，淘宝大学强调从思维到行为习惯的转变以及互联网人才和传统企业 DNA 相融合的重要性，携程专门设立了人才快车道、科学管理提升班等项目。这些先进企业的培训理念、培训工具和技术方法给培训管理者调整培训方向目标时提供了很好的参考案例和借鉴经验。

1.2　从培训结果看培训价值

评价培训价值有四个维度：一是企业老板和高层，他们看培训是否推进战略目标实现和文化价值观认同；二是业务部门，他们看培训是否推进业务绩效，实现问题的解决、能力的提升、竞争力的加强；三是员工，他们看培训是否促进能力提升与发展；四是进行能力构建并引领行业。因此，培训管理者一定要用市场营销的理念去开发培训产品，精心组织管理，影响员工参与培训。只有共同参与才能共赢，共同用心才有好的结果。

1. 培训是否抓住收益点

企业每年都会投入大量的教学经费和相关资源用于员工培训，培训部门将培训项目完成情况、讲师数量和开发的课程作为成果向老板汇报。然而老板真的关注这些吗？他根本就不关注培训人次和课程数量，他关注的是产出，即"生产"出来的这些"产品"，到底给企业带来了哪些收益。

从战略的角度看培训，可以从三个方面重点考虑：第一，开展的培训是否围绕企业的转型升级，对企业的积极影响在哪里？比如，刚引进的高级专家，要和公司的创业团队一起吃苦打拼，企业文化培训对他们起作用吗？第二，培训是否塑造出切实可用的人才？例如，现在企业缺一个市场部经理，市场经理班培训结束后，这个人在不在？看看是谁？能不能用？第三，通过培训，组织能力真的得到了提升吗？是否为战略实现输送人才，满足战略需要？有没有为企业打造一支技术过硬、能力优秀的人才队伍？

2. 培训是否抓住业绩与能力关键点

业务绩效是衡量培训效果的重要维度。培训管理者必须走出人力资源部门，深入公司的业务中，与业务部门保持良好的协同联动，成为公司的业务专家、业务伙伴，为他们提供专业的培训支持，帮助他们达成业绩目标。培训是否与业务绩效相结合？是否是针对业务部门的需求开展的？是否解决了业务问题？是否实现了组织绩效提升和人才增值？是否塑造了良好的团队文化？这些都是培训管理者要思考的问题。

培训要真正看业务，成为真正的合作伙伴，总结起来为："想到"——为业务前瞻地想；"说到"——及时用准确的方式方法向业务部门表达；"做到"——用专业的能力把方案落到实处并持续跟踪；"实效"——培训结果要有实效，并最终取得业务部门的认可。业务是真正的强营实体，企业的战略必须用业务来支撑。

3. 培训是否抓住问题解决点

培训通过多样化的培训方式提升学员的绩效和能力，切实解决工作中遇到的问题。但在实际培训实施中，往往会忽略"提升绩效和能力"这一目标，使培训发生偏离：培训讲师卖力出演，依托培训游戏、笑话等博得学员哄堂大笑。这样的培训虽然获得了现场学员的好评，但是学员的绩效和能力并未真正得到提升，陷入"上课激动，下课不懂也不动"的怪圈。无论什么形式、什么内容的培训，都应以解决问题为最终目的。

4. 培训是否抓住员工满意点

培训的价值要通过培训对象及效果来体现。培训的载体是员工，从员工角度看培训效果。培训工作对员工的价值体现在以下三个方面：一是员工参训后行为改变，能力得到提升；二是员工提高了个人绩效，实现职业晋升发展；三是"主人翁"意识深入员工心中，员工的荣誉感和归属感增强，激情和敬业度提高，可以更好地融入企业。

5. 培训是否跟上行业的发展

衡量培训效果的好坏，还要找到对标企业，与同行进行比较，看企业先进技术和方法的导入是否促进企业转型。对新技术、新方法的关注、引进、转化与执行的力度是影响组织效能的重要因素。培训管理者与老板、高层管理者需要一同前瞻性地去思考所处行业的发展与变化趋势，探讨在未来的变革过程中如何提前进行人才储备和培养，促进业务发展，帮助企业引领行业竞争，使员工价值最大化，同时培训队伍自身的能力也能够得到提升。这正是培训的价值所在。

6. 培训管理者是否是一个成功的培训经理人

"生命的高贵不因累积而完成，却能因分享而发光。"优秀的培训管理者，是一个传道授业的组织策划者，往往拥有丰富的人生经历，能分享自己的心路历程、酸甜苦辣，感染众人。培训管理者在成就他人中成就自我，传递他人智慧时也增加了自己的人生智慧。做好以下四种角色，培训管理者就能成为一个成功的培训经理人。

表 1-2　　　　　　　　　培训管理者的角色与职责

利益相关者	职　责	角　色
老板／高层领导	主动参与战略设计，配合人才供给，并支持战略推进；协助推动企业文化建设与组织变革。	战略伙伴 变革推动者

续表

利益相关者	职　　责	角　色
业务领导	支持业务，满足业务发展对人力资源的需求； 提升部门及员工的绩效。	业务伙伴 绩效改进顾问
员工	以学习者为中心； 提供学习与发展的机会。	成长伙伴 学习教练
培训管理者本身	隐性知识管理； 学习发展体系与项目设计、管理。	知识管家 学习设计师

（1）战略伙伴与变革推动者

培训需要从公司战略规划和变革需求出发，将其当作一项业务来设计和运营，直接创造出效益，做出实实在在的业绩，配合战略推进，引领或支撑战略变革。

（2）业务伙伴与绩效改进顾问

培训管理者要成为企业的绩效改进顾问，从业务部门的实际问题出发，分析绩效差距的根本原因，并采取培训等手段帮助业务部门解决问题，达成业务目标，实现绩效提升。

（3）成长伙伴与学习教练

从员工的需求出发，激发员工的热情和主动性，提供符合其学习需要的资源、条件与专业支持，让其掌握必备的工作技能。

（4）知识管家与学习设计师

培训管理者要承担起组织知识管理的基本职责，不断激发知识的创新、沉淀、应用和共享，使隐性知识显性化，系统设计学习发展项目，达到组织发展的目的。

要达到以上的目标，作为一个培训管理者应具备前瞻性的思考力、资源整合利用力、学习和应变力、沟通措施力、实施推进力。

总而言之，企业的战略就是培训的方向，业务的需求就是培训的目标，员工的满意就是培训的宗旨。培训工作要做到以绩效为导向，"上接战略，密联业务"。只有这样，培训工作才能真正被老板、业务领导、员工认同，起到行业引领的作用。

第 2 章
有效甄别培训需求

- 培训需求来源于企业战略/组织绩效/员工职业发展
- 对于培训需求调查重点是围绕绩效改善和能力提升
- 不同业务项目选择使用什么样的培训方法非常重要
- 对不同层次的管理者进行访谈所获得需求差异较大
- 只有满足"真正的培训需求",才会有"真的效果"

本书的第一章曾提到，必须用"全景视角"的思维理念去对待培训，这样的培训效果才能达成培训目标。培训要达成预期绩效目标必须有相应的技术方法来保证，具体如何去做，应当回归到具体的培训业务上来，以需求导入为始，需求整合与验证为终。

2.1　培训需求的来源

培训需求一般来源于公司发展战略目标与现实能力之间的差距、绩效目标达成差距以及员工职业发展所需求的能力与目前的能力现状的差距等。对培训需求产生原因的客观分析，直接关系到培训的针对性和实效性。

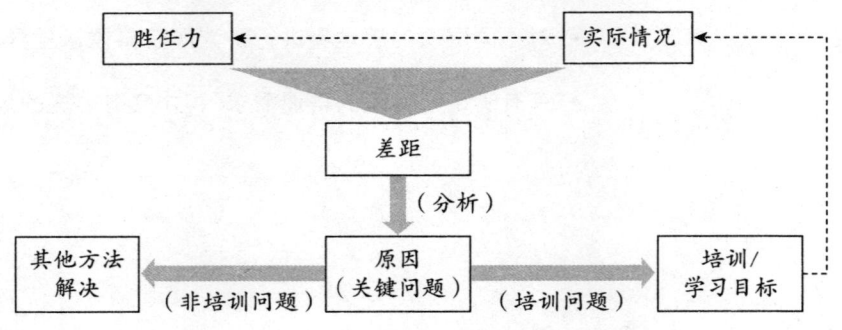

图 2-1　培训需求分析模型

培训需求产生的原因大致分为以下三个层次。

表 2-1　　　　　　　　　　　培训需求来源

层　面	内　容	分析方法
组织战略绩效层面	组织的目标与经营战略目标的实现 组织绩效目标的达成 组织转型创新的需要 新技术新方法的引入与推广 企业文化落地需要	组织要因分析法
业务绩效达成层面	业务绩效差距 业务面临的挑战 重点业务问题的解决	组织绩效分析法
员工个人发展层面	提升员工个人绩效 提高岗位胜任度 提升员工能力 提高员工的激情 员工职业发展诉求	岗位工作要因分析法

2.1.1　组织战略绩效层面

企业战略目标的实现、组织的转型和业务的创新、新技术新方法的引进和推广、企业文化的落地等都会产生培训需求。企业要根据组织战略、组织经营方针，找出组织高层、中层、基层为完成目标计划所存在的差距及管理过程中的问题，找出培训需求；明确清晰的组织目标既对组织的发展起决定性作用，又对培训规划的设计与执行起决定性作用。组织战略指导培训策略，培训目标来源于组织目标。

组织战略绩效层面的分析就是要解决公司高层管理者这样的问题：培训对实现企业的战略目标重要吗？培训怎样支持战略目标的实现？哪些职能部门和业务经营主体需要培训？从一个企业的发展阶段来看，企业所处生命周期不同，其相应的组织培训需求就有所不同。围绕生命周期规律，对资源、特质、环境等因素进行分析，准确地找出企业存在的问题及问题产生的原因，进而通过归纳分类与重要性排序，并通过培训来解决这类问题。组织战略绩效层面的需求调查，主要通过与公司高层的访谈来获取。

2.1.2 业务绩效达成层面

业务绩效差距、业务面临的问题需要借助一定的工具方法来进行分析。找出导致业务绩效差距及业务问题产生的原因,甚至需要借助一定的培训方案促进业务问题的解决。

表 2-2　　　　　　　　　　组织绩效问题

序号	询问组织的问题	回答
1	组织现在面对的关键问题是什么?	
2	你如何为这些问题排列优先次序?请从对组织成功最关键的问题开始。	

序号	针对每个问题,提出以下疑问	回答
1	问题是什么?请详细描述该问题。	
2	标志性问题解决的可操作结果是什么?	
3	为什么解决该问题是实现组织成功的关键?	
4	每个问题将会涉及哪些业务或者职能?	
5	为解决每个问题,这些业务或者职能中的员工需要做什么或做哪些提升改变?员工们当前的绩效如何?解决这些问题,他们的绩效应该如何?	
6	这些业务或者部门的员工需要学习什么(如果有)才能解决这些问题?	
7	除员工绩效外,还有哪些因素对每个问题有影响?	
8	为解决这些问题,你计划进行哪些变革(例如,模式调整、组织变革、职责调整等)?	
9	这些变革将会影响到哪些业务或部门?	
10	由于这些变革,这些业务或者部门的员工需要学习提升什么能力?	

2.1.3 员工个人发展层面

员工的需求主要来源于两个方面:胜任岗位需求与职业发展需求。

第一,胜任岗位需求。主要包括员工基于对岗位任职资格技能的掌握和为取得高绩效而产生的培训需求。

一方面，岗位任职资格对员工应具备的知识、技能、素质等做出要求，员工为了达到岗位任职资格要求，必然要进行胜岗知识技能培训；另一方面，绩效评价是评估员工绩效是否达标的重要手段之一。如果由于员工自身原因导致绩效不达标，就需要究其背后深层次的原因。找到员工的缺失，培训需求就产生了。

第二，职业发展需求。主要包括组织希望员工从自身职业发展目标出发以及对所从事的职能变化所需技能的培训需求。

员工发展的动力来源于对自己未来职业的规划，有了职业规划，员工就知道自己的职业发展目标，进而会去做相应的学习培训，这样培训需求就产生了。

通过对以上培训需求的调查了解，将这两方面的需求结合起来形成培训计划的基点，只要有了这个基点，培训计划就有可行性和有效性。

案例分享　培训需求找对了吗？

A公司是一家机械制造企业，自成立以来一直快速发展，很快成长为上万人的大企业。公司领导意识到企业要想取得长远发展，人才的发展至关重要，因此，公司上下高度重视培训工作，对培训在人才培养方面发挥的重要作用寄予了很高的期望，专门组织成立了培训中心，并从各个方面加大对培训的投入。

培训中心的主管尽心尽责地制定培训规划，制订方案组织每一场培训，力求将每个培训做到最佳。但是结果却相反，公司高层和员工对于公司培训工作的满意度很低，认为培训中心所设计的培训课程针对性不强，培训后收效不大。培训中心为此专门找相关专家对培训工作进行了诊断评估，结果发现以下主要问题：

一是公司的培训定位不清，导致培训的方针目标在执行中常常发生偏离。公司的培训定位在为企业长远发展培养人才，坚持"以人才为本"。但是在制订培训计划和组织实施的过程中，公司领导只重计划不重投入，培训计划好却组织实施不起来。

二是培训需求分析没有突出为达成改进组织绩效目标服务。公司制定的培训规划目标之一就是要不断改进组织绩效，但在培训需求调查的时候没有从分析绩效差距入手，而只是片面地从岗位需求的能力差异入手，仅体现在提高员工的胜岗能力上。

三是培训需求分析没有与员工的职业发展相结合。企业的培训需求调查只是着眼于员工现任岗位的技能提升上，而没有从员工职业生涯长远发展的需求考虑。因此员工长时间觉得培训只是在原地踏步，且绩效优秀的员工觉得培训的内容对自己用处不大。

培训中心通过专家分析认识到，自己的培训需求调查定位不准，应在关注员工的胜岗能力的同时兼顾组织绩效达成、员工职业发展，并且又认识到自己使用的调查工具方法不够科学。培训中心在专家的指导下重新调整定位，采取了一系列优化培训需求调查的方法和工具，培训需求找准了，老板和员工都满意。

2.2 培训需求调查方法

员工培训需求的调查方法有很多，这里介绍五种简单而实用的培训需求调查方法。

2.2.1 需求面谈法

需求面谈法是指访谈者与受访人面对面的交谈，从受访人的表述中发现问题，进而判断出培训需求的调查方法。

（1）面谈法的优缺点分析

面谈法同其他培训需求调查方法一样，有优缺点和适用范围。所有企业在实际开展培训需求调查时，最好不要只使用一种方法。面谈法的具体优缺点如图2-2所示。

第 2 章 有效甄别培训需求

面谈法的优点	面谈法的缺点
（1）得到的资料全面	（1）受访人容易受到访谈者的影响
（2）得到的资料真实	（2）需要投入较多人力、物力、时间
（3）能够了解问题核心，有效性较强	（3）面谈涉及的样本量较小
（4）能够得到自发性回答	（4）可能给受访人带来不便
（5）能够控制非语言行为	（5）可替代性较差
（6）开展团体面谈可以节省时间	

图 2-2　面谈法的优缺点

（2）面谈法实施步骤

通过面谈法收集培训需求分析信息时，可以按照图 2-3 所示的步骤执行。

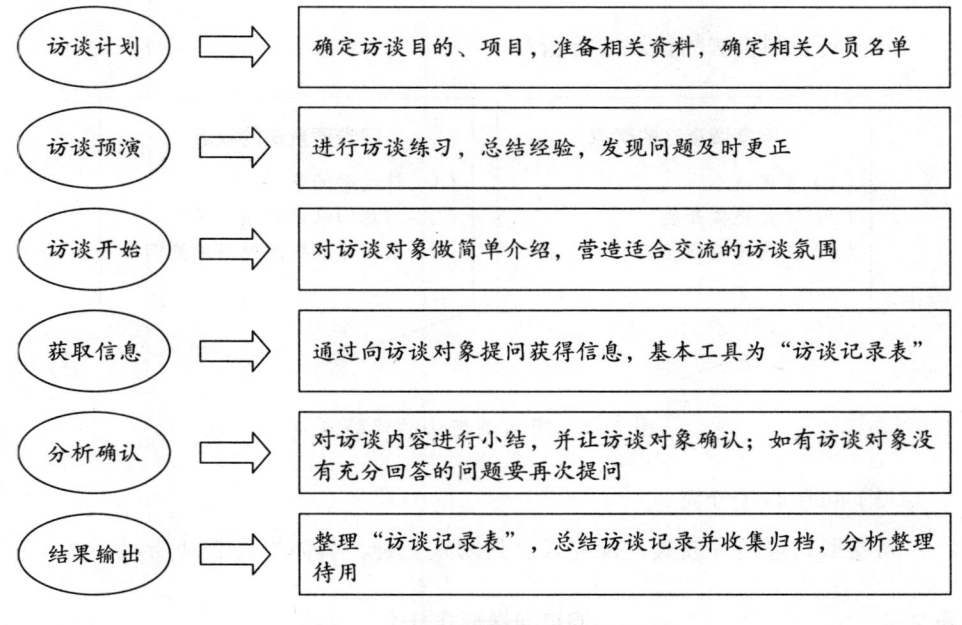

访谈计划	确定访谈目的、项目，准备相关资料，确定相关人员名单
访谈预演	进行访谈练习，总结经验，发现问题及时更正
访谈开始	对访谈对象做简单介绍，营造适合交流的访谈氛围
获取信息	通过向访谈对象提问获得信息，基本工具为"访谈记录表"
分析确认	对访谈内容进行小结，并让访谈对象确认；如有访谈对象没有充分回答的问题要再次提问
结果输出	整理"访谈记录表"，总结访谈记录并收集归档，分析整理待用

图 2-3　面谈法收集信息的流程

（3）对不同层级员工实施面谈法的关键点

组织在针对新员工、专员、主管、经理等不同级别的员工进行培训需求调查时，要依据具体要求选择面谈内容（参见表 2-3）。

表 2-3　　　　　　　对不同层级员工实施面谈法的关键点

受访人员类别	面谈法实施关键点
新员工	访谈企业文化、规章制度、职业化心态等。
专员级员工	访谈岗位知识的掌握、个人绩效达成情况、团队氛围等。
主管级员工	访谈职业化、管理技能、创新能力、团队文化等。
经理级员工	访谈管理能力、领导力提升、战略思维、团队协作等。

2.2.2　问卷调查法

问卷调查法是指通过预先设计的调查问卷收集培训需求和信息的调查方法。

（1）问卷调查法的优缺点分析

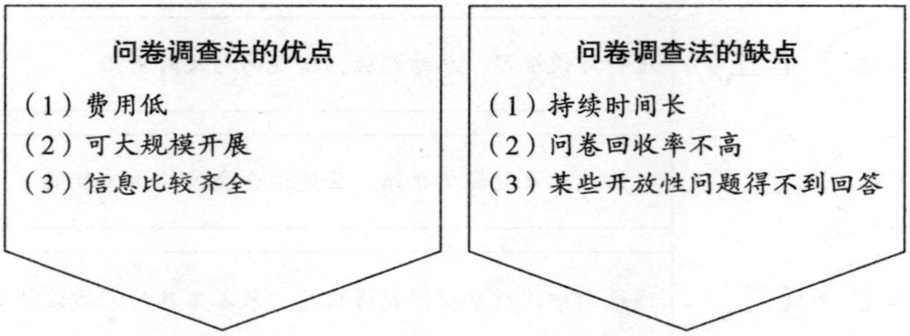

问卷调查法的优点
（1）费用低
（2）可大规模开展
（3）信息比较齐全

问卷调查法的缺点
（1）持续时间长
（2）问卷回收率不高
（3）某些开放性问题得不到回答

图 2-4　问卷调查法的优缺点

（2）问卷形式分类

问卷形式包括开放式、探究式、封闭式三种，具体如表 2-4 所示。

表 2-4　　　　　　　　调查问卷形式分类

类型	特征	作用
开放式	采用"什么""如何""为什么"等提问，回答时不能用"是"或"否"来简单应对。例如，"你为什么参加此类培训？"	发掘对方的想法和观点

续表

类型	特征	作用
探究式	更加具体化，采用"多少""多久""谁""哪里""何时"等提问。例如，"你希望这样的培训多久举行一次？"	探讨需求的真伪
封闭式	只能用"是"或"否"来回答的提问方式。	对需求的直接定位

（3）问卷调查的步骤

开展一次完整的培训需求问卷调查通常需要遵循以下步骤，如表 2-5 所示。

表 2-5　　　　　　　　　　　问卷调查步骤

步骤	内容	说明
1	制订调查计划	明确调查目标及任务，并制订计划，保证调查紧紧围绕目标展开。
2	编制调查问卷	调查问卷是问卷调查法的基本工具，通常包括选择题和问答题。
3	发放调查问卷	组织发放调查问卷，由被调查者填写问卷。
4	收集调查问卷	组织回收。
5	调查信息整理	整理问卷、统计数据，将问题进行汇总和分析。
6	调查结果输出	根据分析结果得出结论，编制调查报告，提交调查结果。

2.2.3　现场观察法

现场观察法是指通过到工作现场观察员工的工作表现发现问题，获取培训需求。运用观察法首先是要明确所需要的信息，其次是确定观察对象。观察时应该尽量隐蔽并进行多次观察，这样有助于提高观察结果的准确性。当然，这样做需要考虑在时间条件上和空间条件上是否允许。

表 2-6　　　　　　　　　　　培训需求调查观察表

观察对象：　　　　　　　　职位：　　　　　　　　地点：

观察内容	差	一般	好	较好	优秀
工作纪律遵守					

续表

观察内容	差	一般	好	较好	优秀
工作态度					
工作熟练程度					
时间安排的合理性					
工作完成情况					
工作效率					
团队意识					
整体工作状态					

观察时间：　　　　　　　　　　　　　　　观察人：

2.2.4 小组讨论法

小组讨论法是从培训对象中选出一部分具有代表性且熟悉业务的员工作为代表参加讨论，通过讨论调查获取培训需求信息。一般在讨论会前，培训组织人员要事先准备好讨论的内容或者谈话提纲，以便在小组成员讨论时有效地把握方向和内容。

表 2-7　　　　　　　　　　小组讨论提纲

一、讨论时间			
二、讨论地点			
三、参加讨论人员			
姓　名	职　位	部　门	联系方式
四、讨论课题			

续表

五、讨论关键内容
1. 该课题产生的背景及需求。 2. 员工对此课题的了解认可度。 3. 该课题需要的人员技能要求。 4. 对于项目管理者应需要什么样的培训。 5. 需引入什么样的新技能、新知识。

2.2.5　资料分析法

资料分析法是针对公司的重要文件，如年报、重要会议精神、领导讲话记录等进行整理分析，以此来找出培训需求点的一种分析方法。资料分析法一般用于分析组织及业务差距层面的培训需求，对资料分析者对业务的把握程度有较高要求。

2.3　实施培训需求调查

2.3.1　需求调查前期准备

（1）调查对象的背景档案。
（2）调查对象的选定与接洽。
（3）准备培训需求调查相关材料。

2.3.2　制订需求调查计划

培训需求调查计划应包括以下几项内容：

（1）制订培训需求调查工作的行动计划。

（2）确定培训需求调查工作的目标。

（3）选择适合的培训需求调查方法。

（4）确定培训需求调查的内容。

2.3.3　实施培训需求调查

制订培训需求调查计划后，就要按计划来组织实施调查。实施培训需求调查主要包括以下步骤：

（1）提出培训需求建议或愿望。

（2）调查、申报、汇总需求建议。

（3）分析培训需求。

分析培训需求需要关注以下问题：

（1）受训员工的现状。

（2）受训员工存在的问题。

（3）受训员工的期望和真实想法。

（4）汇总培训需求意见，确认最终培训需求。

2.3.4　分析与输出需求结果

培训需求分析，就是在开展培训需求调查的基础上，结合岗位胜任力与绩效结果，通过一定的方法和技术，对企业员工在组织战略目标、业务发展、员工发展等方面的相关信息进行识别和分析，以便获得并确定培训的重要性、必要性急需的培训内容，从而输出需求结果的过程。具体过程如下：

（1）对培训需求调查信息进行归类、整理。

（2）对培训需求进行分析、总结。

（3）撰写培训需求分析报告。

2.4　培训需求报告撰写

在完成了员工培训需求调查和分析后,就要将培训需求调查分析的结果用文字表格描述出来,形成正式书面报告,依次作为培训计划编制输入。《培训需求分析报告》的内容一般包括以下几个方面:

(1)报告提要,即对报告要点的概括。

(2)需求分析实施的背景。

(3)开展需求分析的目的和性质。

(4)概述需求分析实施的方法和流程。

(5)培训需求分析的结果。

(6)对分析结果的简要评析提出建议。

(7)附录,包括收集和分析信息时用的相关图表、原始资料等,其目的在于识别其收集和分析资料及信息所采用的方法是否科学。

案例　管理人员培训需求分析报告

(1)培训需求分析实施背景

×年×月,对企业管理人员进行年度培训需求调查,了解到企业现任的中基层管理干部大部分在现任的管理岗位任职时间较短,大多是从基层管理职位或各部门的业务骨干提拔上来的,他们是否能胜任以及快速提升管理能力是企业关注的焦点。

通过需求调查分析,把管理技能的提升作为中基层管理人员培训的重点内容之一。

(2)调查对象

企业各职能部门主要负责人(共计40人)。

(3)调查方式及主要内容

①调查方式:访谈、问卷调查

第一,访谈。由培训部门经理作为培训需求调查的主要负责人,同企业各职能部门负责人（40人）分别进行面谈，并与企业部分高层分别就40人的工作表现进行沟通。

第二，问卷调查。问卷调查共发放40份问卷，回收有效问卷35份。

②调查主要内容及其分析：

第一，岗位任职时间；

第二，管理人员幅度；

第三，如何制订工作计划；

第四，有效授权与激励；

第五，员工培训及高效团队建设。

（4）调查结果

（5）培训计划建议

①时间安排

②课程设置安排，如表2-8所示。

表2-8　　　　　　　　管理人员培训课程安排表

序号	培训类别	培训课程	培训课时（小时）
1	通用素质类	时间管理	3
2		制胜演讲	3
3	管理类	高效团队管理	3
4		授权	6
5		激励员工	6
6		向上管理	6

2.5　老HRD的智慧分享

要使企业培训有效果、有针对性，做好企业的培训需求分析是关键。培训需求分析是培训管理工作的基础点、重点和难点。培训管理人员应该在充分认识培训需求分析重要性的基础上，遵循相关程序对关键影响因素进行一一分析，从而得出最佳方案，真实有效地反映企业与员工的培训需求。

1. 对业务和调查群体的了解是策划设计调查方案的前提

培训需求分析调查人员要熟悉企业的文化、业务经营范围，具有丰富的人力资源管理知识，良好的沟通能力、管理能力、控制能力和较强的语言表达能力、文字能力等。如果不注重调查人员的选择，培训需求调查的质量就会大打折扣。因此，培训部门既要加强自身相关技能的锤炼，又要在平时下功夫，加强和业务部门的沟通和了解，以增强自身对业务的理解，提升对培训需求提炼和把握的能力。

2. 如何让业务部门主动参与调查

想让业务部门主动参与培训部门的行动，必须让他们知道培训部门的行动对他们有什么样的益处，这才是根本中的根本。切中他人的问题点和痛点才能让他们参与其中。

那么，怎样切中问题点和痛点呢？笔者认为：一是告诉业务部门领导，参加培训是他们的职责所在。二是告诉他们培训是员工福利之一，不关心福利何谈关心员工，怎么当好领导？三是告诉他们这是提高团队和组织绩效的最佳途径，要取得绩效收获必须做好培训工作。四是告诉他们培训是为求新求变，也是创新发展的最佳路径。只有抓住这些与他们发展密切相关的点，才能让他们意识到培训的重要性，这样员工就会主动参与。同时，要抓住关键人员，找对人，通过对关键人员的调研来获得需求。

3. 培训需求要做仔细的解读分析

各部门上报的培训需求一般都是基于战略、组织、个人的绩效差距、能力建议等提出的。但一些部门会上报一些掺杂个人的兴趣爱好，并与业务相关度不高的需求。作为培训管理者应如何去粗取精、去伪存真呢？笔者认为应做到以下几点：

一是判断需求与职能职责的契合度，HR部门要根据需求提纲鉴别是否契合。

二是判断需求与绩效差距所需的能力匹配度。

三是判断需求员工的能力符合度。如果提报的培训需求层次较高而员工的吸收能力有限，那么这个需求也是不真实的培训需求。

因此，识别培训需求时，一定要看输入的正确性、需求的相符性、培训的可实施性、结果的可预见性。挖掘真实的培训需求，同时不能大包大揽，因为许多问题并非培训能够解决的。

4. 功夫用在平时，需求分析要注意"内容动态性"

需求是工作中随时需要把握住的，专门做需求调研有时间局限，培训需求稍纵即逝。人是不断变化的，以前的需求现在看来也许不合适或以前需要培训的能力现在已具备。因此，过去的培训需求分析结果并不一定能反映员工现在的培训需求情况。培训需求是动态的，企业应注意适时地更新培训需求的内容，对培训需求要快速地反应、满足，培育自己对培训需求的"敏感度"。

第 3 章
培训计划制订

- 基于需求调查分析评估制订的培训计划才是好计划
- 让业务部门主动参与编制计划才能有效地服务业务
- 对于集团化企业编制培训计划必须体现两级管理
- 需求调查、计划制订、结果验收三者需要有机结合
- 一个完善的培训计划应包含九项培训计划内容构成
- 需求的真实性与业务符合性是制订培训计划的前提

经过需求调查获得真实的培训需求后，培训管理者应在以本企业的战略发展目标、业务计划和员工发展为输入的基础上，开始着手制订培训目标和编制培训计划。培训计划的编制是培训管理的关键环节。培训计划的有效性、可行性、科学性，培训的投入产出比等是衡量培训绩效的重要指标。

3.1 培训计划概述

培训计划是从组织的战略发展出发，在全面、客观真实的培训需求调查基础上对培训目标、培训对象、培训内容、培训课程、培训类别、培训讲师、培训方法、培训时间和培训经费等进行系统的设计和安排。

3.1.1 培训计划分类

培训计划按照不同的划分标准，有不同的分类方式，常见的分类如图3-1所示。

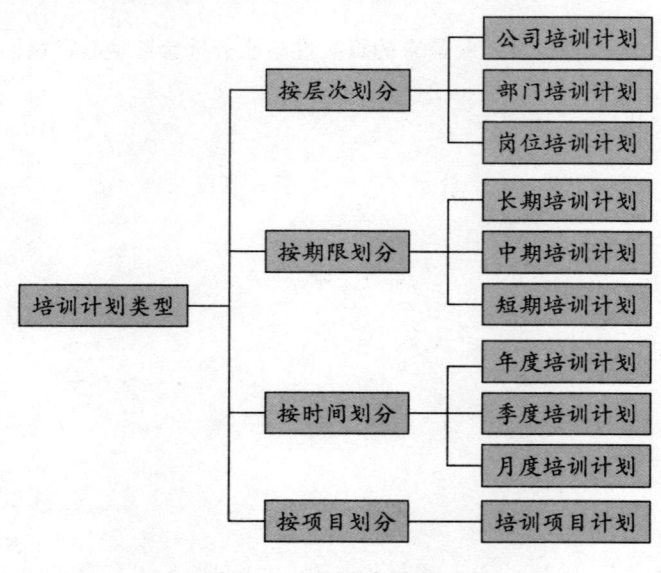

```
                         ┌─ 公司培训计划
              ┌─ 按层次划分 ─┼─ 部门培训计划
              │              └─ 岗位培训计划
              │
              │              ┌─ 长期培训计划
              ├─ 按期限划分 ─┼─ 中期培训计划
培训计划类型 ─┤              └─ 短期培训计划
              │
              │              ┌─ 年度培训计划
              ├─ 按时间划分 ─┼─ 季度培训计划
              │              └─ 月度培训计划
              │
              └─ 按项目划分 ── 培训项目计划
```

图 3-1　培训计划类型

3.1.2 培训计划内容

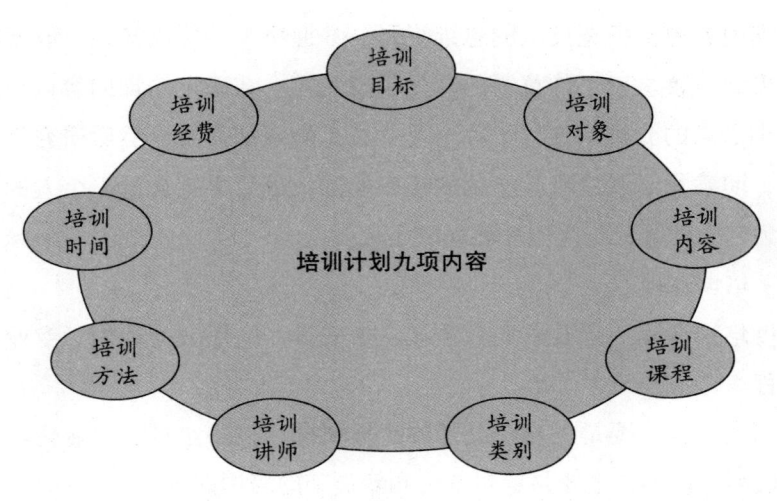

图 3-2 培训计划九项内容

（1）培训目标

每个培训项目都要有明确的目标，为什么培训？是基于什么来进行的培训？是要解决企业战略问题、提升绩效、突破瓶颈、提升管理等问题吗？培训要达到什么样的培训效果？这些是要明确的。培训目标要简洁，具有可操作性、可评估性和可衡量性。

（2）培训对象

培训对象可根据员工的不同状态、不同职类工种、不同层级、不同类别等进行划分，具体分类如下：

①按员工的状态可分为在职全员培训和新入职员工培训。企业对在职员工定期或不定期进行文化、价值观类的培训，以保持文化价值观的高度统一性，对新入职员工要进行入职上岗的系统性培训。

②按职能系统的专业技术培训和特殊工种的培训。

③根据员工的不同层级进行分层次的在岗培训和进阶培训。

④对高潜质、新晋升的员工进行针对性的专项培训。

企业只有把培训对象划分清楚，才能有针对性地进行培训，这样既可实现资源的高度统一，又不会造成资源的浪费，同时可实现统一性和差异性的组织培训管理。

（3）培训内容

培训内容包括拓宽员工的思维视野、掌握所需技能或知识，改变员工的工作态度，改善员工工作意愿的文化价值观等。在确定培训内容以前，应先进行培训需求的分析调查，了解企业及员工的培训需要，然后研究员工所任的职位，明确每个职位所应达到的任职标准，最后再结合员工个人的工作业绩、能力、态度等，与岗位任职标准比较。

（4）培训课程

年度培训课程一定要遵循轻重缓急来安排，一般分为通用、专业、特殊三类课程。

通用类课程主要是针对全公司的企业文化、战略愿景、职业化素质、通用素质模型等内容，主要是针对全员和新员工的培训课程。

专业类课程是根据职位任职资格能力标准、员工发展计划等设计的专业能力胜岗与提升课程，主要针对企业各层级的专业技术人员。专业课程培训对象的层次可以分为高级、中级、初级三类，主要课程目标是提升员工的专业技能水平，通过培训推动员工个人能力及绩效目标达成。

特殊类课程是指针对企业的关键核心人才、后备人才、特殊工种等设计的培训课程，主要围绕胜任力评价、能力测评结果、企业重大业务课题等设计培训内容，旨在帮助学员提升管理水平，引领业务能力的发展，从而推动公司战略发展。

（5）培训类别

培训类别大体可以分为内训和外培两大类。其中内训包括企业利用自己的资源在企业内部组织和外部聘请的老师来企业组织的培训。外培主要是企业无资源必须参加外部培训机构组织的取证培训，如特殊工种、学历教育等。

（6）培训讲师

讲师在培训中起到了举足轻重的作用，讲师分为内部讲师和外部讲师。内部讲师主要负责讲授企业文化、产品知识、规章制度、方法流程、经验分享等，外部讲师主要负责内部讲师无法讲授的新技术、新方法、能力提升等课程。

（7）培训方法

培训方法有很多种，它们有各自的优缺点，企业应根据培训类型与培训对象、培训目的、自身实际情况等因素，选择合适的培训方法，有时需要将多种培训方法相结合使用。

（8）培训时间

年度培训计划时间安排应具有周密性和可行性，要根据培训对象及内容的轻重缓急来科学安排。时间安排要得当，要以尽量不与生产任务相冲突为最基本的原则，同时也要兼顾学员的时间。一般来说，安排在生产经营淡季为最佳。

（9）培训经费

培训经费预算方法很多，培训经费应该定多少，是由企业的行业特点、业绩情况与员工工资收入水平等因素决定的。

3.2　培训计划编制管理

3.2.1　培训计划编制原则

在制订培训计划时，应把握以下六项原则。

1. 以需求调查为基础的原则：编制计划前必须充分对培训需求调查报告进行认真研读，尽量将需求转化为计划。

2. 与业务发展相一致的原则：培训的目标是为支持业务发展，在进行培训计划编制时，一定要坚持以业务能力提升为导向。

3. 严格把关的原则：不同层次提报的计划都有自己的主张和希望，但是否与企业的需求相一致需要严格把关。

4. 集中与差异化的原则：培训计划安排要充分遵守资源集中利用、降低费用原则，既要安排一定的集中培训，又要针对培训需求安排有差异化的培训。

5. 费用投入"80/20"的原则：培训计划在覆盖全员的基础上，将培训资源优先投入核心人才队伍培训上，培训项目既要注重全员覆盖，又要有较强的针对性和差异化。

6. SMART 原则：培训计划要具体、可评估，否则培训起不到效果，易流于形式。

3.2.2 培训计划制订流程

培训计划制订流程如图 3-3 所示。

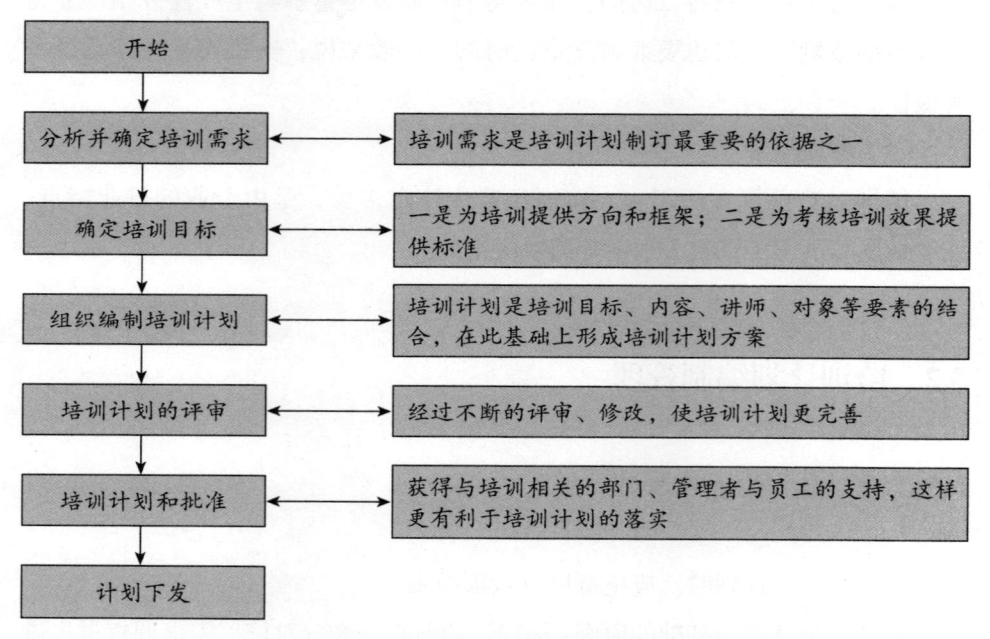

```
开始
  ↓
分析并确定培训需求 ←→ 培训需求是培训计划制订最重要的依据之一
  ↓
确定培训目标 ←→ 一是为培训提供方向和框架；二是为考核培训效果提供标准
  ↓
组织编制培训计划 ←→ 培训计划是培训目标、内容、讲师、对象等要素的结合，在此基础上形成培训计划方案
  ↓
培训计划的评审 ←→ 经过不断的评审、修改，使培训计划更完善
  ↓
培训计划和批准 ←→ 获得与培训相关的部门、管理者与员工的支持，这样更有利于培训计划的落实
  ↓
计划下发
```

图 3-3 培训计划的制订流程

3.3 培训计划书的编制

培训计划书一般包括封面、目录、正文和附录部分。其中正文部分需要详细呈现培训计划制订的目的、依据、原则，培训的方针和要求，培训内容和课程设置，讲师，培训的费用预算，培训实施计划，培训效果评估的维度和方法及其他重要事项等，如表 3-1 所示。

表 3-1　　　　　　　××公司年度培训计划表

时间（月）	类别	培训项目	培训讲师	培训对象	课时	地点
1	管理类	公司规章培训	人力资源主管	全体员工	5H	部门
2		员工行为规范	人力资源主管	全体员工	5H	部门
3		目标管理	讲师	主管级以上	5H	培训室
4	专业类	5S培训	制造管理经理	全体员工	7H	培训室
……	通用类	公司规章培训	人力资源主管	全体员工	5H	部门
12		沟通技巧	外聘讲师	经理级以下	6H	培训室

培训计划书是培训活动实施的战略地图，下面通过一个模板介绍培训计划书的内容组成。

案例　××公司年度培训计划方案

××公司年度培训计划方案

一、封面

本部分包括封面名称、编制部门、编制日期以及审核部门元素。

二、目录

三、正文部分

（一）计划概要

本计划主要内容包括××年度培训工作具体内容、时间安排和费用预算等。编制本计划的目的在于加强培训教育工作的管理，提高培训工作的计划性、有效性和针对性，使培训工作能够有效地促进公司经营目标的达成。

（二）计划依据

制订本培训计划的依据，如能力素质模型、公司重点战略课题、最新的培训需求等。

（三）培训工作的原则、方针、要求

1. 培训原则

（1）内培为主、外培为辅。

（2）各部门通力协作。

2. 培训方针

以"专业、敬业、服务、创新"的企业文化为基础，以提高员工实际岗位技能和工作绩效为重点，建立"全面培训与重点培训相结合、自我培训与讲授培训相结合、岗位培训与专业培训相结合"的全员培训机制，促进员工培训机制、员工发展和企业整体竞争力的提升。

3. 培训要求

（1）满足公司未来业务发展需要。

（2）满足中层管理人员以及后备人员的发展需要。

（3）满足企业内部培训系统发展和完善需要。

（四）培训目标

1. 培训体系目标和培训时间目标。

2. 培训内容和课程目标。

3. 培训队伍建设目标。

（五）培训体系建设任务

（六）××年培训课程计划

1. 职位类（基于岗位）/（项目类别）。

2. 课程名称。

3. 课程大纲。

4. 课程开发人。

5. 课程完成时间。

（七）重点培训项目

（八）培训费用预算

四、附录

3.4 老HRD的智慧分享

1. 以始为终

培训计划是实现培训目标的载体，同时，培训目标是否达成也是检验培训计划是否合理的标准，因此培训计划要紧紧围绕培训目标展开，做到以始为终。

2. 编制计划要懂得取舍

以"六抓"来达到此目标：一抓企业老板的重要要求；二抓当期再抓远期；三抓绩效再抓能力；四抓共性再抓个性；五抓业务再抓职能；六抓痛点再抓痒点。

3. 方案策划为主

培训项目不仅是计划的安排，更是培训学习项目的整体策划。因此培训计划制订后，要针对关键培训项目进行培训方案的系统策划，培训计划仅是其中的一个环节。

4. 巧妙地安排培训时间

培训的时间安排要合理，避免"工学矛盾"。如避开业务高峰期，尽量安排在下午或者业余时间等。

第 4 章
培训组织实施

- 没有好的过程就不可能有好结果
- 提高学员的参与度让学员动起来
- 良好培训秩序让大家专注于学习

在学员培训管理的整个流程中，需求分析、培训计划制订都是培训管理者在做培训的策划工作。培训计划一经确定，接下来就是要按照计划开始组织实施培训。

培训的实施过程包括诸多环节，如培训时间的确定、培训场所的选择、培训设备的准备、培训纪律的规范管理等。每一个环节都可能影响到培训的效果。

4.1 培训准备

培训正式开始前，要做一些准备工作，如下发培训通知、确认讲师、准备课件、确认时间地点、检查调试设备、准备培训所需表格及资料等。"兵马未动，粮草先行"，良好的开始等于成功了一半，不打无准备之仗。其实培训工作也是一样：要想培训工作起到良好的效果，其准备工作是十分重要的。

4.1.1 培训计划实施前的准备工作

培训准备主要有：培训通知下发，讲师确认，课件确认，时间地点协调，设施设备检查调试，所需表格及资料准备，学员基本情况，培训前后交通工具食宿确认等，具体可以按照表4-1来准备。

表4-1　　　　　　　　　　培训前准备工作表

序号	确认项目	确认时间	责任人
1	时间/地点	正式培训前1周	培训管理者
2	讲师课件	正式培训前1周	培训管理者、讲师

续表

序　号	确认项目	确认时间	责任人
3	学员基本情况	正式培训前1周	培训管理者
4	设施设备检查	培训前1天	培训管理者
5	所需表单及资料	培训前1天	培训管理者
6	交通食宿	正式培训前1周	培训管理者
7	培训开场准备	培训前1天	培训管理者
8	培训中物资保障	培训前1天	培训管理者、供应商

4.1.2　准备工作的具体做法及事项

培训准备工作的先后顺序如下。

（1）时间地点确定：不管是外训或者内训，虽然培训计划中都有明确的时间和地点，但计划不如变化快，在正式培训前2—3天，需要与部门领导、讲师确认培训具体时间，将培训时间尽可能安排在非紧急时间进行，避免公司生产、业务等部门因为工作紧急而参加者寥寥无几等尴尬情况的出现。

（2）讲师课件确认：与讲师确认好培训时间、地点，仔细审查课程内容、教学案例等并了解其培训时长，如果发现其存在明显不合理（如有不合适的内容，需做出调整），并且自己不能决定的事项，要第一时间汇报领导进行协调处理。

（3）了解参训者情况：培训管理员应对参训学员进行事前调研，就培训内容、讲授形式、参加积极性、希望了解哪些内容等进行了解，以便及时反馈给讲师，同时了解参加者人数大致情况，如果参加者可能会较少，就需要汇报给HR部门领导，看是否可以调整培训时间。

（4）培训通知：前面三项内容确定后，就可以下发培训通知，培训通知通过审核批准后在公告栏张贴，或通过公司OA系统进行公告，通知主要说明培训时间、地点、内容、讲师、培训纪律、自带笔和笔记本、培训检验考试等，通知至少提前1周公告。

（5）设施设备检查：对培训所需投影仪、音响、话筒、耳麦、激光笔、白板、白板笔、白板擦、电源、照明、空调及周边环境情况等进行现场确认，对于无法正常使用的，要及时请维修人员进行修理或调换；如果是到外地进行培训，更需要抽时间专门前去确认以上事项，做到万无一失。

（6）所需表单及资料确认：一般而言，培训签到表、培训评价表、测试题、笔记本、笔等要留有余量。

（7）培训开场前准备：培训当天，提前一个小时到达现场，做好接待引导、秩序维护、督促签到、主持和开场工作。

培训的具体事项可以参照培训前资源准备清单。

表 4-2　　　　　　　　　　资源准备清单

序号	项目	准备事项	准备要求	准备方	确认情况
1	培训场地	场地数量			
2		场地面积			
3		场地采光及通风			
4		场地布置要求			
5		场地预定			
6		场地位置引导图			
7		停车位			
8		条幅/易拉宝/海报等宣传品			
9		空调设施			
10		数码投影仪			
11		投影幕布			
12		音响设施			
13		音频线或小音箱			
14		笔记本电脑			
15		电脑与投影仪连接线			
16		延伸插座	数量		
17		话筒	有线或无线		
18		无线话筒电池	型号及数量		
19		教具设施备用干电池	型号及数量		
20		讲师讲台、座椅			
21		签到处			
22		讲师休息处			

续表

序号	项目	准备事项	准备要求	准备方	确认情况
23	教学用具	白板			
24		白板笔	颜色及数量		
25		大白纸/白板纸	数量		
26		白板夹	数量		
27		书写纸/A4纸	颜色/数量		
28		剪刀、透明胶带			
29		辐射投影笔			
30		翻页器			
31		签字笔	数量		
32		铅笔	数量		
33		计算器	数量		
34		其他道具			
35	课间茶歇	茶歇准备（含盛放器皿）			
36		热水壶及热水			
37		瓶装饮用水			
38		垃圾桶/袋			
39	其他	邀请嘉宾/主持人			
40		邀请函	印制及发放		
41		议程（开场）	印制及发放		
42		培训签到表			
43		学员讲义			
44		讲师课件			
45		桌签			
46		摄像机			
47		照相机			
48		录音笔			
49		开班引导词			
50		开场或中场轻音乐			

4.2 培训实施

培训的组织实施是教学活动的实施过程,培训实施流程包括培训签到、培训前介绍、培训过程管理、培训结束几个环节,具体介绍如下。

4.2.1 发放培训通知

培训通知是通知培训学员相关事宜的文书,包括培训的背景、目的、时间、地点、培训要求等事项,如表4-3所示。

表4-3　　　　　　　　　　培训班开班通知模板

关于×××培训班开班通知
1.项目背景: (简要说明) 2.项目目标: (简要说明) 3.培训班实施方案: (1)培训时间: (2)培训地点: (3)参加人员: (附参训名单) (4)签到流程: (5)培训安排及课程设计: (详细说明) 4.其他注意事项:

4.2.2 学员参训确认

学员参训确认包括与学员本人确认和与其直线经理确认。与学员本人确认是要与学员确认能否按时参加培训，与其直线经理确认旨在争取学员领导对其培训的支持，可参照表4-4确认。

表4-4　　　　　　　　　　学员参训确认单

××培训班学员参训确认单				
××经理： 　　根据要求，公司组织培训，旨在解决员工在＿＿＿＿＿方面的差距，具体安排如下。				
培训日期		培训地点			
培训对象				
培训内容				
培训要求	对培训学员及考勤情况的具体要求： （1） （2）			
学员姓名	职务/岗位	参加方式 （强制参加/自主报名）		确认意见
对于确认参加培训的员工，部门将履行以下管理责任： （1）安排其直线经理与受训员工沟通参加培训的目标和要求； （2）合理安排好其工作，确保员工能够专心参加培训，不受其他工作影响； （3）如有特殊情况，提前三天递交请假条，否则培训部门严格按照培训纪律考核； （4）根据培训的统一要求，做好参训学员的课题安排、培训效果评估和部门内部转训等工作。				
部门补充意见：				
部门经理签字： 　　　　　　　　　　　　　　　　　　　　　　　　　年　　月　　日				

4.2.3 培训前的介绍

培训前的介绍环节是培训主管针对培训项目的定位、设计原则、培训流程安排、培训要求做出的简要引导介绍,主要目的是让学员明确学习目标,快速进入学习角色,如表4-5所示。

表4-5　　　　　　　　　培训前简要介绍报告

培训背景介绍		根据各单位学员的培训需求,结合我公司(或单位)实际情况,特举办本次培训班。本次培训的目标是_____,采用培训方式(或方法),为_____单位/人员进行_____内容的培训,目的是解决_____问题,提高参加培训学员的水平。 本次培训特聘请××教师,进行本次培训授课(或主持本次互动研讨),教师简介(包括资质、能力、业绩水平)。
教学简介	课程内容	通过需求调查,参训学员在_____方面的能力存在差距,本次培训的目的是解决上述差距,所以本次课程设置的重点内容包括_____。希望学员能在本次培训中认真听讲,积极参与,达到培训的目的。
	课程安排	(详细的分解计划,包括何时讲什么内容,何时进行案例分析、分组讨论、现场问题解答等)
	考核办法	(具体的考核方式,如培训满意度调查、课题跟踪考核、培训后笔试考查、面试评价等)
其他说明		如安排住宿、就餐、注意事项等 　　　　　　　　　　　培训部:　　　年　　月　　日

4.3　学员积极性如何调动

学员参与培训的积极性一直是让培训管理者苦恼的问题,营造良好的培训氛围,提高学员对培训的参与度,获得学员心理上的认可是培训管理者必须掌握的技能。

调动学员参与培训的积极性目的就是让学员积极参与培训，提高其技能，满足岗位胜任要求，提升工作绩效，从而提高公司整体效益，同时让HR部门的培训工作有所起色，让公司其他部门及领导感觉到HR部门存在的价值。

要提高学员参与培训的积极性，不外乎从内因和外因两个方面入手：内因包括个人提升欲望、个人培训需求与公司需要的重合性、自我认识情况等，外因包括公司培训文化、培训现场环境、培训具体内容、培训方式方法等。

1. 提升个人培训积极性

员工参加培训的积极性最根本在于员工本身，即内因。如果员工有较强的学习、提升、成就欲望，就一定会主动发现自身的不足，期望通过培训学习实现自我提升。这样的员工，一定十分珍惜公司提供的所有培训机会，会挤出时间来参加培训和学习，甚至还会利用业余时间自学；相反，如果员工自身进步、成就欲望不强，那么公司要从能够提升员工培训学习积极性的内外因着手，调动其积极性，如培训奖励、培训与晋升挂钩机制的建立，又如公司对培训项目进行营销、员工直线经理对学员的期望、公司培训氛围的营造等能提升参训学员的荣誉感和使命感的方法，能够很好地激发学员参加培训的积极性。

2. 个人与公司的培训需求有机结合

员工对公司所处的发展时期，或所在的部门及所在的岗位，都应当有一个基本的要求。如果员工的职业生涯规划不清晰，则始终无法深入、专业、精深于某项工作。所以，个人对培训内容的需求是否与公司发展相一致，就决定了培训需求能否得到满足。

此外，培训内容的深度、广度是不是与公司需要的一致，也同样决定着员工会不会参加此类培训。例如，一名电气工程师想获得结构工程师方面的培训，通过培训的拓展与推动，方便以后提升，但公司却只安排相关人员参加，要参加就需要说服领导；加之电气工程师从事的不是结构工程师的工作，即使参加培训，可能也不能学得很深入；另外，电气工程师的培训也分初级、中级、高级，如果初级的学员想越级提升而去参加高级电气工程师的培训，容易"坐飞机，听不明白"，那么培训效果也是不好的，势必会影响学员参加培训的积极性。所以，个人需求培训的主题、内容等是否适合公司和个人，实际上是影响参加培训积极性的重要因素。

3. 公司要有规范培训制度

如果公司有较为完善的培训管理制度，对参加培训、课堂纪律、培训考试等都有严格的要求，并对不达标有相应的处罚措施，那么，在这样的要求下，学员参加培训的积极性也会相应地提高；相反，如果公司在培训时规范少或制度不太健全，就可能成为学员培训"可来可不来"的借口，所以，要提高学员参加培训的积极性，拥有较为完善的培训管理制度也是很必要的。

4. 要有适合培训的现场环境

把培训教室的气氛制造得温馨些，色调简单些，周边张贴"今天的学习，明天的成长""学习如逆水行舟，不进则退""只有学习才能提高我们的本事"等鼓励、警示性标语，让学员一走进培训室就有"自己知之甚少""来这里就是来虚心学习"的感觉。

5. 培训内容要生动有价值

这是提高学员参与培训积极性的一个重要方面。如果学员对培训内容"不知所云"，会恨不得马上离开教室或钻进地缝里消失，因为在这里"伤自尊了"。只有员工真正感觉到培训对他们自身的提升、对实际工作是有帮助的，才会积极地投入培训中来，这样，培训才会收到应有的效果。所以，培训要有针对性，不可盲目求高求新，而应坚持"适合的才是最好的"。

6. 培训方法要周密设计

据说通过语言传输的信息，事后能够记住的内容不到25%，通过图片信息传输的会好些，通过动作示范的会更好些。应根据不同内容采取不同的培训方法，因为真正通过课堂传授就可以了然于心的内容是少之又少的。当然，如果培训讲师幽默风趣、知识面广、实际经验丰富、个人魅力大、培训吸引力强等也是可以提高学员参加培训的积极性的。

7. 员工是否参与、成绩高低要有激励

如果培训对学员没有直观的激励，很难调动起大家的积极性。对此，对参培人员应有相应的激励设计，如参加培训、培训取得成绩，方可晋升等，用以激励学员参培并重视。

紧紧抓住提高学员参加培训的积极性的内外因，做到内外因相互补充、相互作用，并做好积极引导工作，企业有制度来激励与约束，自然就会形成培训氛围，员工参与并重视培训，激情就会提升。

4.4 老HRD的智慧分享

1. 充分的准备让培训组织实施成功一半

一个好的培训组织实施需要一个严密的组织过程，培训准备是其中关键的环节。

老HRD认为，要避免这种情况一是提前一天把所需的培训现场、课件、讲师等准备安排到位，特别是课件的内容到位；二是让培训学员提前20分钟到位；三是培训服务保障安排确认到位。

2. 过程完美，结果才可能完美

对于过程完美可以从以下几个方面来保证：一是主持人开篇介绍内容要精要、精彩，介绍语言精练，切忌长篇大论；二是过程服务要到位，如有一次某讲师讲课半小时后讲台上无水可喝，讲师停下来让助理倒水而分散了大家的注意力；三是过程管理要到位，有条件的话，培训教室可安装手机信号屏蔽器，以此防止手机干扰学员学习，考勤管理、课中考试等均是加强过程管理的手段；四是及时调整纠偏，一些外聘讲师喜欢夸夸其谈，一不小心讲跑题或者与主题不吻合，培训主管要及时用纸条提醒，或课间休息及时沟通。

3. 按制度管理，大家才能按照培训计划来接受培训

人是有惰性的，对于合理的培训，员工自然有三种心态去对待：一是主动参与型，二是被动参与型，三是无所谓型。对于由不同类型员工组成的群体，靠什么来完成培训计划，自然是制定相应制度，靠制度把员工约束起来，精彩培训过程把员工激情调动起来，严格管理让培训管理者把受训学员管起来。不依规矩不成管理，培训管理就是这么简单。

4. 赢在细节，注意培训方法工具的使用

培训的开展与课件的品质、观赏性以及培训师的控场能力关系密切，公司培训不是学校上课，PPT中用动漫、动画、插图来吸引学员的眼球，色彩搭配合宜，效果自然优于"大字报"；培训师的讲述内容是否易懂、条理清晰，也是决定学员是否能跟住培训师思路的重要因素；高水准的培训师往往是通过一个个案例、故事、学员可参与的问答、角色扮演等方式让学员主动地介入课程中来，主动思维，发挥主观能动性，在紧张而又富有激情的几个课时的头脑风暴中品尝一次精神盛宴。反之，则培训师和学员都是在浪费时间，浪费公司和大家的财富。

第 5 章
培训效果评估

- 柯氏四级评估是培训效果评估的重要方法之一
- 只要做培训，就应有评估，只有评估才能改进
- 掌握评估技术并应用评估结果，培训才能提升

投入了钱和时间，完成了培训计划，然而学员对本次培训的满意度如何？企业员工在培训中收获了什么？对自身的业务管理又有什么提升？下一步如何去改进提升？

这些信息从何而来呢？从培训效果评估中来。

通过培训技术方法对培训的整个过程进行系统的评估。培训评估关系到培训工作的持续改进与提高，既是证明培训项目达标的依据，也是进一步获得培训资源和支持的例证。

5.1 培训效果评估的模型

常用的培训效果评估模型有很多，如柯氏四级评估、考夫曼五层次评估、CIRO 评估模型、菲利普斯五级投资回报率模型等。本节主要讲柯氏四级评估模型，其他仅作简单介绍。

1. 柯氏四级评估模型

柯氏四级评估模型是由国际著名学者柯克·帕特里克于 1959 年提出的。柯氏四级评估模型是目前应用最为广泛的培训效果评估模型，不但简单、全面，而且有很强的系统性和可操作性，如表 5-1 所示。

表 5-1　　　　　　　　　柯氏四级评估模型

评估层次	评估内容
反应评估	学员对培训组织、培训讲师、培训课程的满意度。
学习评估	学员在知识、技能、态度、行为方式等方面的学习收获。
行为评估	学员在工作过程中态度、行为方式的变化和改进。
结果评估	学员在一定时期内取得的生产经营或技术管理方面的业绩。

具体包括以下四个方面。

（1）反应评估：评估被培训者的满意程度

反应评估是指受训人员对培训项目的印象如何，包括对培训师和培训科目、设施、方法、内容、自己收获的多少等方面的看法。反应层评估主要是在培训项目结束时，通过问卷调查来收集受训人员对于培训项目的效果和有效性的反映。这个层次的评估可以作为改进培训内容、培训方式、教学进度等方面的建议或综合评估的参考，但不能作为评估的结果。

（2）学习评估：测定被培训者的学习获得程度

学习评估是目前最常见、也是最常用到的一种评价方式。它主要测量受训人员对原理、技能、态度等培训内容的理解和掌握程度。学习评估可以采用笔试、实地操作和工作模拟等方法来考查。培训组织者可以通过书面考试、操作测试等方法来了解受训人员在培训后，对知识以及技能的掌握有多大程度的提高。

（3）行为评估：考查被培训者的知识运用程度

行为评估指在培训结束后的一段时间里，由受训人员的上级、同事、下属或者客户观察他们的行为在培训前后是否发生变化，是否在工作中运用了培训中学到的知识。这个层次的评估可以包括受训人员的主观感觉、下属和同事对其培训前后行为变化的对比以及受训人员本人的自评。这通常需要借助于一系列的评估表来考查受训人员培训后在实际工作中行为的变化，以判断其所学知识、技能对其实际工作的影响。行为层是考查培训效果的最重要的指标。

（4）结果评估：计算培训创造的经济效益

结果评估，即判断培训是否能给企业的经营成果带来具体而直接的贡献，这一层次的评估上升到了组织的高度。结果层评估可以通过一系列指标来衡量，如事故率、生产率、员工离职率、次品率、员工士气以及客户满意度等。通过对这些指标的分析，管理层能够了解培训所带来的收益。

随着企业对培训效果评估的日益重视，柯氏评估模型已成为企业培训效果评估的主要标准。以上培训评估的四个层次，实施从易到难，费用从低到高。是否需要评估，以及评估到第几个阶段，应根据培训项目的性质决定。

2. 考夫曼五层次评估

考夫曼扩展了柯氏四级评估模型，他认为培训前各种资源的获得是影响培训能否成功的重要因素，因此，应在模型中加入对资源获得可能性的评估。他认为培训所产生的效果不应仅仅对本企业有益，最终还会作用于企业所处的环境，从而给企业带来效益。因此，他加上了第五个层次，即评估社会和顾客的反应，如表 5-2 所示。

表 5-2　　　　　　　　　　考夫曼五层次评估模型

	评估层次	评估内容
1	培训可行性	确保培训成功所需的各种资源的质量、有效性、可用性。
	反应	方法、手段以及程序的接受程度和效用情况。
2	获得	学员技能与胜任力。
3	应用	学员在接受培训项目后，其在工作中知识、技能的应用情况。
4	企业效益	培训项目对企业的贡献和回报。
5	社会产出	社会和客户的反应、结果和回报。

3. CIRO 评估模型

CIRO 是情境、输入、反应、输出的缩写。该模型由沃尔、伯德和雷克汉姆创建，认为评估必须从情境、输入、反应、输出四个方面进行，比一般的培训评估的范围更宽泛。如表 5-3 所示。

表 5-3　　　　　　　　　　CIRO 评估模型

阶段评估	评估任务	具体说明	实施者
情境评估	明确培训的必要性	获取和使用当前情境的信息来分析和确定培训需求和培训目标。	培训的组织者
输入评估	确定培训的可能性	获取、评估和选择可利用的培训资源来确定培训方法。	培训讲师
反应评估	提高培训的有效性	收集和分析学员的反馈信息来提高培训过程。	学员
输出评估	评价培训的结果	收集和使用培训结果的信息。	公司高层

4. 菲利普斯五级投资回报率模型

菲利普斯在柯氏四级评估的基础上加上了第五个层次，即投资回报率（ROI）。ROI 包含培训项目的任何效益，通常表示成一个百分数或成本与收益的比率。近年来，企业越来越强调要对培训发展的投入进行评估，注重培训带来的价值、学员所学习到的东西以及培训项目带来的投资回报。但实际操作中，企业很少进行 ROI 评估，因为 ROI 评估的过程困难并且成本较高。

5.2　培训效果评估的方法

在运用柯氏四级评估模型进行培训效果评估时，针对不同的培训评估层级，可以采用不同的评估方法，如表 5-4 所示。

表 5-4　　　　柯氏四级评估层次的评估内容与适用方法

评估层次	评估方法	评估时间	参与人员	优缺点	使用范围
一级评估	观察法 访谈法 问卷调查法 电话调查法 综合座谈法	培训结束时	学员	优点：简单易行； 缺点：主观性强，容易以偏概全，即很容易因为学员的个人喜好而影响评估结果。	所有培训
二级评估	学员演讲 提问法 笔试法 口试法 角色扮演 写作心得报告	培训进行时、培训结束时	学员	优点：给学员和讲师一定压力，使之更好地学习和完成培训； 缺点：依赖于测试方法的可信度和测试难度。	知识类培训

续表

评估层次	评估方法	评估时间	参与人员	优缺点	使用范围
三级评估	问卷调查 行为观察 绩效评估 任务项目法 360度评估 管理能力评鉴	培训结束三个月或半年后	学员 学员上级 学员下级 学员同级	优点：可直接反映培训的效果，使企业高层和主管看到培训效果后更支持培训； 缺点：实施有难度，要花费很多时间和精力，难以剔除不相干因素干扰。	技能类培训 领导力培训
四级评估	生产率 离职率 客户市场调查 成本效益分析 360度满意度调查 个人与组织绩效指标	半年或一两年后员工以及企业的绩效评估	学员 学员上级 其他	优点：量化翔实、令人信服的数据不仅可以消除企业高层对培训投资的疑虑，而且可以指导培训课程计划，把培训费用用到最能为企业创造经济效益的课程中； 缺点：耗时长，经验少，目前评估技术不完善，简单的数字对比意义不大，必须分辨哪些结果是与培训有关且有多大关联。	以业绩结果为导向的大型培训项目

5.3　培训评估工具的开发

　　培训评估工具有很多种，本节主要以柯氏四级评估模型为基础阐明培训评估工具的开发。柯克帕特里克通过一系列的研究之后强烈建议要有针对性地对培训活动的效果进行评估。很明显，构建胜任特征模型，并将它与特定的培训项目或课程以及绩效管理体系结合起来，就可以保证培训评估活动的效率和效果。

> **小贴士**
>
> 随着效果评估级别的提高，评估工具的开发难度也越来越大！评估工具开发对培训管理者的专业能力要求特别高，因此，大多数公司会选择借助"外部供应商"的力量进行，以求评估科学客观。

5.3.1 一级评估工具开发

学员反应层面的评估往往通过满意度问卷调查的形式进行（一级评估调查问卷如表5-5所示）。问卷调查是指通过预先设计的调查问卷收集培训需要的信息的调查方法。为使问卷调查搜集到的数据尽量客观真实，在问卷设计的过程中要遵循以下原则：

①每个问题对于问卷填写者来说都必须是有意义的。
②语言表达标准、规范。
③问题要具体，避免抽象和宽泛。
④对于敏感信息的询问方式要小心谨慎。
⑤避免使用带有偏见的、感情色彩浓厚的、模糊不清的文字表述。
⑥每个问题只针对一个维度发问。
⑦包含所有可能的答案选项且不要预设鉴定的前提。
⑧答案选项之间必须相互独立。
⑨不要对答案做任何导向和暗示。

表 5-5　　　　　　　　　　一级评估调查问卷

请您在参加此项培训后认真实际地对下述内容做出客观公正的评价，并在相应的位置上画"√"。分值依次为：很好 — 10分，好 — 8分，一般 — 6分，较差 — 4分，差 — 2分。			
培训项目		培训时间	

续表

序号	分 类	调查项目	分 值				
			10	8	6	4	2
1	讲师评价 60 分	培训内容是否合理、实用？					
2		培训内容对实际工作的指导作用？					
3		组织教学的逻辑性、生动性。					
4		教师与学员的沟通、交流程度。					
5		实例讲解分析是否有适用性、可操作性？					
6		培训方式的灵活性（讨论、操作、演示等）。					
7	学员评价 30 分	您参与此次培训的积极程度。					
8		在您看来其他学员参与此次培训的积极程度。					
9		您对课程内容的掌握程度。					
10	组织评价 10 分	培训组织（通知、协调、场地、教材、教具等）的满意程度。					
您对本次培训整体的满意程度。								
您建议本次培训应在哪些方面进行改进（如讲师、授课方式、培训内容与培训组织等）：								
您认为本次培训拟在工作中采用的知识点：								
通过本次培训，对日后部门工作的改善建议：								
请您为本次培训留下一两句话：								

5.3.2 二级评估工具开发

二级评估主要针对学员的知识、技能、态度、信心、承诺进行评价。知识和技能的掌握程度可以通过考试的方式进行考查，如表 5-6 所示。

表 5-6　　　　　　　　　　　　　考题开发流程管理

序 号	流 程	关 注 点
1	考试目的	1. 为什么需要这个考试？ 2. 考试的需求是如何确定的？ 3. 该考试是由谁发起或赞助支持的，他们为什么要发起？
2	分析工作	1. 哪些工作/工作职责/工作任务经过分析了？ 2. 如果分析的只是某个工作职责，那么经过分析的工作职责是否属于某个工作的一部分？ 3. 这些工作的各组成部分之间是怎样的层次关系？ 4. 把有关分析过程和结果的信息进行归档管理。 5. 工作分析是由谁完成的？
3	确定目标的内容效度	1. 考试目标是基于哪些工作任务来的？ 2. 在哪个或者哪些课程中涵盖了这些考试目标？ 3. 参与考试目标的内容效度确认的业务专家的姓名、头衔是什么，有怎样的信誉度？ 4. 考试目标的内容效度检验工具是什么时间编写的？ 5. 把所开发的考题工具进行归档管理。
4	开发认知类考题	1. 考试题目是针对哪项工作、哪些考试目标而开发的？ 2. 该考试是针对哪门课程进行考核的？ 3. 是谁编写的考题？ 4. 编写考题工具的人是什么职务，有什么样的信誉度？ 5. 考题是什么时候编写的？ 6. 把所开发的考题进行归档。
5	确定考题的内容效度	1. 考试题目是针对哪项工作、哪些考试目标而开发的？ 2. 该考试是针对哪门课程进行考核的？ 3. 谁参与确定的考题内容效度？ 4. 确认考题工具的内容效度的人是什么头衔？ 5. 考试的内容效度是什么时候确定的？ 6. 把内容效度确认表格进行归档管理，该表格记录了业务专家确认考题与考试目标及工作本身是匹配的。

续表

序 号	流 程	关 注 点
6	实施考题验证	1. 考题验证是什么时间进行的？ 2. 考题验证是在什么地点进行的？ 3. 考题验证是由谁组织进行的？ 4. 样本考生是谁？ 5. 样本考生是怎样确定的？ 6. 考题验证的流程是什么？ 7. 根据考题验证的结果，对考题做了哪些调整和改变？
7	分析考题	1. 哪些考生的考试数据被用作考题分析？ 2. 这些样本考生有什么样的特点？ 3. 用作考题分析的数据是何时搜集的、谁搜集的、在哪里搜集的？ 4. 做考题分析的时候，采用的是什么分析软件？ 5. 考题分析的结果是什么？ 6. 根据考题分析的结果，做了哪些调整和更改？ 7. 将考题分析的相关信息打印出来，做一份文档记录进行存储管理。
8	开发考题复本及题库	1. 考题复本及题库是针对哪些考试目标而开发的？ 2. 开发了多少份考试复本，是何时开发的？ 3. 关于开发考题复本的份数的决定，决策依据是什么？是谁做的决定？ 4. 题库的大小和数量如何？ 5. 题目是如何从题库中选择的？ 6. 考题复本的开发流程如何？ 7. 考题复本的等效信度是什么？
9	确定达标线	1. 考题是如何判分的？ 2. 考试的达标线是多少？ 3. 达标线确定的流程和步骤是怎样的？ 4. 归档和记录。
10	确认认知类考题的考核工具信度	1. 为了确定考题及评分者信度，采用了什么样的流程？ 2. 极端信度所需要的数据是何时搜集的？ 3. 考题及评分者信度是什么？ 4. 将所有与信度系数计算有关的数据进行记录归档。

5.3.3 三级评估工具开发

要想成为一个强大的绩效改进团队中的一员，成为完成企业使命的突出贡献者，实施第三级评估是关键一环。

1. 访谈法

访谈法是指访谈者与受访人面对面地交谈，根据受访人的表述、汇总发现问题，进而判断出培训效果的调查方法，如表 5-7 所示。在设计访谈提纲的时候应注意以下几点：

①确定访谈目的。
②明确定义访谈目标。
③确定访谈内容框架。
④设计访谈问卷。

在实施访谈的过程中，还要注意以下技巧：

①取得信任。
②获得价值认同。
③营造舒适的谈话氛围。
④把控谈话方向与节奏。
⑤保持中立。

表 5-7　　　　　　　　　　关键事件访谈表

1. 您从培训课程中学到了哪些知识和技能？
2. 请列举 3—5 件由于应用了这些知识和技能，从而在工作汇总方面取得突出表现的关键事件或成果。
3. 为了取得这些优异的工作表现，您采取了哪些行为（关键性的）？
4. 这些关键时间或工作成果对于您的公司/部门工作目标的实现产生了什么样的影响？
5. 哪些方面的工作还需要进一步改进？
6. 什么原因导致您在工作中的这些方面表现得还不够好？
7. 为了进一步改进工作，您打算采取什么样的行动？

2. 在岗观察

运用在岗观察法时应该注意以下几点，如表 5-8 所示。

（1）观察者必须对被观察的员工所进行的工作有深刻的了解，明确其行为标准，否则无法进行有效观察。

（2）现场观察不能干扰被观察者的正常工作，应注意隐蔽。

（3）观察法的适用范围有限，一般适用于易被直接观察和了解的工作，不适用于技术要求较高的复杂性工作。

（4）必要时，可请陌生人进行观察，如请人扮演顾客，观察终端销售人员的行为表现是否符合标准或处于何种状态。

表 5-8　　　　　　　　　　在岗观察表

姓名： 评估目标： 评估日期：			
需要观察的技能	观察到的实际情况	操作是否正确	意见/建议
技能 1：			
技能 2：			
技能 3：			
……			
评估人签字： 日期：			

5.3.4　四级评估工具开发

四级效果的评估，即判断培训是否能给企业的经营成果带来具体而直接的贡献，这一层次的评估上升到了组织的高度。效果层评估可以通过一系列指标来衡量，如事故率、生产率、员工离职率、次品率、员工士气以及客户满意度等。通过对这些指标的分析，管理层能够了解培训所带来的收益。

四级评估指标具有特殊性，不是任何培训项目都需要做四级评估，所以，为了最大效率利用有限的精力，首先应该鉴别是否需要做四级评估，具体方式参照表 5-9。

表 5-9　　　　　　　　判断是否需要进行四级评估

标　准	需要考虑的方面
周期长的项目	培训课程将使用多少时间？持续的时间越长，就越需要进行第四级评估。
核心项目	该课程对满足公司的目标有多重要？该课程是战略举措的一部分吗？如果是，或许要考虑第四级评估。
与业务关联度高的项目	该课程的培训目标中是否说明了哪些措施将被实施，以及业务指标将发生什么样的变化？是否想使业务指标、培训目标和评估方法保持一致？
投入大的项目	课程设计、开发和实施的成本越高，就越需要第四级评估。
高层期望高的项目	该课程对高级管理层的可见性如何？可见性越高，就越可能是一个需要进行第四级评估的好的候选项目。如果高层管理人员要求进行培训结果的相关信息，必须作出回应。
指标数据容易考核的项目	业务指标最近是否得到追踪，培训课程和业务指标之间关联的直接程度，联系越直接就越需要进行第四级评估。
已经进行了第一级、第二级和第三级评估	第一级评估、第二级评估、第三级评估是否做完？如果没有，需要对培训课程进行一个全面的评估。

5.4　培训评估的实施流程

科学的培训评估对于了解培训投入产出的效果，界定培训对组织的贡献，验证员工培训所做出的成绩非常重要。目前企业培训存在的最大问题是无法保证有限的培训投入产生理想的培训效果。

遵循已制定的培训评估流程是顺利有效进行培训评估活动的关键，一般说来，有效的培训评估应该包括以下几个基本步骤。

5.4.1　评估前准备

（1）确定评估目的

在培训项目实施之前，培训管理者就必须把培训评估的目的明确下来。

其中很重要的一点是，培训评估的目的将影响数据收集的方法和所要收集的数据类型。

（2）选定评估内容

培训评估需要一定的人力和物力投入，因此，不是所有的培训项目都要进行评估。笔者认为培训评估主要针对下列情况来进行：

- 新开发的课程。应着重于培训需求、课程设计、应用效果等方面。
- 新教员的课程。应着重于教学方法、质量等综合能力方面。
- 新的培训方式。应着重于课程组织、教材、课程设计、应用效果等方面。
- 外请培训机构进行的培训。应着重于课程设计、成本核算、应用效果等方面。
- 出现问题和投诉的培训。针对培训被投诉的问题，选定评估对象，才可以有效地针对这些具体的评估对象开发有效的问卷、考试题、访谈提纲等。

（3）选择评估方法

按照培训评估的内容、评估的对象特点，有针对性地选择培训评估的方法。

（4）评估前培训

培训主管要做到充分有效地开展培训评估活动，最好能够组织好受训部门和受训员工培训前的准备工作，如参加培训前让申请者写出一个简单的培训目标期望，培训中要积极与讲师和其他学员主动交流；参加培训后与相关同事分享如何将学到的东西应用到实际工作中等。

5.4.2 制订评估计划

在进行评估前，培训主管应该全面地筹划评估活动，制订培训效果评估的工作计划。一般来说，在制订培训评估工作计划时应综合考虑下面几个因素：

- 从时间和工作负荷量上、价值上考虑是否值得进行评估？
- 评估的目的是什么？
- 重点对培训的哪些方面进行评估？
- 谁将主持和参与评估？
- 如何获得、收集、分析评估的数据和意见？

- 以什么方式呈报评估结果？

5.4.3 组织评估实施

按照培训评估的计划开展评估活动，如发放问卷、进行访谈等。

5.4.4 分析评估资料

培训主管将收集到的问卷、访谈资料等进行收集整理，剔除无效资料，然后进行提升分析并撰写分析报告。

5.4.5 撰写评估报告

培训主管在分析以上调查表之后，结合学员的结业考核成绩，给出此次培训项目最终的评估报告。报告必须有明确的优缺点，需提出改善的方案，否则报告就没有价值。

5.4.6 评估结果应用

评估结果主要应用在以下几方面：

一是增加受训人员。此培训项目对受训人员来说有什么样的体会和收获。这些收获对当前和今后的工作甚至生活是否有益处，将决定他今后参加培训的热情。

二是分析反馈。将评估结果报告反馈给受训人员的部分领导，告知他员工在此次培训中学到了什么，收获了什么，对现在和将来的工作有什么帮助，以此获得领导的认可和支持。

三是将评估报告以报道的形式在报纸上宣传，引起各级领导和员工的共鸣。

四是培训管理者的自我应用，这是最重要的一点。通过分析评估报告，找出好的方面予以保持，需改进的方面要及时改进纠正，不断改进方法手段，持续提升培训的效果。

5.5　培训成本效益的分析

撰写评估报告的目的在于向那些没有参与评估的人提供评估结论并对此做出解释。通常，组织的主管人员会对培训的产出感兴趣，那些要求对其员工进行培训的部门领导则关注培训时期员工的表现。制作评估报告正是向这些不同的需求者提供培训的有关情况、评估结论及其建议。撰写评估报告的步骤大致如下。

1. 导言

评估报告在导言部分的内容包括三个方面，具体如下。

第一，说明评估实施的背景，即被评估的培训项目的概况。例如，被评估培训项目的性质是什么？哪些人掌管培训机构？培训已进行多长时间？哪些因素阻碍着培训的顺利进行？受训者参与培训的状况如何？撰写者应该通过对这些问题的回答，使读者对被评估的培训项目有一个大致的了解。

第二，撰写者要介绍评估目的。评估实施的目的是评定培训参与者的绩效，还是提高培训参与者的参与程度，或者是改善组织关系？评估者着重进行的是需求分析、过程分析，还是产出分析、成本效益分析？

第三，撰写者必须说明此评估方案实施以前是否有过类似的评估。如果有的话，评估者能从以前的评估中发现哪些缺陷与失误。

2. 评估实施过程

评估实施过程是评估报告的部分。撰写者要交代清楚评估方案的设计方法、抽样及统计方法、资料收集方法和评估所依据的量度指标。说明评估实施过程是为了使读者对整个评估活动有一个大概的了解，从而为读者提供一个判断评估结论的依据。

3. 阐明评估结果

结果部分与主体部分是密切相关的，撰写者必须保证两者之间的因果关系，不能出现牵强附会的现象。

4. 评估结果建议

这部分涉及的范围可以较宽泛。例如，在需求评估中，进行培训的理由是否充足；在总结性评估中，赞成或反对继续培训的理由是什么；在建设性评估中，应该采取哪些措施改善培训；在成本效益评估中，报告撰写者应该指明能否用其他培训方案更经济地达成同样的结果。撰写者还可以讨论培训的充分性，如培训是否充分地满足了受训者的多方面需求，满足到什么程度。

5. 附录

附录的内容包括收集和分析资料用的图表、问卷、部分原始资料等。加上附录的目的是让读者可以评定研究者收集和分析资料的方法是否科学，结论是否合理。

6. 报告提要

提要是对报告要点的概括，旨在帮助读者简明扼要地迅速掌握报告要点要求。提要在内容上要注意主次有别，详略得当，构成有机联系的整体。为此，在撰写前应当认真拟定写作提纲，按照一定的主题及顺序安排内容。

案例 企业新晋升人员培训项目效果评估报告

1. 导言

本调研在培训结束三个月后对培训效果进行调研，旨在了解学员在训后的知识转化应用情况及培训对学员工作产生的积极影响，由此探究学员对培训的整体评价、培训转化应用情况、培训实际效果之间的关系，为后期新晋升管理者培训项目设计提供改进建议。

基于上述目的，本调研采用问卷调查数据收集方法，调研对象为××。本次调研共计发放问卷××份，回收××份，有效问卷××份。

2. 问卷统计结果分析

（1）课程知识点训后使用情况分析。

（2）培训对个人、团队产生的积极影响分析。

（3）从上级角度看的培训效果分析。

（4）学员对本项目的推荐态度分析。

（5）对培训项目的整体评价分析。

（6）学员对于培训项目的改进建议分析。

3. 结论和建议

本调研对新晋升管理者培训项目进行了三级评估，第一级评估为满意度评估；第二级评估为学员的训后知识转化运用情况评估；第三级评估为学员行为改变的评估，即评估培训学员在管理意识、绩效、积极性、工作效率等方面的改善。

第一，结论

综合以上分析，可以得出以下结论：

（1）第一级评估——整体评价

（2）第二级评估——训后转化应用

（3）第三级评估——行为改变（培训效果）

第二，项目改进建议

（1）培训内容设置

（2）培训周期与流程安排

（3）培训管理

4. 相关附件

附件一：各知识点具体统计分析结果

附件二：相关性分析推理过程

附件三：各维度统计分析结果

附件四：调查问卷

5. 调研主要发现

（1）学员对本培训项目的整体满意度较高，绝大部分学员对本项目满意并推荐直管上级参加本次培训。

（2）学员在训后进行了一定程度的转化。

（3）培训后，学员在管理意识、管理行为等方面有所改善，对团队产生了积极影响。

5.6 老 HRD 的智慧分享

培训评估是一个长期、持续的"检验"和"纠偏"过程，为了创造性地做好培训评估工作，克服培训评估过程中常见的误区及工作难点，必须建立卓有成效的培训评估系统，建议从以下几方面工作入手。

1. 制定科学的培训评估制度

企业培训评估制度一般包括培训考核评估制度和培训跟踪制度。其中，培训考核评估制度规范培训过程和培训效果的检验评价工作；培训跟踪制度则是对培训成果在实际工作中的转化和应用进行规范。科学的管理制度是企业培训评估工作的基础，只有制定符合企业实际的培训评估制度，才能保障培训评估系统正常运行。在柯氏四级评估中，一级、二级评估是培训评估的标准配置，三级、四级评估则要认真设计。

2. 寻求高层管理者的积极支持

高层管理者的参与和支持是培训评估工作的关键。企业仅有科学的评估制度还远远不够，培训管理者如果得不到高层领导强有力的支持，就很难客观公正地开展培训评估工作，评估结果也就失去了应有的价值。因此，培训管理者必须积极争取高层管理者的大力支持，保证培训评估系统高效运行。

3. 培育职业化的培训评估人员队伍

培训评估工作人员的职业素质也是影响培训评估结果的重要因素。培训管理部门应该把对高素质的培训评估人员的培养作为培训资源建设的一项重要工作任务，高标准选拔培训评估工作人员，并对其进行专业技能、职业道德等基本素质的强化培训，使其具备专业培训评估人员的综合素质，为企业有效开展培训评估工作提供人力保障。

4. 做好培训成果的转化和应用工作

培训成果的有效转化是产生培训效益的关键。企业应该建立培训成果转化和应用机制，具体做法是：首先营造一个高层支持的转化环境，然后由培训管理部门和员工直接管理部门根据企业的实际情况编制转化计划，指导受训员工将培训内容与实际工作有机结合，在提高员工个人工作绩效的基础上提高组织绩效，让培训效益在员工的实际工作中和企业的长远经营发展中真正体现出来。

第 6 章
培训工作总结

- 培训总结要基于培训计划的目标来开展
- 每一个培训项目完成后都应该对其总结
- 培训总结既要有固定的模板还要有方法
- 总结经验教训并不断改善是总结的目的

一般来说，培训需求调查、培训计划制订、培训组织实施、培训效果评估四大环节是一个完整的培训项目必须包括的。本书前文对这四个部分也进行了详细的阐述。但是完成了前文所述的四个环节并不等于培训工作就结束了，还要对培训项目进行系统的总结分析，找出该项目的成功经验和改善点及下一步调整方向，只有这样才能使培训业务不断实现突破与创新，使培训从业者实现经验的积累和能力的提升。

"复盘"是联想集团管理文化中的重要方法论之一，是联想发展和CEO团队提升能力的重要工具。而联想集团的"复盘"理论是在"总结"的基础上升华而来的，正如柳传志所说："经常地'复盘'，把怎么打仗的边界条件都弄清楚，一次次总结观察，自然水平越来越高。"由此可见总结的重要性，没有总结就没有进步！

6.1 培训总结的分类

工作总结是做好各项工作的重要环节。通过工作总结可以全面地、系统地了解以往的工作情况，可以找出以往工作中的优缺点，并调整下一步工作的方向，少走弯路，少犯错误，提高工作效率和投入产出比。

对于培训工作来说，当某一个培训项目完成后，对该培训项目进行全面、系统的总结回顾，对该项目实施中的经验提炼总结，对项目开展中存在的问题加以剖析，制订有效的解决方案，并形成培训工作总结，让各层领导和相关业务人员阅读。这样既能让领导知道培训工作的开展情况，获得认可和支持，又能帮助自我提升。

根据培训项目的大小，培训项目可以分为单次培训和综合性培训项目，由于项目的复杂程度不一样，培训项目的总结内容和总结维度也不一样，具体见表6-1。

表6-1　　　　　　　　　　　培训项目的种类

培训项目类型	培训总结报告形式	评价总结维度或提纲
单次培训	表格形式	（见表6-2）
综合性培训项目	综合报告形式	（见表6-3）

1. 单次培训

单次培训指仅对某一门课程独立开展的培训，培训形式以课堂讲授为主，培训内容一般为通用能力的单独授课，培训对象面向公司所有员工。针对类似的培训，可以以简单的表格形式进行总结评估，使培训结果一目了然。具体评价总结维度见表6-2。

表6-2　　　　　　　　　　单次培训总结报告模板

培训承办部门			培训组织部门	
课程名称			受训人姓名	
培训日期			培训师	
调查项目	项目		结果	
	课程内容是否满足培训需求		□良好　□一般　□较差	
	讲师水平（专业知识和技巧）		□良好　□一般　□较差	
	学员参与的程度		□良好　□一般　□较差	
	培训组织情况（场地和课堂等）		□良好　□一般　□较差	
	……		□良好　□一般　□较差	
培训收获				
培训不足之处及建议				

单次培训形式较为简单，评价也比较容易，在本章中不再展开叙述。下面就综合性培训项目的总结报告撰写方式作详细介绍。

2. 综合性培训项目

综合性培训项目是指有主题，针对特定人群或者特定目标制定的综合性培训项目，培训形式包括线上培训、课堂式培训、在岗实践等多种方式混合，项目周期一般也会比较长，投入的财力物力多，影响较为深远。当项目结束后，培训管理者需要编写一份详细的培训项目总结报告：一方面要总结学员在该培训项目中的收获，评估该项目的效果；另一方面还需要对项目的整体设计和管理进行评估，对项目开展中存在的问题加以分析总结并提出解决方案，为今后相应项目的开展提供借鉴。参考模板如表6-3。

表6-3　　　　　　　　　××培训项目总结报告

××培训项目总结报告
一、××培训项目总体情况 1. 培训项目计划完成情况 2. 学员学习完成情况 3. 培训组织总体情况 4. 项目预算决算情况 二、学员学习任务完成情况 1. 课程学习完成情况（在线、课堂……） 2. 面授出勤情况 3. 结业考试成绩 4. 学员综合成绩 三、课程与讲师评价 1. 课程评价 2. 讲师评价 四、组织管理情况 1. 硬件保障情况 2. 组织运营情况 五、项目费用使用情况 1. 费用使用总体情况 2. 节超预算使用原因分析 六、项目总结与评价 1. 项目亮点 2. 存在问题 3. 改进建议 七、××培训项目下一步工作思路

综合性培训项目对培训从业人员的项目管理能力要求较高，且培训项目开展得是否成功对后期工作的影响较大。因此，在一项综合性培训项目结束后，培训从业人员应该对培训项目各方面进行总结，展示本次培训项目的成果并为以后类似的培训项目提供实践经验。

本章节后面将以某企业基层管理人员培训项目为例，对综合性培训项目的总结报告撰写方式进行详细阐述。

6.2 培训总结的撰写方式

根据本章中综合培训项目的总结模板，总结报告具体撰写方式如下。

1. 总体情况

当一个培训项目结束以后，培训管理者需要对培训的总体成果进行总结。

对于项目整体计划，首先可以用图示的方式描述项目计划流程及管理模式。下图以基层管理人员培训项目为例。

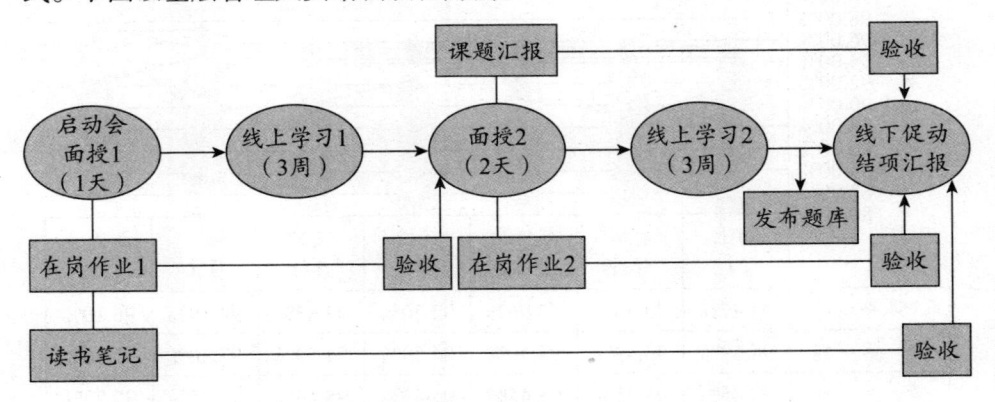

图 6-1 培训流程回顾

然后从培训项目的开班情况和结业人数以及费用使用情况等角度总结本次培训项目的总体情况，具体的要素如表 6-4 所示。

表 6-4　　　　　　　　　培训总体情况汇总表

序号	期次	承办单位	培训时间	培训人数	结业人数	结业比率	费用发生
	总　计						

2. 学员学习任务完成情况

（1）在线学习完成情况

此阶段是反映学员的培训自觉度。通过汇总评分，用图表形式直观反映学员该阶段的学习任务完成率，如图 6-2 所示。

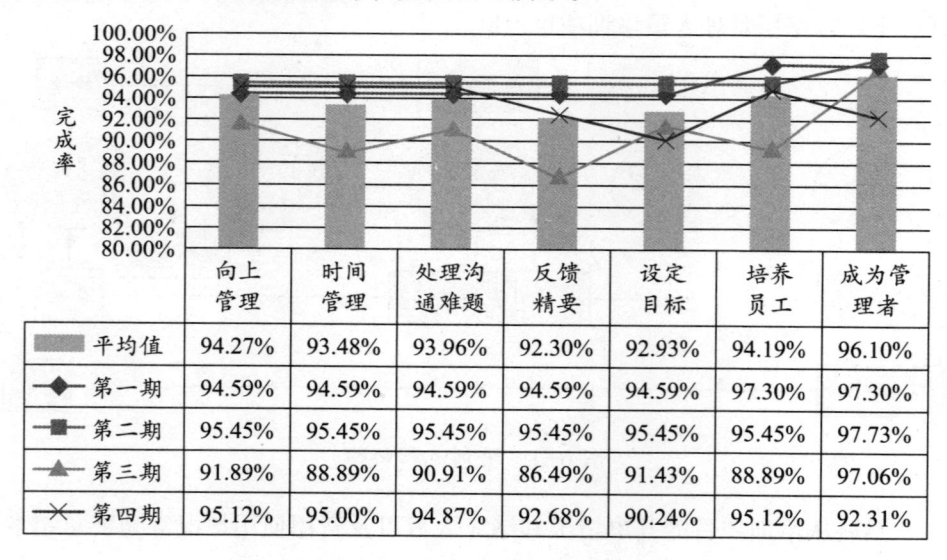

完成率	向上管理	时间管理	处理沟通难题	反馈精要	设定目标	培养员工	成为管理者
平均值	94.27%	93.48%	93.96%	92.30%	92.93%	94.19%	96.10%
第一期	94.59%	94.59%	94.59%	94.59%	94.59%	97.30%	97.30%
第二期	95.45%	95.45%	95.45%	95.45%	95.45%	95.45%	97.73%
第三期	91.89%	88.89%	90.91%	86.49%	91.43%	88.89%	97.06%
第四期	95.12%	95.00%	94.87%	92.68%	90.24%	95.12%	92.31%

图 6-2　培训项目学习完成率

（2）面授出勤情况

学员出勤情况是培训管理工作的重要指标，反映学员的认知态度、积极性和单位领导的支持程度，因此可以将学员的出勤情况以表格的形式汇总评价，如表 6-5 所示。

表 6-5　　　　　　　　　　学员培训出勤情况

班　次	应出勤人数	全勤人数	请假人数	请假原因

（3）各期次结项考试成绩

针对培训项目设置的结项考试环节，以图表的方式呈现学员考试成绩。

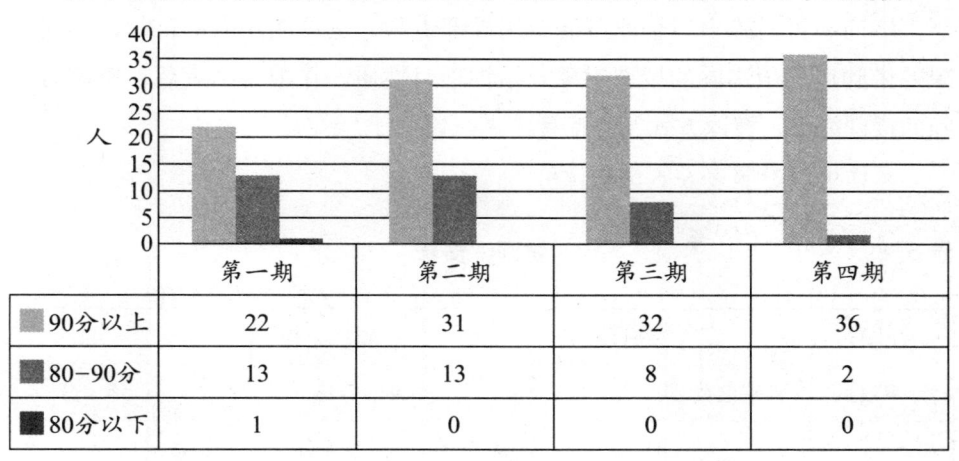

	第一期	第二期	第三期	第四期
90分以上	22	31	32	36
80-90分	13	13	8	2
80分以下	1	0	0	0

图 6-3　学员成绩分布

3. 课程与讲师评价

（1）课程评价

在一期培训结束后，组织者要对课程及讲师进行评估。好的评估方法会让培训效果更加真实，并能不断地得到优化改进。

那么，如何对培训项目中的核心资源——课程进行把关，对课程进行有效的评估呢？可以从以下四个方面入手。

内容：符合项目设计的学习目标及学员需求，有理论，有实践案例。

结构：框架逻辑清晰。

授课：因"课"而异、因"人"而教。

布局：清晰流畅。

好的授课方法可有效调节课堂氛围，增强课堂效果。课程内容和授课方法的关系可以用米和水的关系来形象地做比喻，做饭时米多水少，夹生饭，难以下咽；米少水多，饭稀而无味。所以课程设计还需考虑恰当的授课方法。

优质课程不能一蹴而就，需要精心地打磨，掌握了评估课件的方法，相当于学会给自己把脉，知道自身的问题所在，就可以做到对症下药。

（2）讲师评价

培训项目实施中，企业可能会用外部讲师，也可能用内部讲师，不同来源的讲师适用于不同的授课对象及培训项目性质。在项目结束后，应该对讲师的授课能力、授课方式及匹配程度进行评估。

具体可以参照表 6-6 进行评价。

表 6-6　　　　　　　　　　讲师评估表

序　号		讲师姓名		课　　程		
评审项目	评审要素	权　重	评估等级			评　分
形象 （20分）	服装仪表	5分	□优 5 分 □合格 3 分	□良 4 分 □差 3 分以下		
	行为举止	5分	□优 5 分 □合格 3 分	□良 4 分 □差 3 分以下		
	热情度	5分	□优 5 分 □合格 3 分	□良 4 分 □差 3 分以下		
	自信度	5分	□优 5 分 □合格 3 分	□良 4 分 □差 3 分以下		

续表

评审项目	评审要素	权　重	评估等级	评　分
表达 （15）	语音清晰度	5分	□优5分　□良4分 □合格3分　□差3分以下	
	语言逻辑度	5分	□优5分　□良4分 □合格3分　□差3分以下	
	表达丰富度	5分	□优5分　□良4分 □合格3分　□差3分以下	
场控 （15）	异议处理	5分	□优5分　□良4分 □合格3分　□差3分以下	
	现场控制	5分	□优5分　□良4分 □合格3分　□差3分以下	
	时间掌控	5分	□优5分　□良4分 □合格3分　□差3分以下	
内容 （50）	内容适用性	10分	□优9—10分　□良8—9分 □合格6—8分　□差6分以下	
	结构化程度	10分	□优9—10分　□良8—9分 □合格6—8分　□差6分以下	
	答疑能力	10分	□优9—10分　□良8—9分 □合格6—8分　□差6分以下	
	教学手法	10分	□优9—10分　□良8—9分 □合格6—8分　□差6分以下	
	PPT专业性	10分	□优9—10分　□良8—9分 □合格6—8分　□差6分以下	
综合评估	优点			
	需改进			
评审结果	最终得分：_____分 □优秀　□合格　□不合格		评审人签名	

4. 组织管理情况

培训组织管理情况是指培训实施过程中组织管理的情况。培训的实施过程包括诸多环节，如培训时间的确定、培训场所的选择、培训课程的设置、培训讲师的挑选、培训方法的选择、培训设备的准备、培训纪律的规范等。培训效果的好坏直接取决于培训实施过程中对每个环节的控制程度。

5. 培训费用使用情况

项目结束后，应对培训项目费用的使用情况总结汇报。特别是对于超出预算费用的项目，要加以分析说明，为后期组织培训项目、确定培训预算增加经验，如表6-7所示。

表6-7　　　　　　　××项目培训费用决算表

序号	费用名称	预算费用	决算费用	费用差异说明
1	讲课费			
2	资料费			
3	交通费			
4	住宿费			
5	餐费			
6	教室租赁费			
7	其他			
	合计			
	人均费用			

6. 项目总体总结与评价

对培训项目流程及课程讲师资源总结评估完成后，接下来就需要从项目整体角度进行总结，可参考表6-8对项目进行评价。

表 6-8　　　　　　　　　培训项目评价表

一级指标	二级指标	项目评价（文字描述）	分　值	权　重	得　分
1. 培训目标与培训计划	1.1 培训目标		8		
	1.2 培训计划		4		
2. 培训项目课程内容	2.1 课程设置		10		
	2.2 课程师资		7		
3. 培训准备	3.1 培训前准备		3		
	3.2 设施准备		2		
	3.3 服务准备		2		
4. 培训组织	4.1 培训计划执行		7		
	4.2 培训监管		7		
	4.3 后勤保障		2		
5. 效果评估	5.1 评估方案		4		
	5.2 学员满意度		8		
	5.3 知识掌握		5		
	5.4 知识应用		10		
6. 预算评估	预算管理		4		
7. 知识库建设	7.1 创新性		5		
	7.2 可持续性		7		
	7.3 经验收集		5		

评价完成后，总结评价结果，找出培训项目的亮点与不足。

（1）项目亮点

即该培训项目的创新点和成功点，通过对项目亮点的提炼，总结项目经验，具体可以从以下几个方面挖掘：

①培训方式与流程。

②学习平台资源。

③流程管理制度。

④培训流程设计。

⑤培训评估方式。

（2）存在的问题

无论经过多么充足的准备，一个培训项目在培训计划实施的各个阶段总会存在一些不足和问题。项目结束后，培训从业者需要跟培训学员、培训讲师及培训学员的领导以及自己的领导沟通，请他们对项目的实施进行评价，虚心听取他们的意见并总结归纳。一般是以下几个方面的问题：

①学员参与积极性不高，分析学员积极性不高的原因并创造性地提出解决方案。

②课程内容是否有待改进，如何改进？

③项目管理方式及流程还存在什么缺陷？

④项目结束后，培训效果的评估及跟踪如何做？

（3）改进建议

有问题就有解决办法。俗话说，方法总比问题多。对于项目中存在的问题，需要找出改进方法，这样才能实现理论到实践，经过实践验证总结后再到更科学理论的阶段。

具体改进建议可以根据上一小结提出的问题，从各个角度分析改进与改善的方法，找出最优的解决方案，对项目的完善提供参考意见。

7. 对项目的下一步工作思路

对于年度重复性的项目，还需要厘清下一步工作思路，具体可以通过制定工作表格的形式对项目的下一步工作作出安排，模板如表6-9所示。

表6-9　　　　　　　　培训项目下一步工作计划

序　号	工作项目	工作要求	责任人	时间节点
1	课程对标评估	对比××项目培训类课程、××单位基层管理者培训课程、××公司中基层领导力素质"××能力素质"模型，对线上课程进行对标评估，结合学员意见进行相关课程调整。	×××	×月×日

续表

序号	工作项目	工作要求	责任人	时间节点
2	项目调整研讨会	召开研讨会，就×年学员培训实施过程中存在的问题进行总结评估，商讨下一步培训实施方案。	×××	×月×日
3	下一期项目培训计划	根据学员情况，编制新一期学员培训方案及实施计划。	×××	×月×日
4	编制"新项目操作指导手册"	对项目各环节的操作模式和管理方法进行总结沉淀，编写"新项目操作指导手册"，细化项目操作流程，固化管理模式。	×××	×月×日
5	内部师资团队建设、成立课程案例开发小组	挑选公司管理经验较为丰富的中高层管理干部担任新聘任管理培训讲师，成立管理课程及案例开发小组，逐渐内化面授课程，解决课程内容"不接地气"的问题。	×××	×月×日

> **小贴士**
>
> 联想的"复盘"行动是总结帮助提升的好例子。联想的每一个重大行为，基本上都可以看到"复盘"的影子。"复盘"在联想的发展过程中发挥了重要的作用。联想的战略调整，如收购IBM的PC部门、投资领域的扩展、新公司的成立，可以说，联想任何一次大的成功，都离不开"复盘"的作用。"复盘"，已经被联想总结提炼为"联想方法论"。

6.3 老HRD的智慧分享

1. 以项目为导向，举一反三地总结

孔子曰"温故而知新"。在项目总结过程中，要了解整个项目的实施流

程，要知道各培训资源之间是怎样衔接的，要明白项目中最大的问题是什么，怎样去分析解决，为什么会有这种问题，在以后的项目中如何避免同类问题，自己遇到了什么问题，怎样去分析等。在总结的过程中才能获取新的知识、找到新的解决措施、推动项目新的发展，能很好地锻炼培训管理者分析问题、解决问题的能力。

2. 总结报告的使用是其价值所在

总结报告是做好各项工作的重要环节。通过总结报告，可以全面地、系统地了解以往的工作情况；可以正确认识以往工作中的优缺点；可以明确下一步工作的方向，少走弯路，少犯错误，提高工作效益。

总结报告还是认识培训工作的重要手段，是由感性认识上升到理性认识的必经之路。通过总结报告，使零星的、肤浅的、表面的感性认识上升到全面的、系统的、本质的理性认识上来，寻找出培训工作发展的规律，从而掌握并运用这些规律。

第 7 章
培训课程开发管理

- 企业课程开发的必要性是什么
- 课程开发规划来源于哪些方面
- 课程开发管理包括哪几个环节
- 怎样根据能力构建学习的地图

课程是公司的知识资产，是经过长期积累、企业独有的知识资产，这种知识资产需要经过统一的规划和管理，将零散的、碎片化的知识转化为系统的课程体系，作为培训的管理要素内容支撑培训体系。

7.1 课程开发的必要性

知识文化沉淀程度、自培能力水平高低、知识产权拥有数量等方面既是企业培训内涵与能力的体现，又是评价企业培训开展情况的关键指标。而这些指标可以通过培训课件的数量、质量及运用频次等评价要素来衡量。

1. 文化与知识沉淀

任何一个好的企业，都有自己的文化精髓内涵，都有自己独到的管理体系、丰富的实践。例如，中华五千年的文化是靠什么传下来的？朝代变换，生老病死，不变的是知识可以传承，而传承靠文字书本，靠师傅的言传身教。课程的重要性就在于此。

组织中有相当一部分员工具有丰富的实战经验。若不将这些经验提炼和萃取出来，实现知识共享和传承，人才一旦流失，企业的经验资源也会随之流失。因此，课程开发的意义就是把企业人才身上的最佳实践和技能经验萃取出来，将关键操作要点概括、精炼，从特殊中提炼出普遍使用的内容，转化沉淀为企业的知识资产，实现隐性知识显性化，并通过培训使其复制到其他员工身上。

2. 促进员工学习成长

课程开发与应用可以促进员工学习成长。基于企业的实际工作场景，精心设计的课程，一旦应用，可以使学员把组织的知识内化为自己的知识，转变普通员工的行为、提升工作绩效，使其成长为优秀员工。

3. 外部知识转化为内部知识

企业要发展必须引进先进的技术、方法、经验。谁去学、怎么学，一个人学或是大范围学习，这些都非常重要。学习和借鉴标杆企业的经验，又不能完全照搬，只有将其转化出来为我所用才行。适合的才是最好的，学习引入转化为内部课件并应用可以快速推进企业的发展。因此，企业一般都是先引入转化再普及，即"偷师学艺再自立门户"。也就是说，将外部课程引进来转化为适合本企业需求的培训课程，紧密结合企业的实际情况加以创新。

7.2 培训课程开发管理

7.2.1 制定课程开发规划

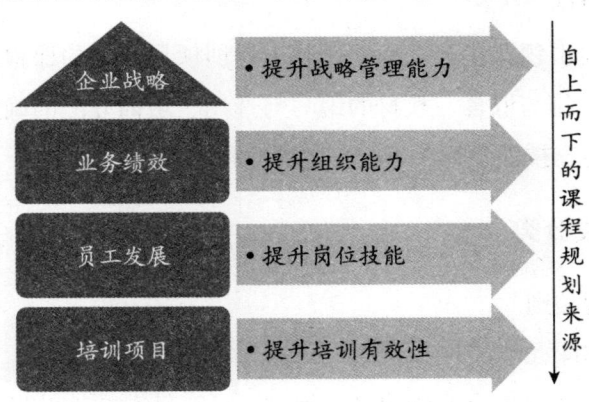

1. 课程开发规划来源

需求分析是课程开发规划的第一步。课程开发规划主要来源于四个方面。

图 7-1 课程开发规划来源

（1）企业战略

在制定课程开发规划时，要以企业的发展战略为主导，抓住老板的"眼球",对老板的期望、企业的情况、文化价值观、组织的战略、制度、流程结构、在行业内的竞争状况、培训背景进行了解。对企业战略进行调研,不但有助于在课程开发时体现出行业与企业的特点,实现与企业文化相匹配,与企业的流程制度相吻合,而且有助于拉近讲师与企业的距离,获得老板的支持、讲师的认同、员工的认可。

(2)业务绩效

从业务绩效出发,课程开发规划要抓住管理者的"痛点",即组织绩效差距的问题点。通过分析一个部门或岗位层级人员的业绩达成情况来了解培训需求。通常,有必要针对业务流程的薄弱环节以及那些业绩差异较大的员工,开发相应的课程进行培训。培训管理者要对课程的实用性、有效性进行评估,不要期望全部培训需求都能被覆盖,课程开发重点应解决核心能力问题。

(3)员工发展

课程开发规划要考虑员工自我发展的需要,了解学员的岗位要求、工作任务、工作内容、工作关键流程、所需工具方法和工作结果,确定行为标准和知识技能要求。然后分析学员能力与公司要求能力的差距,评估学员的学习意愿和学习能力,基于岗位技能标准和项目/任务执行的能力要求进行课程规划。

(4)培训项目

培训项目要引领课程开发规划,基于培训项目计划的课程开发,必须做到课程内容的安排与取舍、教材的编写与选用、培训方法的确定与实施、培训形式的选取与安排都要与项目的总体目标和要求一致。

2. 课程开发分类

(1)按课程类别

①管理序列课程

企业如果已建立本企业的领导力模型,可有针对性地开发匹配的管理类课程,也可以引入行业内较为成熟的管理类课程,并逐步根据公司的特点内化。管理类课程宜"精"不宜"多"。提升领导力,可设置初级、中级、高级的进阶管理课程。

②专业序列课程

企业的销售代表、生产管理人员、研发人员、项目经理等专业技术人员，他们的工作特点是同样的工作任务遇到的情境会各有不同。这就要求他们必须具备跨情境迁移的能力，可采用工作任务分析法来构建课程体系，根据岗位活动所需的必备知识和基本技能，规划精细化程度较高的课程。

③通用序列课程

通用序列的课程包括企业员工通用能力提升、基础职业素养提升、标杆企业先进实践学习等。这类课程的培训需求数量非常大，企业如果完全依赖外部采购，所需投入的费用较高，所以这类课程内化后降本增效效果明显。还有企业独特的、不可或缺的文化类、产品介绍类等课程，都需要组织内部专家进行系统的课程开发工作。

（2）按开发方式

外包开发、内外结合、自主开发是课程开发常用的三种模式。

①外包开发

外包开发是指把企业课程开发项目委托给外部咨询机构、学术研究机构或者专家个人开发的一种组织形式。这种形式要求企业具有良好的项目管理能力，这样才能把外部专家和内部人才有机整合，开发出高质量课程。

②内外结合

内外结合是指内部专家和外部教学设计专家共同开发课程的一种组织形式。其具体的组织方式是外部教学设计专家指导内部专家开发课程或负责相关开发文件的整体制作。这种开发模式内容的前提是内部有理论专家和实践专家，开发内容与内部讲师的本职工作相关，挑战在于组织难度大，要求内外部专家多次集中研讨。

③自主开发

自主开发是指把企业课程开发项目委托给内部专家进行开发的一种组织形式。这种形式的优点是成本低，缺点是内部专家缺乏开发能力，课程开发质量不高。如果采取这种开发方式，需要有能力非常强的课程开发项目经理进行指导、管理协调。

以上三种开发模式各有利弊，企业需要分析开发课程的内容特点、内部是否有实践专家、是否有良好的课程开发管理能力、是否具备课程设计师来确定，按开发方式分类的课程的具体选择的策略如下表所示。

表 7-1　　　　　　　　　　课程开发模式对比

开发模式	优点	缺点	适用条件	适合课程
外包开发	内容专业程度高；管理简单。	与内部结合不够；成本高。	内部不具备良好的课程开发能力。	外部理论知识和行业经验丰富，内部缺乏相应课程，如领导力课程。
内外结合	内容针对性和课程标准化程度较高。	组织难度大。	内部有专家；项目经理非常重要。	专业课程，包括专业知识、流程、制度、初级专业技能、销售、服务、生产管理等课程。
内部开发	成本低，符合内部实际情况，更有效解决问题。	课程质量不受控。	内部讲师具备课程开发经验，有良好的课程开发管理能力。	初、中级专业类课程，如生产、服务、产品销售、专业技术等。

案例

国药大学课程开发坚持"三驾马车"，一是基础能力类课程开发，由大学专职讲师负责，职场力课程通用内容实现情境化、定制化。例如，《商务礼仪》课程，如果全面系统地讲授，需要两天时间，但经过定制化开发后，只需一天就可以满足销售代表的商务礼仪需求，而且课程设置也基于实际工作场景来开展，包括出门前的仪容仪表选择、拜访客户时的沟通礼仪，以及用餐时的相关礼仪等。二是管理类课程二次开发，由大学和公司管理者组成。领导力课程只有实现版权内容任务定制化，才能受到学员的欢迎，应用到实际工作中。例如，绩效管理课程，国药大学根据不同学员群体所面临的不同问题，开发了半天版、1天版、2天版。根据每类学员的工作任务，重组了培训内容，定制化开发案例及其演练。三是关键岗位专业课程定制化开发，充分调动业务部门和内部讲师的积极性，实现专业类课程内容全部定制化。

所有开发出的课程必须能够"流程化、工具化、表单化",形成便于学员应用的"口袋书"。

只有"适合的才是最好的",而"适合"指的是能够基于学员实际工作场景进行课程设计。因此,课程开发"三驾马车"的最基本要求是诊断学员面临的实际问题,梳理典型工作任务情景,提炼组织中可复制和推广的最佳实践,解决组织中的战略问题。最终形成的定制化课程库,为业务部门和下属公司的人才发展提供"一站式解决方案"。

7.2.2 编制课程开发计划

在课程开发规划完成后,要制订课程开发计划,确定课程开发的目标、课程开发组织结构和开发计划。

1. 确定课程开发目标

培训课程必须有明确清晰的课程目标,这是课程开发计划的起点和依据。课程目标是培训活动的出发点和最终归宿,是学习完某门课程后应当达到的标准与效果,一般由胜任能力要求、岗位工作标准要求或需要解决的问题决定。

(1)课程目标的基本要素(ABCD模式)

制定课程目标时要考虑课程的类型、课程的具体内容、课时长度、学员的理解与操作能力。包括四个要素。

A(对象):阐明教学对象。

B(行为):通过培训后学员能做什么,行为有哪些变化。

C(条件):说明学员上述学习行为在什么环境、什么条件下产生。

D(程度):达到要求的行为的程度和最低标准。

(2)课程目标的类型

企业的内训课程更多地关注受训者对知识、技能的掌握,培训知识、技巧的应用以及行为和业绩的改善,最终为企业的业务带来影响和回报。不同类型培训的课程目标各有其特殊性。相应的课程类型和不同的学习水平特征如下表所示:

表 7-2　　　　　　　　　　不同课程类型的目标分类

课程类型	学习水平分类	特征
观念态度类课程	接受或注意	愿意注意某些事件或活动。
	反应	乐意、热爱以某种方式加入某事，以作出反应。
	评价	根据一定标准作出判断。
技能类课程	感知能力	根据环境刺激做出调节。
	体力	基本素质的提高。
	技能动作	进行复杂动作。
	有意交流	传递情感的动作。
理论与知识类课程	了解	对信息的回忆，多指概念、情况。
	理解	用自己的语言解释信息，知道原因。
	运用	将知识运用到新的情景中。
	分析	将知识分解，找出关系。
	综合	重新组合知识。

① 观念态度类课程

观念态度类课程侧重于让学员转变态度，接受并认同讲师提出的观念，从而实现行为转化并内化为其价值观。

② 技能类课程

技能类课程比较关注技能的掌握，可能涉及理解、模仿、简单应用、熟练应用这样几个阶段；对于技能类课程，要将希望获得的技能转化为目标，并尽量用定量的语言叙述，以便可以评估个人和企业应做到何种程度。

③ 理论与知识类课程

理论与知识类课程侧重于要求学员从记忆到理解，从简单应用到综合应用，最终实现创新应用。

2. 课程开发组织结构和开发计划

确定课程开发目标后，还要明确课程开发的组织。课程开发组组长，一般由目标学员所在的业务部门的管理者担任，主要职责是提出项目要求、选择安排内部专家参与、负责最终课程的验收。开发组组员一般由理论专家和实践专家组成，他们的主要职责是提供相关专业理论和内部最佳实践。培训部门的课程开发经理或者教学设计师的主要职责是管理整个课程开发项目，对课程的最终交付负责。

课程开发计划包括立项审批、调研访谈、确定开发任务书、课程开发、编写相关文件、培训实施、课程转移与内化7个阶段，各阶段要按计划完成时间输出相应的阶段性成果，如表7-3所示。

表7-3　　　　　　　　　　　课程开发计划

课程名称			培训对象		
课程开发部门			接受培训部门		
课程开发	项目角色	姓名	本人签字	主管领导签字	备注
组织结构	开发组组长				
	开发组组员				
课程开发计划	课程开发各阶段工作内容		阶段性成果	计划完成时间	备注
	①立项审批		课程开发立项审批表		
	②调研访谈		课程需求调查报告		
	③确定开发任务书		课程开发任务书		
	④课程开发		课程大纲及内容确定		
	⑤编写相关文件		PPT、教案、学员教材、案例集		
	⑥培训实施		课程优化版本		
	⑦课程转移与内化		内部讲师成功授课		
课程更新周期（单位：年）					
培训部意见					

7.2.3　培训课程开发设计

培训课程设计的目的是按照一定的逻辑关系将课程内容进行组织与合理安排，形成独立的课程，并对课程的重点、难点进行分析，对时间进行合理的分配。课程设计时重点要从客户的需求、项目的安排、形式的需要、资源的情况几个方面考虑，特别要注意的是课程为培训项目的总体目标服务。

1. 培训课程设计思路

（1）严密逻辑型

严密逻辑型适合逻辑性强、系统性好的课程，能体现出较好的理论性，适合初级培训或规范性内容的教学，但不能快速激发学员的学习兴趣。

（2）深入剖析型

深入剖析型课程通常先展现真实情景，分析情景优劣，再明确做法及要求，并进行相关技能训练。此类课程具有形象、直观、引人入胜，易于激发学员的学习兴趣和学习参与度，有利于帮助学员发现问题，引导学员积极思考，主动学习的优点。但其逻辑性和系统性不足，不适用于新员工和没有相关经验的员工。

2. 培训课程设计原则

（1）针对性

内容设计要针对需要解决的问题，在深入分析的基础上，从不同角度审视内容，考虑培训对象独特的需求，从中提炼形成课程的主要观点。课程理论的选取包括：基本概念——准确定义；经典理论——适当选取；问题分析——有理有据；主要观点——总结提炼。无论选取何种理论，一定要以适用为原则，要有针对性。

（2）逻辑性

好的逻辑是精品课程的关键。每一门培训课程一定要有一条鲜明的课程主线贯穿始终。选取内容之后，按照一定的逻辑顺序进行课程内容的组织与表达。逻辑表达时力求做到：思路清晰，主题鲜明；逻辑合理，层层递进；观点鲜明，论证到位；针对目标，形散神在。观念态度类课程要有很强的理论性与思想性，有清晰的逻辑主线；技能类课程要突出本堂课程的核心原理，解析要到位。通过一系列的引导方法与训练手段，实现课程目标的要求。

（3）专有性

优秀的内训课程建立在对培训内容进行清晰规划的基础上，要求与企业生产经营实践保持密切的联系，符合经营发展趋势，包括岗位的实践及形式，包括做什么（what）——概念和原理，怎么做（how）——技巧和方法，为什么（why）——目的和理由。比如，制度文化、质量文化、精神文化这类涉及文化渗透、核心价值观和行为标准的企业文化课程，都是企业专有的课程。

（4）实战性

好的课程应从企业生产经营的现实角度出发，紧紧围绕企业的需求设计。课程要系统总结实际工作中遇到的典型问题、常见问题，并尽量给出解决这些问题的可操作方法，尽量多向学员提供日常工作的实际操作流程和评价标准。课程开发只有考虑企业生产经营与学员工作实际的结合度，才会真正受到企业和员工的欢迎，课程才能经久不衰。

3. 课程结构

课程结构设计，首先要确定总的论点和课程主题，列出分论点或几个部分。在分论点或部分下面又分几个层次，在每一个从属论点或层次中列出具体材料的要求，并进行合理的时间分配。

（1）横向结构

在培训时间有限，又需要普及性了解时，可以采用横向结构。横向结构的标题要贴切，浓缩为几个"必须知道"的观点，对"必须知道"的各个观点加以解释、强化和训练。

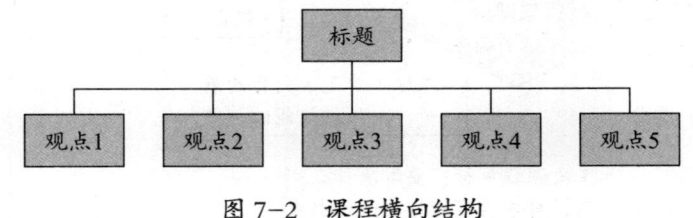

图 7-2　课程横向结构

（2）纵向结构

如需要对某一方面内容进行深入解析时，可以采用纵向结构。具体观点表达可以采用归纳法和演绎法。

①归纳法：从具体事例开始，通过逐步论证，最后得出结论。

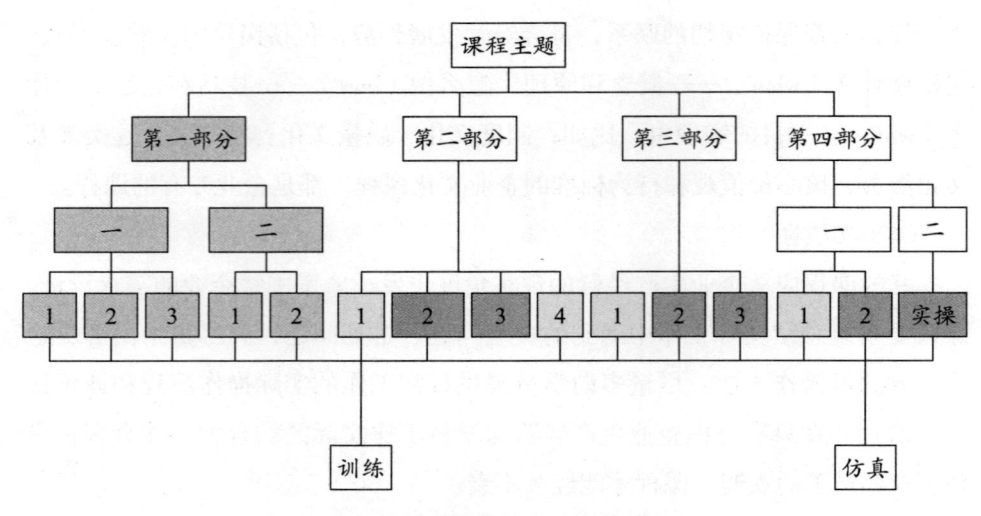

图 7-3　课程纵向结构

②演绎法：先得出结论，然后通过列举事例等方式予以证明。

（3）组织思路

课程设计时，要注意"回顾"动作。每一块内容都可以采用此种结构，用清晰的课程内容逻辑串出局部与整体的关系。延伸内容可整体放在最后一部分，如图7-4所示。

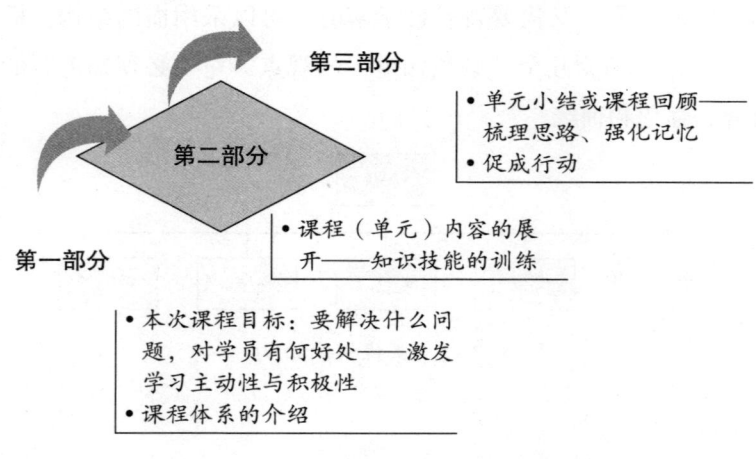

图 7-4　课程内容的组织思路

4. 互动设计

培训课程采用何种教学手段与方法，培训课程的时间规划，是在做课程设计时必须考虑的内容。

（1）符合成人学习规律

成人学习时注意力易分散。培训课程应该摆脱单纯的讲授，引入多种灵活的互动方式，让学员更多地参与，充分调动学员的学习积极性，让学习充满乐趣。以"理"说"理"，这种方式的效果是最弱的。要注意课程的内容线与学员的理解线两线并行，理性与感性相结合。这样有助于内化态度的转变，提高知识的吸收量，增强能力的提高度。常用的培训方法如图7-5所示。

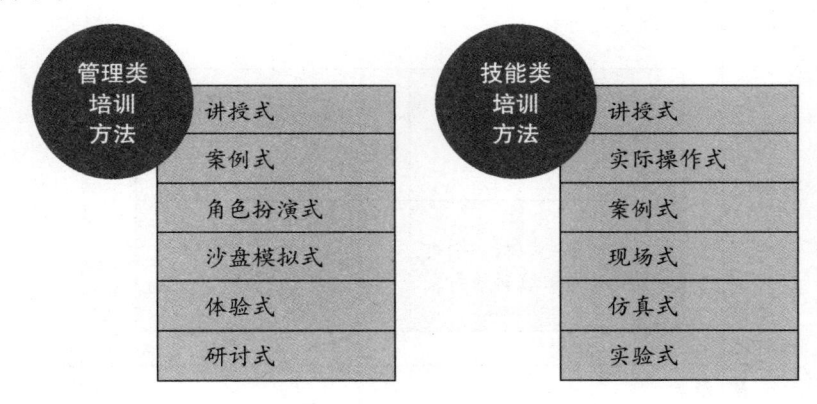

管理类培训方法	技能类培训方法
讲授式	讲授式
案例式	实际操作式
角色扮演式	案例式
沙盘模拟式	现场式
体验式	仿真式
研讨式	实验式

图 7-5 常用培训方法

这些培训方法使培训课程的现场变得活跃。任何培训方法一定是为内容服务的。优秀的内训课程是在内容的基础上，体现成人学习的特点，选取与培训内容紧密贴合的、灵活多样的培训方法。

最简单、最常用的互动方式是提问法。传统的提问方法是就某个知识点进行提问，由学员回答。若要增加课题的趣味性，帮助学员快速学习知识点，可把课程需要掌握的知识点设计成小卡片。讨论法是持久耐用的互动方式，可以就某一个有争议的话题或有价值的案例让学员在讨论中达成共识并从中受到启发。

（2）根据培训类型选择

选取培训方法时要特别关注传授知识的效率、知识和技能的巩固度、学员的参与度、学员解决现场实际问题能力的提高程度，关注提高学员各方面的能力，包括操作能力、动手能力、解决实际问题的能力等。选择教学方法的原则是注重实效。态度类课程的教学最好是情境，让学员讨论，自己呈现；技能类课程的教学强调反复练习和强化，讲师要示范、分解，学员要模仿、练习；知识类课程要强调对知识进行归纳分类，不断重复。考试是检验知识是否掌握的重要方法。

（3）根据学员具体情况设计课程

若培训对象是分析型学员，则培训采用讲解法、示范法、案例分析法、演练法。若培训对象是感性型学员，则采用故事法、游戏法、讨论法、演练法比较合适。

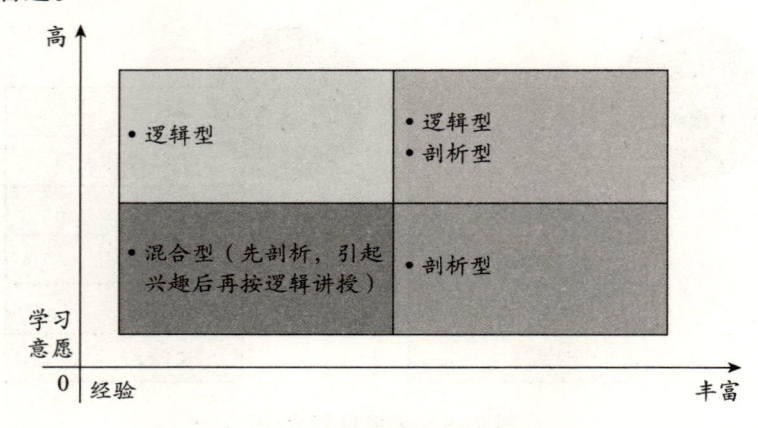

图 7-6　学员类型

7.2.4　培训课程包的制作

只有将课程包的制作标准化、规范化，才能提高企业的课程开发能力和培训的有效性。课程包具体包括：PPT、课程简介、讲师手册、学员手册和案例设计。

1. PPT 编写

PPT 是讲课的主体材料。好的课件，可以更好地辅助讲师的教学。设计课件时，首先要遵循层次分明的逻辑顺序。其次要提升课件的视觉化效果，具体如下。

（1）字体

字体原则上要醒目、易读、大小适中。建议字号最小不低于 18 号。重点内容字号大，反之亦然。课件中的字体最多不超过三种，建议使用微软雅黑，因为微软雅黑的字体让人感到严谨、厚重，投影效果比宋体更加清晰。

（2）颜色

颜色是用来刺激视觉神经的，一般用浅色底深色字或深色底浅色字。图表中标注的颜色要鲜艳，与列文背景色保持一致。

（3）图表

字不如表，能用图表来表达的内容绝不用文字呈现。图表要置于核心的位置，做到图有深意，表有依据。说明文字尽量少，将重点放于图表。图表的颜色要鲜明。

（4）标题

标题要明确，可通过放大加粗、改变颜色、加上背景颜色、设定动画效果、放在特殊位置等方式来凸显主题。

2. 课程简介的编写

课程简介的内容包括培训目标、培训对象、大纲、培训时间。

（1）培训目标：期望达到的培训目标。

（2）培训对象：在书面描述时，不必详细描述学员的具体特征。

（3）大纲：给出课程内容和学习方向，如确定培训主题、目的；为培训的提纲设计一个框架；列出每项所涉及的具体内容；修改、调整内容。

（4）培训时间：课程的教学时长。根据成人学习原理，成人一般只能保持 15—20 分钟的专注度，所以一个知识点的讲授或者教学活动应控制在 20 分钟左右。

表 7-4　　　　　　　　　　　课程简介模板

×× 课程
课程特色： ■ ■

续表

××课程
适用学员： 课程时长： 通过课程的学习，您将 　　■了解： 　　■掌握： 　　■运用：
第一单元： 　　■ 　　■ 　　■
第二单元： 　　■ 　　■ 　　■
第三单元： 　　■ 　　■ 　　■

3. 讲师手册编写

讲师授课的指导手册，包括开场设计、目的与重要性、授课的具体步骤、主题内容、结尾等内容，是其他讲师理解和掌握课程的重要材料，模板如表7-5所示。

（1）开场设计：所有开场应包括PIP（Purpose, Importance, Preview）。

（2）目的：培训的原因。

（3）重要性：为什么要达到这个目的。

（4）授课的具体步骤：对培训的结构、方法、主要内容的大概介绍，让学员了解培训的整体。

（5）主题内容：一般包括理论知识、案例、测试题、游戏、故事。

表 7-5　　　　　　　　　　讲师手册模板

×× 课程讲师手册				
课程名称		课程时长		
课程对象		撰表人		
课程目标	1. 了解： 2. 掌握： 3. 运用：			
课程讲解	对每一张 PPT 做现场讲授内容设计，内容包括以下几项。 1. 讲授逻辑：明确内容呈现的先后顺序；上下 PPT 之间的承转要点。 2. 讲授内容：核心观点与剖析要点；案例与故事完整呈现，案例统一放入案例库模板。 3. 手法提示：Q&A 环节的问题呈现；答疑与点评要点呈现；各类手法的口令要求呈现。			
课程内容	课程讲解		教学手法	教学时长
PPT	（各位同事，早上好，首先，我先做一下简单介绍：今天想跟大家共同探讨的话题是……本课程的目标是： 　　……）			
PPT	（现在大家来看一个视频，在看视频的过程中同时思考一个问题…… 好，现在有哪位同学想要和我们分享一下……）			
PPT	（下面请各位同学打开自己的学员手册第 × 页，我们来做一个小练习……）			

4. 学员手册编写

学员手册是学员培训时使用的文件，包括明确的学习目标、课程的基本结构、课前的预习任务（如准备课堂讨论的案例）、合理应用活页（通过活页的发放缩短与学员的距离，激发学员学习兴趣）、培训中需进行的案例分析、互动活动等的详细说明、课后练习。

5. 案例设计

案例是发生在教学中某个方面含有丰富信息和意义的一个事例，模板如表7-6所示。完整的案例一般包括背景、事件、问题、解决方案、启示/反思、点评六大要素；分主题型案例、综合型案例、研究课题型案例三类。案例设计时要注意：

（1）具有真实具体的情节，同时蕴含至少一项管理问题和决策。

（2）做好案例选题，广泛收集案例素材，尽量使用企业和学员身边的真实情境或案例。

（3）精心思考创作，进行情景的创造，要有悬念的设置，引发意境，创造思考。

（4）要突出对事件中矛盾、对立的叙述，也就是彰显案例的主题。

（5）要有一个从开始到结束的完整的情节，不能是对事件的片断的描述。

（6）叙述要具体、明确，让案例的阅读者就像身临其境一样感受着事件的进程。

（7）要反映事件发生的背景，把事件置于一定的时空框架之中。

表 7-6　　　　　　　　　　案例开发模板

案例笔者		所在部门	
案例名称		案例来源	□原创　□改编　□经典
案例角度		案例篇幅	□长篇　□中篇　□中短篇
案例背景			
案例内容			
案例评析			

7.2.5 培训课程认证流程

为做好各类课程质量控制、课程难度等级划分及课程内容覆盖度检查等工作，针对已开发完成的各类课程，企业需设计严谨的评审流程对课程进行认证管理。以专业类课程认证流程为例，认证流程一般如下：

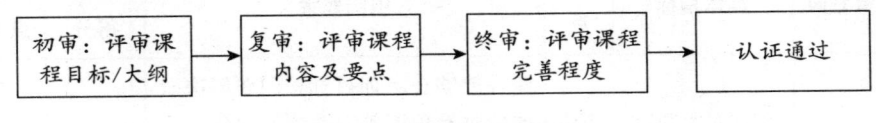

初审：评审课程目标/大纲 → 复审：评审课程内容及要点 → 终审：评审课程完善程度 → 认证通过

图 7-7　课程认证流程

1. 课程初审

课程初审由课题领域的专家和培训领域的专家共同评审课程的目标，解决学员的学习动机问题（态度层面），也就是为什么要学习本课程。评审标准是课程对象准确定位、受众聚焦。另外，还要评审课程的大纲，确保课程逻辑合理、框架思路清晰。

2. 课程复审

课程复审解决的是学员的知识储备问题（知识层面），也就是要掌握哪些专业的知识，才能顺利进行实际操作。由课题领域的专家或领导担任评审委员，对课程内容进行把关，在专业技术与公司业务实践活动相结合的基础上，对培训内容进行分析与归纳，确定所选择培训内容的导向性、适用性、可行性。评审标准是课程内容正确，符合公司实际，课程的知识点及流程正确无误。

3. 课程终审

终审本着"知识成系统、能力有差异"的原则，在培训内容与授课对象相吻合、对课程开发技巧与流程有把握的基础上，由培训领域的专家对培训课程所含的知识框架结构、案例设计、课程包规范等部分进行评审，主要解决课程开发过程本身的难点、课程完备程度、课程呈现等问题，可采用下表搜集和分析课件意见。

表 7-7　　　　　　　　　　　内部课件评审表

课件名称				专业类别		编写人	
适用对象				标准课时		评审人	
评审方向	具体指标	权重	指标要求			评审得分	评委点评
课件总体策划（30%）	培训对象锁定	10'	课件能够在培训目标、问题解决及课件难易程度等方面紧紧聚焦于适用培训对象。				
	培训目标	10'	教学目标清晰、定位准确，课件内容的各章节和教学活动的各环节都能聚焦于培训目标。				
	成人教学逻辑	10'	符合成年人认知规律，启发引导性强，逻辑性强，有利于激发学员的学习积极性和主动性。				
课件内容（35%）	课程大纲	10'	符合教学大纲要求，在制作量要求范围内的知识体系结构完整。				
	课件内容	15'	内容丰富，层次分明，结构清晰，教学引用的各种信息准确无误。				
	理论与实践结合	10'	教学内容既有准确的理论依据，又有实践案例，达到理论与实践的完美结合。				
技术性（25%）	课程包的规范性	10'	课件能按照课程包的标准，包括：学员讲义、学员PPT、讲师讲义及教学工具。				
	互动性	10'	界面友好、操作便捷、分层合理、交互性强。				
	多媒体教学	5'	充分利用多媒体技术（如视频、声音、动画），并具有相应的控制技术，让课程生动形象、不枯燥。				

续表

课件名称			专业类别		编写人	
适用对象			标准课时		评审人	
评审方向	具体指标	权重	指标要求		评审得分	评委点评
艺术性（10%）	课件风格	5'	界面布局合理、新颖、活泼、有创意，整体风格统一。			
	课件美观	5'	色彩搭配协调，字体字号适中，视觉效果好。			
总计						
课程总体评价和建议						

7.2.6 培训课程应用优化

课程的培训效果是检验培训课程是否优秀的重要依据。精品培训课程的认定，最终还是要看业务部门与学员的反映。内容初步设计完成后，进行试讲应用，可以征集学员意见以优化课程。试讲应用后，组织学员召开课程研讨会，引导学员反馈对课程的意见。在此环节，最好是邀请除课程开发人外的其他授课讲师加入，使其不仅可以了解课程内容设置并提出修改意见，还可以通过观摩，学习课程开发人的讲课风格及逻辑，以保证课程开发项目的顺利完成。

讲师可以在自己授课时全程录像或录音。通过回放录像或录音，不但可以发现授课时存在的问题，还可以看出设计的不足，尤其是与学员互动时，学员代表的感受是最真实的，有必要站在学员的角度去评审课程内容，发现设计中的问题。

试讲完成后，课程开发人根据课程内容设计的原则、学员对课程内容的掌握情况、学员的参与程度、授课过程是否科学合理，对课程内容进行调整。在此阶段对于课程模板不进行调整，主要是在课程深度、顺序、表现形式、案例使用和时间安排等方面做调整。一般情况下，两次试讲就能够达到完善课程的目的。

7.2.7 培训课程入库推广

课程定版后，提交课程正式稿，评审验收后即完成课程入库。如何顺利推广优秀课程是需要重点考虑的问题，因此，工作必须循序渐进、持续优化。

1. 课程库管理原则

课程库管理要坚持系统性原则和动态性原则。

（1）系统性原则

企业人力资源部作为管理主体，组织各单位进行系统的课程开发与优化工作，确保课程体系的覆盖度和匹配度能够不断满足企业发展的需求，夯实构建员工学习地图的基础；各单位课程体系维护工作需列入年度、月度、日常培训管理中，作为培训资源建设的重点项目来管理。

（2）动态性原则

随着企业内外部环境的变化，对课程进行修订是必需的，一般是一年修订一次，或者根据组织要求和培训对象变化等情况适时对课程进行修订，以适应变化所需。企业对课程库进行动态管理，各培训实施部门对讲师、课程进行即时评估并反馈给人力资源部门，在此基础上对课程库进行出库、分级、后期优化的动态调整。

2. 课程推广

精品课程的打造，离不开课程的营销推广。可以从四个方面进行内部营销。

（1）培训题目

精品课程一定要有一个富有感召力的名字。培训题目要能够让受众清楚地了解课程的核心主题，突出个人的创意和风格，吸引学员的眼球。可采用大标题和小标题的形式。大标题可以富于创意或艺术性，小标题则开宗明义，表明培训主题。这样既可以使学员对课程特色感兴趣，又能明晰培训主题，如"玩懂精益——在游戏中让精益颠覆你的思想"。

（2）课程框架

课程框架要简明、清晰。太繁杂的课程框架不利于学员细致地了解培训课程。因此，课程框架的设计力求专业、明了，可采用一定的专业排版来设计图纸，给学员以"第一眼震撼"，展示自身的特色。

（3）宣传手册及海报设计

宣传手册应包括课程总体介绍、课程框架、讲师简介、精彩内容片段、课程安排。海报设计应注意：主题清晰、框架简明、内容完整、视觉设计良好。

（4）课程发布会

课程发布会的目的是将课程库内的精品课程发布，扩大课程的影响力，激发学员的学习热情。可邀请关键人物参与发布会，现场可悬挂课程海报、横幅、易拉宝等宣传载体，对课程进行宣传。

7.3 构建学习地图体系

学习地图是以能力发展路径和职业发展通道为主线设计的一系列学习活动。在学习地图中，员工可找到从一名基层新员工进入企业开始，直至成为公司最高领导人的学习发展路径。

1. 学习地图的类型

学习地图分为三个类型。

（1）整体型学习地图，是针对公司全体成员的学习地图。

（2）群体型学习地图，针对公司中的关键群体，如核心管理层、后备干部、营销经理等。

（3）关键岗位型学习地图，是当公司培训资源、培训费用有限时，有针对性地对公司的重点岗位、重点序列建立的学习地图。

2. 学习地图的构建

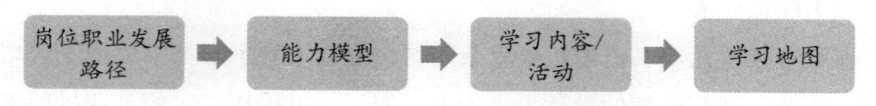

岗位职业发展路径 → 能力模型 → 学习内容/活动 → 学习地图

图 7-8　学习地图构建方法

构建学习地图体系，要通过企业战略解码构建业务关键能力项，并据此评测和识别关键人才，实现人才培养与企业战略的有效链接。构建关键岗位型的学习地图包括三个步骤：

（1）基于公司战略和业务需要确定关键岗位。

（2）梳理关键岗位的工作任务。罗列出关键岗位典型人物的工作任务清单，确定典型工作任务。

（3）关键能力地图构建。分析每项典型工作所需要掌握的知识、法律法规、工作流程、关键技能等内容，形成对应的学习内容，并匹配相应的讲师资源，设计学习形式，形成最终的关键岗位学习地图。

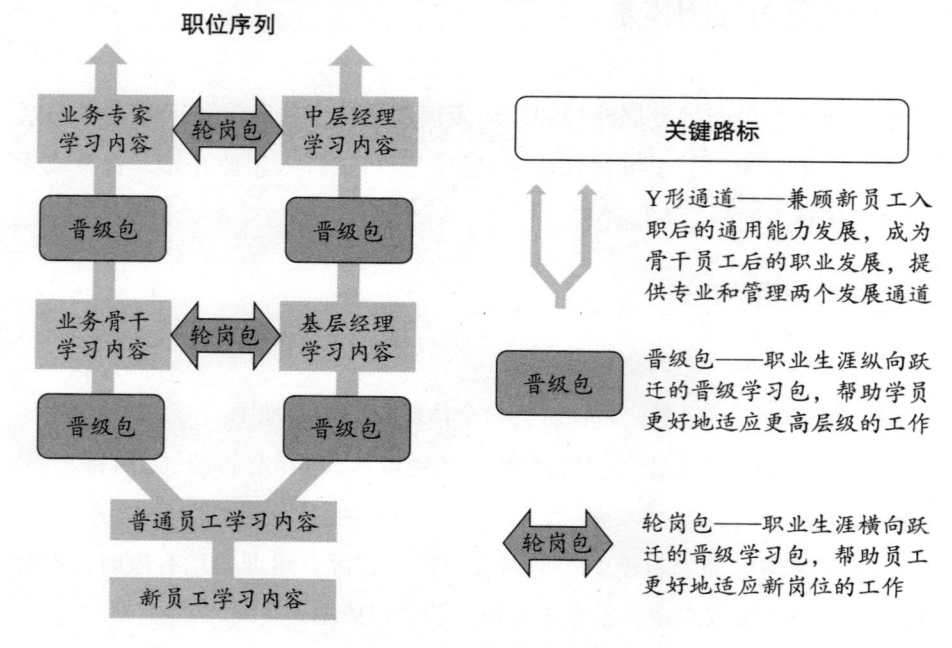

图 7-9　学习地图示例

例如，迪士尼乐园的战略之一是"为游客创造快乐"。迪士尼对游客在乐园的整个行程进行分析后发现，游客在体验各式游乐设施时是快乐的（这本是他们来消费的目的），但这仅占整个游玩时间的 1/4，有 3/4 的时间他们在排队、休憩和餐饮。"如何快乐地排队？"成为构建能力的关键。而乐园的引导员成了最值得关注和培养的人才，他们才是迪士尼的关键人才！这颠覆了传统意义上企业对关键人才的划分，不是那些中高层管理者，也不是乐园研发工程师，而是最基层的引导员和清洁工。据此，迪士尼投入大量资金，通过与游客接触的每个关键环节能力模型构建，针对引导员（包括清洁工）设计了专项培训计划。这一措施也让迪士尼成为最成功的娱乐企业与最佳雇主。

7.4 老 HRD 的智慧分享

1. 总体规划，分步实施

课程体系的搭建是一个长期完善的过程，需要总体规划，基于各类人才、不同层级的能力素质模型，搭建起课程体系的框架。例如，专业类课程可以按照以下三步规划：第一步，将岗位职责转换为能力素质要求；第二步，根据能力素质要求，提出需要开展的培训内容或课程名称；第三步，将课程名称填入课程体系表。然后分步实施，逐步完成课程规划的开发任务，并且不断更新和完善。

2. 整合资源，借力而为

课程开发要学会整合资源，对于自身不能开设的培训课程，如前沿理论、创新知识等，应采取"拿来主义"，先引进外部课程，或者派内部讲师参加学习，再结合企业实际转化为内部课程，这样可以使课程开发的效率更高。

3. 选取样板，打造标杆

标杆课程具备以下特点：目标明确、重点突出、紧贴业务、逻辑性强、培训形式创新、教学设计合理。企业可以选取一些精品课程作为样板，打造标杆课程，在公司范围内将其课程包展示与推广，以起到良好的示范作用。

4. 开发课程看三性

企业为什么要开发课程，开发什么样的课程，这对培训管理者来说非常重要。怎样准确地把握课程开发的脉搏，笔者认为要看三性：一是看知识的独有性，这样的知识课程仅为企业特有，既不想对外公开，又想在内部深化；二是看培训的普遍性与成本性，企业有持续的培训需求，如每年的大学生入职培训，任职资格的晋升培训，后备干部的培训等，企业如果没有自己的课程，每次均请外部师资，不但无法达到培训的一致性，而且成本很高；三是看自己的能力性，有此能力，才能具备开发的条件。

5. 如何开发高质量的课程

高质量课程的开发取决于以下因素：一是高质量的课题策划，这一策划首先是企业急需的，带有特色性，覆盖面广，引领企业的目标，定位准确，其次团队由知识经验丰富、素质高且愿意做此工作的人组成，最后是策划过程要有评审监控等；二是要选对课程开发成员，谁是课程开发组长，谁是成员，如何搭配都要认真思考，最优的人组成的团队不一定能开发出最好的课程；三是学员评价高质量才是真正的高质量。

6. 如何把关课程

在对进入集团课程库内的课程把关时，可成立课程评审委员会，主要由开发领域的专家和领导、培训领域的专家组成。开发领域的专家要对课件内容把关，包括课件内容的正确性、合理性、与企业的相关性等。培训领域的专家是课程开发项目的合作机构或培训管理者，要对课件的专业度进行把关，主要审核内容的框架逻辑、授课方法设计应用的合理性。最后，通过双方相互合作，输出课程包。当课程入库后，要根据出库的讲课效果去持续跟踪评价，听取受训人的反映，不断调整优化。

第 8 章
内部讲师培训开发管理

- 怎样认识讲师开发的重要性
- 如何做好内部讲师选拔工作
- 企业内部讲师的培养怎么做
- 如何应用与评价好内部讲师
- 内部讲师激励包括哪些方面

一个优秀的企业一般都是学习型企业。而学习型企业的重要标志是自培能力。如果一个企业的培训全部需要聘请外面的老师来开展，那么这样的企业是没有文化内涵和知识传承的。因此，企业内部讲师队伍的开发与培养对企业来讲非常重要。因为他们知企业、懂企业、知员工和内部知识短板等。在成功的企业培训实践中，常常能看到内部讲师全方位参与的身影，他们把企业经营特点与自身专业技能相结合，进行课程开发，对学员进行辅导，促进了后期培训效果的有效达成。

8.1 讲师开发的重要性

1. 企业之传道者

企业内部讲师作为企业自有的一支人才队伍，能够对内长期传播公司文化价值观、管理经验，同时还可大幅度降低外聘费用。内部讲师队伍的发展壮大，对公司发展能起到明显的促进作用。道同，方能志合。道，是管理之法则、规律。传道，即传承企业辉煌历程中积淀、凝练的管理思想、企业文化、发展之道、经营之道、管理之道。内部讲师成长于企业，了解公司的状况，他们基本上都是管理者和业务骨干，拥有极为丰富的管理和实践经验，这些经验都值得在企业内部加以沉淀、固化和分享，实现文化和知识的传承。培养内部讲师，就是要使其成为企业最佳实践经验的总结者、成功基因的复制者、企业与人才发展的助推者。内部讲师团队文化融入整个企业的学习文化中，有利于促进企业内部沟通，在企业形成一种良好的学习型文化，推进企业文化建设。

2. 知识之授业解惑者

业专，方能致胜。业，是专业之知识、技能。讲师授业，即讲师教授他人工作的基本方法与技巧，提升员工胜任岗位的能力。管理者更应成为讲师，前 GE 董事长韦尔奇说过，"管理者就是培训者"。他曾亲自参与授课，每年达 30 次。在哈佛领导力培养哲学中，亦非常强调领导者任教。当年，在董事长宁高宁亲自带动下，中粮集团的各业务单元一把手均成为第一培训师。高层管理人员，通过讲授，不仅能宣导企业战略目标与经营理念，还能通过与员工的亲密接触，倾听一线员工的声音，更好地了解企业实际情况。辅导下属成长是管理者的一项重要职责，而登台授课正是培养下属的一种重要方式。

3. 提高培训绩效

培养内部讲师，有助于提高培训绩效。在时间方面，内部讲师的培训时间可以随时协调，便于组织管理；在成本方面，使用内部讲师的成本（课酬）远低于外聘讲师，可以省去交通食宿费用等间接成本；在业务与价值方面，相对于外聘讲师来说，内部讲师更贴合企业的业务与实际需求，可以讲授内部业务发展迫切需要的课题，快速提高员工能力，从而提高个人和组织绩效。

4. 为员工搭建价值实现平台

内部讲师队伍的构建，为员工提供了实现价值的平台。正所谓"教学相长"，教是学的最好方式。担任内部讲师，不仅可以促进自身学习、提升自身能力和个人影响力、塑造职业形象，还可帮助他人成长。也就是说，内部讲师在展示与传播专业技能的同时，既发展他人，又成就自我，实现个人价值。

5. 培育提升组织自培能力

内部讲师大多在企业内部有较长的工作时间，经验丰富，熟悉企业内部运作情况和外部经营环境，对学习者的情况十分了解。因而，他们在培训内容的设计、形式、案例和时间安排上更具针对性，可有针对性地帮助学员较快地将所学知识和技能运用到实际工作中去，确保培训课程的后续跟踪、监督、调整的有效性。因此，建设内部讲师队伍，是培养人才和能力建设的重要路径。

可见，内部讲师贴近企业战略、贴近业务、贴近员工，开发与管理内部讲师队伍意义重大。建立和培养一支专业强、技能精、授课好的内部讲师队伍，关键在于要让他们掌握专业的课程开发与交付能力，让专家、管理者"会开发、能讲课"。要做到这一点，企业必须围绕选拔、培养、认证、应用与评价、激励五个维度展开。

8.2 内部讲师的选拔

1. 内部讲师能力素质模型建设

对绩优内部讲师个人以及团队进行分析，提炼出内部讲师能力素质模型，为选拔内部讲师提供相应的标准。讲师能力模型包括表达力、研发力和内驱力三大能力。

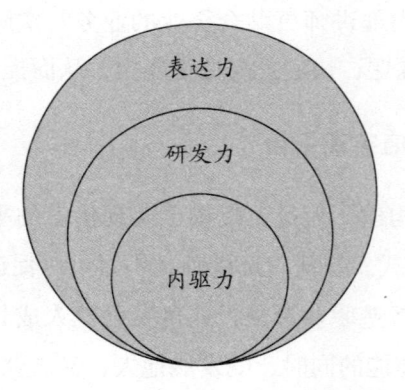

图 8-1 讲师能力素质模型

在讲师能力模型下，又可分为七个能力要素，如表 8-1 所示：

表 8-1　　　　　　　　　讲师能力模型下的能力要素

能力项	能力要素	能力说明
表达力	授课表达能力	讲师将课程呈现给学员的综合能力，包括讲师在课堂上的语言、行为、表情等综合表现，主要指讲师演讲能力、教学方法应用、控场能力、应变能力、问题解决能力等。

续表

能力项	能力要素	能力说明
表达力	讲师的知识面	讲师应具备并能够灵活运用的教育学、心理学、组织行为学、文学、历史、经济、热点新闻以及公司知识、人力资源知识等。
	讲师综合素质	讲师在台上综合展现的素质，包括尊重学员、授课礼仪、讲师品德、个人魅力等讲师素质类的能力要求。
研发力	课程研发能力	课程需求分析、教案编写、PPT设计、案例编写等综合的课程研发能力。
	工作经验，专业特长	讲师应具备丰富的管理、专业工作经验，拥有明显的专业特长，这些经验和特长是公司需要沉淀、传承的宝贵财富。
	逻辑思维，学习力	讲师在课程研发过程中需要的逻辑思维能力和讲师持续的学习能力。
内驱力	感恩分享 激情绽放	"感恩"的文化，讲师在公司工作多年，拥有了知识和技能的沉淀，这些财富是企业所赐，要心怀感恩，反哺企业，参与内部课程开发和授课。
		讲师应有强烈的分享意愿，热爱培训，以开放的心态与他人分享，真诚帮助他人成长进步。
		讲师要富有激情，持续参与公司的授课活动，并用这种激情影响和带动公司其他的讲师和学员。

2. 基于能力模型的选拔标准

做讲师不同于做普通岗位工作，内部讲师首先要高度认同企业文化，感恩企业，愿意并乐于分享企业文化。对企业文化不认同者，能力再强，业绩再好，都不能让其做讲师。内部讲师的综合素质、授课表达能力必须达到一定水平，知识技能才能更有效地传播出去，才能为企业创造更多的价值。

企业可根据表8-1讲师能力要素，对每个能力项设置权重，制定符合本企业需求的内部讲师选拔标准。例如，在甄选《时间管理》《团队合作》这类课程的内部讲师时，要增加"表达力"这个能力要素的设置权重。在甄选本身专业性就较强的课程的内部讲师时，要将"专业能力"这个能力要素的权重设置高于其他能力项。

3. 内部讲师的选拔方式

（1）自主申请

在内部讲师项目正式启动前，进行内部讲师项目的宣传造势，设计海报和项目LOGO，扩大内部讲师项目的影响力。同时，做好讲师队伍构建对组织发展和个人发展重要性的宣贯，鼓励员工积极参与自荐报名。要让他们认识到，担任讲师不仅可以全面提升自身能力，而且也是成就个人职业生涯、向高层次职位晋升的有效途径。

（2）组织推荐

组织推荐是选拔讲师的重要方式之一。由所在单位推荐员工参加讲师的选拔，重点推荐三类人：一是在某岗位或某专业领域有丰富实战经验的主管或骨干员工，他们业务过硬、工作能力强、责任心强；二是公司中的高层管理者，他们对企业有较为深入的理解和把握，积累了较丰富的管理和专业经验；三是人力资源部门员工，他们对企业的文化、制度和流程比较熟悉，拥有做培训的先天优势。

（3）定向邀请

培训部门/企业大学可行动起来，向那些适合担任讲师的对象发出定向邀请，主动去发现那些表达能力强，在平常工作中有思路和口齿清晰，有一定感染力的员工（如参加过公司的演讲比赛等活动），那些喜欢分享，在日常会议中踊跃发言，愿意向别人提出自己的想法和建议，分享自己成功经验的员工都可引荐为讲师培养的对象。

4. 内部讲师的选拔流程

（1）组织推荐/个人申请：符合选拔标准且有意成为公司内部讲师的员工，填写"内部讲师推荐（自荐）表"，描述个人的基本情况、工作业绩以及推荐（自荐）的理由。

内部讲师选拔模板如表8-2所示。

表 8-2　　　　　　　　内部讲师推荐（自荐）表

内部讲师推荐（自荐）表				
1. 课程基本信息				照片（请粘贴照片，便于后期相关证件的制作）
课程类别	□汉语授课　□英文授课			^
申请讲授课程				
主要授课内容				
2. 申请讲师级别：＿＿＿级　□续评　□晋级　□新评				
3. 讲师基本信息				
姓名		工号		
性别		年龄		
学历		英语等级		
单位		部门		
岗位层级		工作年限		
联系电话		本人邮箱		
直线经理		直线经理电话		
直线经理邮箱		本部门培训负责人		
4. 工作经历				
序号	开始日期	截止日期	所在单位	岗位
1				
2				
5. 授课经历				
序号	开始日期	截止日期	讲授课程领域	讲授课程名称	课时
1					
2					
6. 推荐理由				
员工本人确认： 推荐部门/推荐人： 　　　　　　　　　　　　　　　　　　年　　月　　日				

（2）培训部门审核：培训部门按选拔标准进行确认，根据各部门申请的人员数量、申报水平、公司的培训需求等情况与申请人所在部门讨论，初步确定内部讲师培养名单。

（3）分级审批：对培训部门审核后的内部讲师培养名单进行审批，主要是从公司各专业、部门等内部讲师人数分布均衡性，以及内部讲师的潜质方面再次进行把关，可由部门主管副总或总经理审批。

8.3 内部讲师的培养

依据讲师能力素质要求，整个讲师培养过程可视为产品的研发、生产制造与营销的过程，结合内部讲师角色定位，匹配差异化的培养内容。在"课程研发"阶段，内部讲师是一名培训信息的整合者、培训教材的开发者、发现问题及进行改善的问题解决者，企业需要为内部讲师提供课程开发技术或课程内容输入培训等。在"课堂授课"阶段，内部讲师作为一名掌握专业技能的执教者、工作态度的引导者，企业需要为讲师提供与学员互动的技巧或促动技术等培训。在"理念营销"阶段，内部讲师是一名培训顾问，也是培训文化的塑造者，企业需要建立多样化的沟通交流平台，让内部讲师在平台上推广企业的培训理念。

1. 内部讲师的分级培养

内部讲师分为初级、中级、高级/特聘讲师三个级别，针对不同级别的内部讲师应采用不同的培养模式和内容，如表 8-3 所示。

表 8-3　　　　　　　　不同类别的讲师培养模式

讲师类别	授课差异	培养模式	重点培养内容
高级/特聘讲师	公司领导力课程 公司管理体系 公司理念与文化	"2+1"培养模式 分散、订单式外培塑造	统筹管理高级培训（2天） 课程定制强化（1天）

续表

讲师类别	授课差异	培养模式	重点培养内容
中级讲师	各专业高级课程 各专业前瞻性课程 通用管理能力课程	"2+1+1"培养模式 集中、示范培养	教学策略（2天） 企业案例开发（1天） 课程与讲师综合认证（1天）
初级讲师	各专业中、初级课程 通用职业化课程	"2+2+1+1"培养模式 集中、以厂区建班培养	授课表达技巧（2天） 课程研发能力（2天） 课件开发与定版（1天） 讲师试讲认证（1天）

备注："2+1"培养模式、"2+1+1"培养模式、"2+2+1+1"培养模式中的"2"和"1"指"重点培养内容"对应的授课时长。

2. 内部讲师的培养方式

（1）集中的 TTT 培训

公司可根据内部讲师人数组织集中的 TTT 培训，按期按目标进行，可外聘专业的 TTT 讲师进行培训。

比如，对于刚入门的初级讲师，基本培养步骤如下：

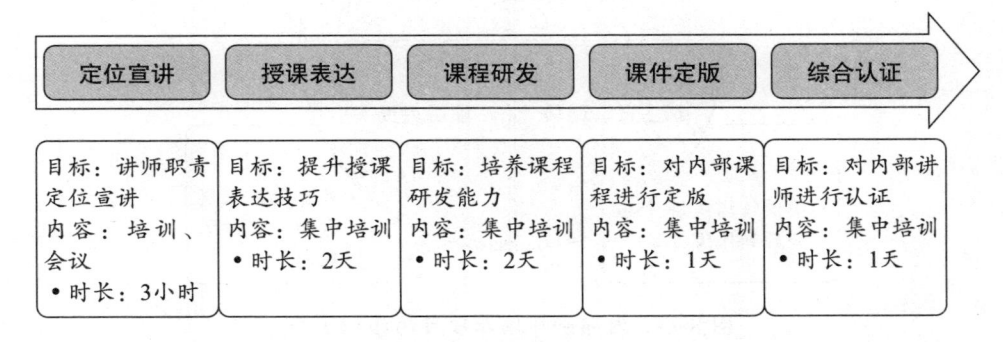

```
定位宣讲 → 授课表达 → 课程研发 → 课件定版 → 综合认证
```

定位宣讲	授课表达	课程研发	课件定版	综合认证
目标：讲师职责定位宣讲 内容：培训、会议 • 时长：3小时	目标：提升授课表达技巧 内容：集中培训 • 时长：2天	目标：培养课程研发能力 内容：集中培训 • 时长：2天	目标：对内部课程进行定版 内容：集中培训 • 时长：1天	目标：对内部讲师进行认证 内容：集中培训 • 时长：1天

图 8-2　讲师培养流程

在完成讲师职责宣讲后，首先，要对讲师的授课技巧和课程开发能力进行培养，可通过组建课题小组的形式，选取一门课程进行小组开发，并贯穿培养过程始终。其次，授课老师、人力资源部和业务部门可组建评审组共同对课程产出进行审核。最后，依据讲师能力素质要求对内部讲师进行综合认证，完成讲师培养项目。其他级别或类别的讲师，可根据实际需要简化表达与课程开发两个基本技巧的培训内容与时长。

（2）讲师实践、观摩、自学

除了进行标准的 TTT 培训外，培训部门还要为新的讲师创造更多的登台授课机会，让讲师们有足够的机会进行演练。为了树立起讲师的自信和激发其对讲台的热爱，可以让初级讲师去讲一些开发完善的精品课程，由资深讲师进行一对一指导、传承。因为讲师的第一次登台亮相非常重要，这将决定他是否继续为人师的决心。同时可以组织其他讲师对优秀的讲师课堂进行观摩学习，提高实战经验。除此之外，还可以组织讲师自学，发放一些较好的辅助教材，提升讲师的课程开发技巧和授课表达能力。

3. 内部讲师培养的组织管理

在组建内部讲师团队之初，要明确其组织管理，为后续实施做好规划。

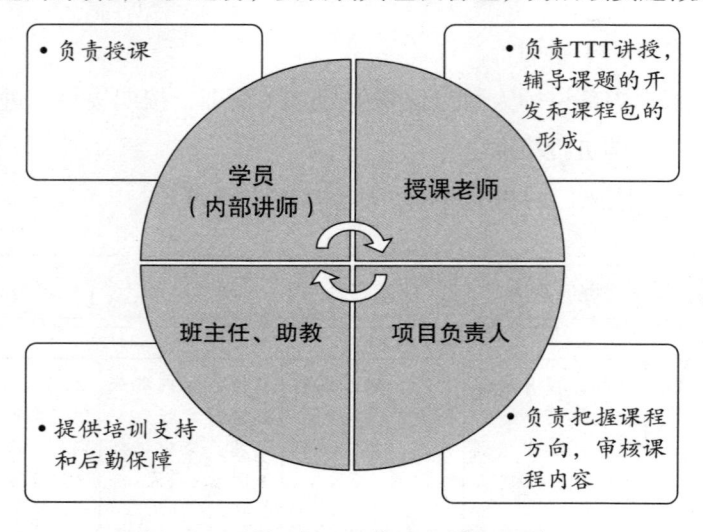

图 8-3　内部讲师培养项目的组织管理

内部讲师培养项目，依托五个方面的积极参与和配合：项目负责人、班主任、授课老师、学员（内部讲师）和助教。班主任、授课老师、学员和助教应该根据项目规定流程及时完成教学任务，确保教学质量，树立良好口碑。通过不断的工作总结，对培训方法、课程等提出改进的建议，不断完善和提升内部讲师培养项目的质量、深度和广度。

内部讲师培训工作职责如表 8-4 所示。

表 8-4　　　　　　　　　　讲师培训项目工作职责

项目实施团队			岗位职责
岗　位	配　置	汇报关系	
项目负责人	1人	项目归口部门	与项目归口部门接口与沟通；领导班主任与项目团队；确保项目一级文件输出；对培养项目质量负直接责任。
班主任	1人	项目责任人/项目归口部门	与项目归口部门接口与沟通；会务落实、会场软/硬件保障；讲师沟通与调度；讲师课程质量监控，与业务部门就课程内容达成一致；班级秩序维护及学员督导；领导助教与考评等。
讲师	2—3人	/	培训前，配合班主任督导学员预习、完成训前作业；培训中，负责课程讲授和答疑，课程评审；培训后，协助学员管理和后期服务。
学员	原则上不超过35人	班主任	培训前，确定课程内容与雏形，完成其他训前作业；培训中，学习、考核合格即进入认证环节；培训后，在培训部督导下，完成授课任务及课程开发任务。
助教	1—2人	班主任	辅助班主任及讲师督导学员；负责相关资料的影印及分发等事务；负责课程视频、照片拍摄及后期剪辑；负责项目总结初步制作；负责微信、微博等宣传工作。

8.4　内部讲师的认证

企业内部讲师通过严格选拔后获得认证，将更珍惜来之不易的认证讲师资格，并努力做好培训工作。讲师综合认证，除了对认证现场的讲师表现评定之外，还要加入讲师实际授课环节的表现评定。只有这样才能得出合理的评价结果，从而避免讲师认证如同演讲比赛一样流于形式，仅仅关注演讲口才好的讲师而忽视授课活跃度高、培训效果好的讲师。合理讲师认证流程可概括为 4 个 P。具体指需要通过日常学习表现关（Performance Daily）、呈现演示关（Presentation）、实战验证关（Practice），才能最终通过讲师认证（Pass）。

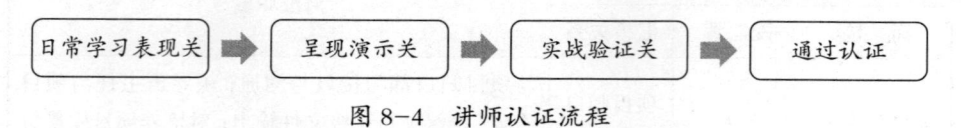

日常学习表现关 ➡ 呈现演示关 ➡ 实战验证关 ➡ 通过认证

图 8-4　讲师认证流程

1. 日常学习表现关

（1）完整度：初验收环节提报材料完整性。

（2）出勤率：培训过程中参训出勤。

（3）活跃度：能够及时完成老师布置的作业，课堂积极参与培训。

2. 呈现演示关

（1）授课技能掌握程度：语言表达能力、沟通能力、培训实效性。

（2）课程编撰技能掌握程度：课程大纲编撰的逻辑性、PPT 制作的美观性。

表 8-5　　　　　　　　　　　呈现演示关标准

讲师姓名			评估时间		评估总得分	
认证考核标准							
评定项目		权重	内容	分值标准	得分
课程认证		30%	课程认证得分	0—100 分	
现场教学表现	流程性展现	20%	流程完整性	0—30 分	
			开场技巧	0—30 分	
			授课环节结构展现	0—20 分	
			结束课程技巧	0—20 分	
	授课表达力	20%	口齿清晰	0—15 分	
			表达流畅	0—50 分	
			语句的展现具有生命力	0—15 分	
			表达内容的条理性	0—20 分	

续表

讲师姓名			评估时间		评估总得分	
认证考核标准							
评定项目		权重	内容	分值标准	得分
现场教学表现	肢体稳定度	15%	眼神	0—10 分	
			面部表情	0—20 分	
			站姿	0—20 分	
			行走	0—20 分	
			手势	0—20 分	
			声音	0—10 分	
	互动性表现	15%	互动手法应用	0—45 分	
			灵活应对现场异常	0—20 分	
			对时间的掌控度	0—15 分	
			教学工具的应用	0—20 分	
评委点评			签字：		

3. 实战验证关

（1）授课率：集团统一安排授课计划，后备讲师至少完成一次授课任务；

（2）满意度：学员满意度平均成绩达到 80 分以上为合格。

4. 通过认证

培训部门视情况每年定期统一组织讲师认证。申请认证的讲师需提前准备 9—20 分钟的认证材料，核心内容体现授课方面的业绩；评审委员根据学员表现综合评分，总分达 70 分以上达标，讲师通过认证进入职务聘任流程，分数未达标者进入后备人才库。

8.5 讲师的应用与评价

8.5.1 内部讲师的应用

从"实践中来"到"实践中去"。内部讲师的培养只是完成了第一步，更重要的是内部讲师的应用。

1. 授课准备

（1）讲师包装

在内部讲师授课前，需要对资历、工作经验等相关基本信息进行介绍。介绍模式采用"主讲课程＋工作履历＋授课成果＋授课风格"。采用简单精练的句子，段落清晰，切忌以篇幅模式介绍，毫无重点。例如，×××，公司首名获得资格认证的通用类课程讲师。

（2）课程策划

①课程规划

对已培养的讲师单独进行近期及远期的课程规划，了解讲师性格特点，掌握讲师熟悉的知识领域，对讲师授课内容进行横向及纵向课程规划。近期课程以讲师熟悉知识内容的广度为基础进行课程开发设计，横向进行规划，长期课程以讲师所研究知识内容的深度挖掘为基本点，进行远景规划。

②宣传营销

在应用内部讲师时，借用公司权威机构平台，在OA上发布培训通知，有效利用宣传平台，使用海报、电子屏、易拉宝、宣传片、新闻等拓宽宣传途径，可以在公司微信公众号、社区平台上推送消息，扩大培训影响力。

（3）授课执行

①课程的掌控

讲师在使用授课手法的同时，要营造积极的课堂气氛，根据现场学员的需求，有能力的讲师可在课堂休息期间对课件进行微调。

②器械的使用

在讲师授课期间，有效地使用录音、录像，记录讲师授课过程。

（4）课后总结评估

①发放感谢信

对授课讲师及讲师的直线领导发放感谢信，鼓励讲师继续努力，感谢讲师的领导对培训工作的关心和支持。

②发放课程改进意见

根据授课效果评价，总结讲师授课表现，提出改进点。

2. 讲师授课任务

培训部门要与讲师所在部门及其直管领导协调沟通，在必要时给予帮助和监督，以保证内部讲师对培训工作的必要投入。

（1）授课安排

①点单式

内部讲师及其主打精品课程定期公布，各部门可根据工作需要进行点单式邀约培训，邀约双方时间由培训部进行协调与安排。

②排课式

培训部门根据年度培训计划统一安排内部讲师的授课计划，包括公开课计划、跨单位授课计划、新员工入职培训计划，内部讲师有义务遵照执行，培训部定期抽查、评估与跟踪。

③混合式

培训部门要把各个部门内部讲师的培训开发课程纳入整个培训计划中予以统筹安排。对于那些点单式邀约较多的课程，列入公司公开课计划，加以推广，扩大受训对象。

（2）讲师授课反馈

①流程示意图

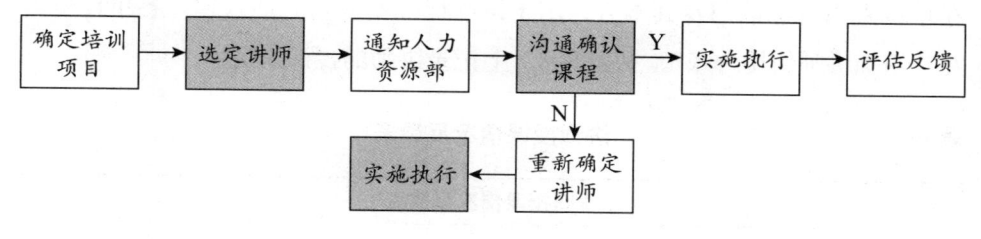

图 8-5 讲师授课流程示意

②反馈节点

第一，各单位根据培训项目的重要程度，需提前 5—20 天通知内部讲师并沟通课程需求，填写"申请授课审批单"，模板如表 8-6。

表 8-6　　　　　　　　　　申请授课审批单

申请授课审批单	
_____单位很荣幸地邀请您为_____部门于___月___日在_____进行_____的培训。	
培训组织单位领导	签字：
授课申请回执	
培训时间：____年____月____日____时____分 培训课程： 培训所需设备： □投影仪　□电脑　□白板及白板笔　□大白纸　□激光笔　□翻页器 □其他_____ 讲师课酬发放： □发放单位：_____ □课酬标准：____元/小时	
受聘讲师 直管领导签字	签字：
受聘讲师所在单位培训负责人签字	签字：

第二，内部讲师授课结束后，由培训组织者填写"讲师授课情况反馈表"（见表 8-7）及培训满意度调查表、签到表等其他见证性材料，反馈给讲师所在单位人力资源部门及其本人，用于讲师课酬发放与后期管理。各单位也需在"培训讲师使用台账"（见表 8-8）上记录讲师的授课情况。

表 8-7　　　　　　　　　　讲师授课情况反馈表

讲师授课情况反馈表
_____： 　　您辛苦了，真诚感谢您对培训工作的支持！ 　　您于_____年____月____日为_____培训班讲授的课程，授课时数为____小时，截至目前您在我单位累计授课时数为____小时。教师酬金情况如下： 本次课程酬金：_____元

续表

针对您所讲授的课程我们进行了效果评估，评估结果如下：		
调查问卷相关项目	标准得分	实际得分
合计（满分100分）：		
优点	需要改进和提高方面	
培训组织单位：	年　月　日	

表8-8　　　　　　　　　培训讲师使用台账

_____单位培训讲师使用台账												
序号	讲师姓名	讲师所在单位	讲师级别	授课时间 || 课程名称	授课时长	授课对象单位	授课对象人员	授课人数	授课满意度	讲师课酬	备注
				月	日								

8.5.2　内部讲师的评价

对内部讲师进行评价，目的不仅在于让内部讲师认真准备，提高培训技巧，更在于帮助他们提高培训质量，这样不但有利于内部讲师在企业的职业发展，而且有利于提高企业内部培训的实际效果。

1. 讲师职能职责

（1）内部讲师需定期开发及维护其所讲课程，及时更新相关数据及具有时效性的信息。

（2）内部讲师需要不断学习，消化外部培训课程，提高讲授水平。

（3）内部讲师不能推脱或无故缺席，若有特殊原因，应提前做好安排。

（4）内部讲师负责参与公司年度培训需求调查、培训计划的制订及年度培训效果评估、总结等工作，对培训方法、课程内容等提出改进建议，协助培训部完善公司培训体系。

（5）保密管理：内部讲师不得以任何形式泄露公司涉密课件、数据、流程、工艺等内容。

2. 讲师评价标准

企业可以定期或每年对内部讲师进行考核评价。根据授课效果、授课时数、课程开发、教学质量四方面进行综合评定，考核结果分为优秀、良好、合格、不合格四个等级。讲师授课任务与评价标准可如下表安排：

表 8-9　　　　　　　　　不同级别的讲师授课任务

聘任级别	职　　责	年授课时数（小时）	开发课程标准（门/年）
特聘讲师	主要承担中、高层干部的培训任务	≥16	1
高级讲师	主要承担基层管理人员的培训任务	≥20	1
中级讲师	主要承担基层骨干、普通员工的培训任务	≥24	2
初级讲师	主要承担新员工、产业工人的培训任务	≥32	2

表 8-10　　　　　　　　　　讲师评价标准

考核项目	权重	考核说明
授课效果	30%	每次授课评估结果平均得分。
授课时数	30%	以年度累计授课时数为依据，年授课时数全部完成即得满分，每缺少 4 小时扣 2 分，每超过 4 小时加 1 分，加分最高为 10 分。
课程开发	20%	年度课程开发任务全部完成得满分，缺 1 门扣 3 分，超额 1 门课且实际授课效果良好或优秀者可加 3 分，最多可加 6 分。
教案质量	20%	从教案的标准性、实用性、严谨性及提供教案的及时性四个方面进行考核，其中每一项各占该项的 25%。
合理化建议		加分项：对培训工作提出合理化建议并被采纳后可加分，最高可加 10 分。
备注		考核结果：90 分以上为优秀，75—89 分为良好，60—74 分为合格，59 分及以下为不合格。

3. 讲师年度评价结果应用

可以规定中高层管理者必须担任内部讲师，将为下属及其他同事授课作为管理者的岗位职责之一，同时将其培训工作情况纳入绩效考核的范畴，还可将担任内部讲师作为职位晋升的前提条件，从制度上保证中高层管理者必须担任内部讲师。

讲师授课情况应由讲师所在单位人力资源部门反馈至讲师本人及讲师直管领导，让其支持讲师授课，并送至干部考评责任单位作为年度干部考评加分项。

4. 讲师的晋级、降级及退出

对内部讲师进行年度考核，第一年度考核结果为优秀的人员进入后备讲师库，重点跟踪培养，并承担课程开发工作，次年参加公司统一的组织讲师认证或课程认证活动，经考评合格后晋级。授课任务较少、讲师技能有待提升的讲师，考核结果不合格，需要予以降级，降级或自动退出的人员如需再次加入仍需参与培养与认证。管理者不履行内部讲师的职责也将面临降职。

8.6 内部讲师的激励

众所周知，很多内部讲师都是兼职的，这就对他们的体力和精力有更高的要求。因此，有必要采取一些措施来激发他们的积极性和主动性。

1. 物质激励

（1）课酬激励

建立内部讲师的评级制度。按照讲课质量、培训时长、自身业绩、行政级别等，将讲师分为初级讲师、中级讲师、高级讲师、资深/特聘讲师，并授予资格证。每个讲师级别的待遇不同，通过逐级晋升讲师级别来达到激励其不断突破自我、开发新的培训内容的目的。培训课酬的发放，根据讲师的认证级别来定，并综合考虑培训的影响力，区分出跨部门授课和部门内授课的不同，如表 8-11 所示。同时，设置课程考核系数，以体现培训效果的差别。比如，课程评估为优秀的，乘以 1.1 系数；评估为良好的，乘以 1.0 系数；评估为一般的，乘以 0.8 系数；评估为较差的，不兑现授课费。

表 8-11　　　　　　　　　　　　　培训课酬标准

讲师级别	部门外授课（元/小时）	部门内授课（元/小时）
特聘/资深讲师		
高级讲师		
中级讲师		
初级讲师		

> **小贴士**
>
> 对内部讲师的激励，可以将内部讲师授课作为其绩效考核的一部分。要以授课质量、培训满意度来定培训课酬，避免以职务定课酬。

（2）团队活动、培训机会

为内部讲师组织团队活动、提供培训机会也是物质激励的措施。培训部门可以定期组织内部讲师的团队活动，安排旨在提高他们专业知识、课程开发与授课技巧的培训活动。

2. 精神激励

合理的激励制度，不仅仅是物质激励，更重要的是讲师成就感和荣誉感的满足。

（1）建立内部讲师的职业发展通道

讲师的个人晋升与职业发展应成为讲师激励最主要的手段之一。企业可以建立制度，规定担任内部讲师并通过一定考核标准后直接享有内部晋升与职业发展的优先权。也就是说，如果进入与本职相关的工作人才池，若有晋升职位，内部讲师享有优先权。这样有助于激发员工做内部讲师的驱动力。对企业而言，也缩短了选拔人才的时间，提高了人才选拔的效率和准确率。

（2）讲师的内部营销

讲师的内部营销，有助于激发内部讲师授课的热情。每年举行规模盛大的讲师培养班、讲师大赛等活动，活跃讲师团队文化氛围。企业高层和外部专家参与讲师项目启动大会和讲师大赛，以及对项目成果、优秀讲师个人进行包装推广，开展优秀讲师巡讲活动，通过企业内部报纸媒介、专门针对企业内部讲师的微信公众号进行专题策划与撰写，让讲师有荣誉感。可设计专属于他们的宣传海报，录制介绍讲师从业履历的小视频。

同时，每年定期（如教师节）向讲师们发放荣誉或资格证书、节日贺卡等小礼品、祝福邮件。内部讲师的口碑营销可以使公司从高层到基层员工都能看到内部讲师的快速成长、风采和成果，能帮助讲师本人搭建个人人脉、产生影响力，从而吸引更多人加入讲师队伍。

案例分享

讲师的内部营销，尤其是针对优秀的内部讲师的营销，会激起内部讲师授课的极大热情。"金讲台"的培训项目，是广东移动自主打造的内部讲师品牌和课程研发平台。在项目启动时，不仅设计了LOGO，成立金讲台俱乐部大会、讲师家园等组织，还设置了"十大优秀讲师"等奖项，设计课件大赛、案例大赛等品牌化运作措施，从而不断提高内部讲师的影响力。广东移动对内部讲师开展"山海交流"（内部讲师在广东省内的沿海和山区之间交换授课）、"每月双金"（每个月向全公司推广两位优秀金讲台讲师及其课程）、"五个一工程"（内部管理层授课系列）等系列活动，实现全省资源的沉淀与交流，推动了"无边界"学习的常态化，打破了内部学习壁垒，最大化发挥讲师的价值和作用。

8.7 老HRD的智慧分享

1. 对讲师的8点认识

①讲师不只是演讲家。讲师既需要像演讲家一样在台上具有很好的煽动

性，但又不能只是演讲家，还需要在演讲结束后完成知识的转化。

②讲师不只是专家。在讲师背后，有一个知识团队来开发一系列课程。从这个角度讲，他未必是知识的创造者。但讲师在传道授业解惑上，他必须是一个专家。

③讲师是艺术家。讲师授课如同艺术家做表演，必须有表演激情，考虑听众的认同度、尊重感。

④讲师是心理学家。讲师要研究听众心理，贴近听众心理需求，因材施教。

⑤讲师是践行者。讲师只有亲身经历，才能感召学员去学习，最终才能把培训效果落实到业务上。

⑥讲师是奉献家。讲师需要有毫无保留、无私分享的意愿。

⑦讲师是智慧家。经验加时间就是智慧，如果你能当一个老师，无论知识还是经验，都代表你已经超越了别人。

⑧讲师要专一专注。要成为某一领域优秀的讲师，一定要注意专业背景、讲师的方法理论体系、知识的积累。

2. 如何使用内部讲师

企业最好以"内训为主，外训为辅"。与企业特征密切相关的专用知识和专用操作技能适合采用内训，如保险公司业务员的"话术"培训，由于其专业性、行业性比较强，所以一般采用内训。而前沿理论和智力开发等，则适合采用外训。另外，对于一些好的外部培训课程，也可派内部讲师参加学习，在经过课程认证程序后将其成功地转化为内部课程，既可降低培训成本，又能实现培训学习的目的。

从内部讲师的应用范围来看，主要考虑岗位层级。越是基层员工越应采用内训，越是高层领导越应采用外训。从培训实践看，有的企业主要对基层员工和新员工的业务知识和专业技能进行培训，有的企业的培训则涉及面比较广，还包括中高层管理人员的内部研讨、全员企业文化建设培训等。

3. 持续凝聚讲师团队，热情永不消退

讲师团队的建设并不止于讲师培养项目的结束，而是一个持续的过程，

企业应持续凝聚讲师团队。可每年举行年度优秀内部讲师评选，对培训效果突出的内部讲师通报表彰或授予企业荣誉称号等，并在企业年度大会上举行隆重的颁奖仪式。这样有助于使内部讲师的热情永不消退。

4. 从"人课分离"到"人课合一"

从传统的"人课分离"，即讲师培养和课程开发分开进行，要发展为"人课合一"，即讲师培养和课程开发同时进行。无论是开发阶段，还是应用阶段，课程与讲师都要完美结合，才能发挥出知识传递、技能传授、经验分享的作用。一方面，鼓励参与内部讲师选拔并纳入后备讲师培养名单的讲师，带着课程选题参加培训，迅速掌握课程开发的方法和工具，同步提升课程开发能力，实现知识资产的沉淀和传承。另一方面，鼓励承担课程开发的员工，进入内部讲师培养通道，在后期承担授课任务，同时辅助"课程开发技巧"等公开培训，推动各部门课程开发工作。

5. 搭建内部讲师平台，塑造企业培训品牌

为员工搭建内部讲师培养平台，打造集各级内部讲师规划、选拔、培养、认证、激励及动态管理等流程于一体的内部讲师品牌项目，设计 LOGO 和定义内涵并进行宣传，借鉴品牌营销技术，整合传播手段，进行全面营销推广，在行业内塑造企业独特的培训品牌和影响力。

第 9 章
培训技术方法

- 如何认识员工学习与企业培训
- 怎样全面认识企业培训技术方法
- 如何找到适合企业员工的培训方法
- 传统方法和新方法如何有机结合

如何了解并掌握培训技术方法，并有效地应用到不同的培训项目中去，这对培训管理者来说非常重要。有效实用的技术方法，让培训取得好的效果，反之则事倍功半。因此，掌握并应用好培训技术方法非常重要。

9.1 企业培训的发展趋势

中国的企业发展经历了较长的时间，但是真正寻求自主创新与个性化学习的时间不过十几年。如今，互联网风潮正盛，极大地颠覆了传统行业花了几十年甚至几百年时间建立起的游戏规则，许多行业面临着游戏规则的调整和重新洗牌。而企业培训与员工发展也有了较明显的变化，体现出鲜明的发展趋势（如图9-1所示）。

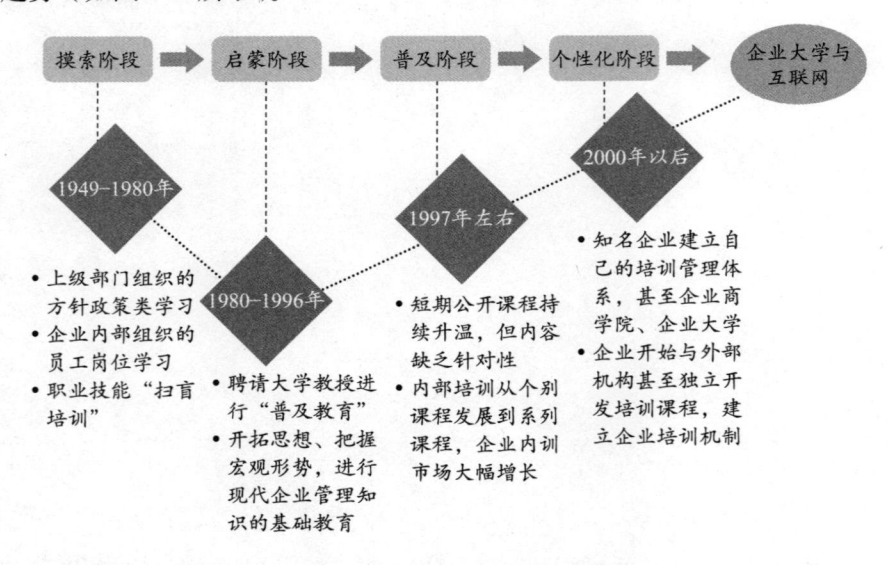

摸索阶段 → **启蒙阶段** → **普及阶段** → **个性化阶段** → **企业大学与互联网**

1949-1980年
- 上级部门组织的方针政策类学习
- 企业内部组织的员工岗位学习
- 职业技能"扫盲培训"

1980-1996年
- 聘请大学教授进行"普及教育"
- 开拓思想、把握宏观形势，进行现代企业管理知识的基础教育

1997年左右
- 短期公开课程持续升温，但内容缺乏针对性
- 内部培训从个别课程发展到系列课程，企业内训市场大幅增长

2000年以后
- 知名企业建立自己的培训管理体系，甚至企业商学院、企业大学
- 企业开始与外部机构甚至独立开发培训课程，建立企业培训机制

图9-1　企业培训发展阶段

1. 突出系统化培训，重视思维塑造

系统化培训主要体现在两方面，一是知识体系系统化，二是培训项目系统化。

（1）知识体系系统化

在企业培训发展的启蒙阶段与普及阶段，多数企业借助外力进行企业培训，因此存在盲目选择、"药不医病"的情况，而企业发展到今天正逐渐走向成熟，越来越多的企业摆脱了盲目接受的培训方式，已经不会停留在"见一个爱一个""给一个吃一个"的阶段。企业培训计划的制订与学习地图的设计更加注重知识点之间的内在逻辑，重视知识架构的完善与整合运用知识的能力。

（2）培训项目系统化

由于自主人才的培养需求不断加大，企业更注重员工学习项目与职业发展路径的匹配。对培养项目的规划与设计，横向来讲，从对某一课程的重视转变到对整个学习项目的关注；纵向来讲，更重视学习项目的可持续发展。

2. 知识更新速度快，学习内容多元化

互联网时代下的知识更加分散，个性化需求不断增多，因此培训内容更加多元化，市场上的培训产品也将更加丰富。理论最终要服务于实践，为实践提供解决思路，否则就变成了纸上谈兵。在市场向网络化发展的同时，将有更多的理念、概念诞生，今天人们已经感受到新概念不断地"刷屏"，不难想象未来将是一种什么样的情景。

互联网时代与中国变革时代的叠加，将会迎来一次管理思想大激荡，现在看不到只是暂时现象，因为向多元化转变需要一个过程，新的思想正在萌芽状态。

知识更新速度加快，也意味着人才更迭速度加快，对今天的企业精英而言，知识更新将是最大的挑战，当然这也将给新人创造更多的机会。

3. 学习内容更加聚焦

在互联网时代，企业培训需求也从"集中化"转向"碎片化"，其类型、内容、形式等也都将发生改变。培训需求越分散，越需要培训具体化，最忌讳"囫囵吞枣"式的培训，试图通过几次培训把所有需求点覆盖，完成培训任务，是几乎不可能的，越想面面俱到，越是事与愿违。对于企业管理，不同的思想流派有不同的解决方案，如何能做到以偏概全？未来企业培训的着眼点在"精"，与企业"专业立足、思维制胜"的人才成长规律相匹配。

4. 注重"多专多能"的 T 型人才培养

从互联网时代的特征可以看出，企业人才标准将发生明显改变。以前"一专多能"型人才备受企业青睐，而在互联网的市场环境中企业更需要"多专多能"型人才，也就是说，面对不断变化的市场，企业需要能够胜任多种不同类型工作的复合型人才。因此，不同类型、领域的培训开始相互渗透与融合，这与企业发展变化过程相吻合。人才标准的改变将导致企业培训体系发生根本性改变，培训的目标是提升人才的价值，虽然这不是单纯通过培训所能实现的，但是企业培训必须为人才价值创造必要条件。

5. 非正式性学习日益增多，学习内容趋向探索性

在过去，企业学习者所接触的往往是正式的教育和培训，诸如企业组织的集中内训、外出参加的公开课以及 EMBA、MBA 等自主学习。但现在企业学习者的正式学习比重在不断下降，非正式学习比重反而在上升，诸如通过微信朋友圈分享文章、视频等方式学习，学习的时间和内容更加灵活和碎片化。

过去所学习的内容往往在知识和技能方面会多一些，而且相对比较成熟，是与非已经确定，比如各管理流派的理论观点及实践；但随着互联网经济的集中爆发，企业学习者不得不学习一些正在发生的，甚至需要为一些即将发生的业务储备知识。对于新技术、新思路方面的学习相对变多，而这些正在或者即将发生的内容，有很多尚未来得及总结提炼形成规范的、体系化的知识，

学习内容的不确定性在增加。

6. 应用型学习逐渐替代储备型学习

过去的培训更多的是储备式的培训，讲究的是先培训学习到位，再满足业务需要，往往是规范的、系统的人才培养流程，通常是"先买票再上车"的按部就班的流程；而现在的学习因为岗位业务的拉动，经常会出现"先上车再买票"的特殊情况。而这种特殊情况越来越常见，是因为企业的业务都是新的，没有成熟的理论和行业最佳实践指导，在工作中遇到问题后靠的就是快速的学习和反应。

总体来看，以上六大企业培训趋势相辅相成，目标是支撑企业持续发展，适应时代变化对企业的要求。

9.2 培训技术方法的介绍

目前培训界的技术方法层出不穷，参考"互联网+"时代的特点，将培训技术方法分为传统与新兴两部分，如表9-1所示。

1. 传统培训方法

表 9-1　　　　　　　　　　培训技术方法介绍

序号	培训方法	特点	操作要点	适用范围	适用对象	场地要求
1	讲授法	1.对新知识的讲授系统、全面，重、难点突出。2.可以同时对许多人进行培训，经济高效。3.讲师可随时掌握并控制学习进度。	应保留适当的时间让培训师与学员进行沟通，用问答方式获取学员对讲授内容的反馈。	适用于讲授概念性、常识性与通用技能类知识，如企业文化、组织架构、Excel使用技巧等。	校招新员工、社招新员工等。	可容纳多人的教室、多功能厅，应配备专业的教学设备。

续表

序号	培训方法	特点	操作要点	适用范围	适用对象	场地要求
2	操作示范法	1.对操作理论与技术规范进行讲授并进行标准化的操作示范。2.学员需反复模仿练习,熟悉操作流程与规范。3.需要达到运用自如的程度。	培训者在现场指导,应随时纠正操作中的错误动作。	适用于专业技能训练,多应用于职前实务训练,比如较机械性的工种。	技能操作岗位人员。	工作现场或培训道场,应有相应的安全防护措施。
3	参观学习	1.指针对某一特殊环境或事件组织学员进行实地的考察和了解。2.整个学习氛围较轻松,易激发学员对实际问题的关注。3.可加强学员与外界的联系。	应提前联系并确定参观主题与地点,准备详细的行程表、地图、内容介绍等。	适用于不易在课堂上直接讲述,需要实地观察学习的议题。	不同层次的学员均可选择。	事先沟通确定好的场地,应有相关指示语与安全标识。
4	跨界学习	1.跨越自己日常工作的边界,向外界学习并寻求多元素交叉的知识。2.能够提供学习思路,整合学习资源,打开视野,激发灵感。	1.应对学习流程进行科学的设计,包括学习主题的确定、学习资源的开发、学习材料的准备。2.学习过程注重专家间的交流、标杆考察、内部研讨。3.注重"向外学习"与"向内转化"。	适用于对行业有深刻认识和实践经验丰富的学习者。	中高层管理技术人员或业务骨干。	不局限于室内学习,可以是多元化的。

续表

序号	培训方法	特点	操作要点	适用范围	适用对象	场地要求
5	问题讨论法	1. 对某一专题进行深入探讨，目的在于解决某些复杂的问题。2. 注重观点的交换，能促进学员间的交流。3. 对问题的探讨具有一定的深度，能帮助学员通过讨论加强对知识点的运用。	1. 主持人应善于激发学员踊跃发言，引导学员自由发挥想象力，增加群体参与性。2. 控制好讨论会的气氛，防止讨论偏离主题。3. 通过分阶段对讨论意见进行归纳小结，逐步引导学员对讨论结果达成比较统一的认识。	适用于处理较复杂的管理问题。	中层以上管理技术人员。	可进行分组讨论的教室，场地不宜过大。
6	案例研讨法	1. 用集体讨论的方式进行培训，侧重培养受训人员对问题的分析判断及解决能力。2. 分析特定案例，集思广益，共享集体的经验，有助于将受训收益应用在未来实际业务中，建立一个系统的思考模式。3. 帮助受训者拓宽管理思路。	案例讨论可按以下步骤开展：发生什么问题、问题因何引起、如何解决问题、今后采取什么对策。	适用于训练决策能力，帮助受训者学习如何在紧急状况下处理各类事件。	中层以上管理技术人员。	一般的培训教室即可。

续表

序号	培训方法	特点	操作要点	适用范围	适用对象	场地要求
7	在岗培训	1.是在具体工作中，双方一边示范讲解、一边实践学习；有了不明之处可以当场询问、补充、纠正，还可以在互动中发现以往工作操作中的不足、不合理之处，共同改善。2.OJT的长处在于，可以在工作中进行培训，两不耽误，双方都不必另外投入时间、精力和费用，而且还能使培训和实际工作密切联系，形成教与学的互动。	OJT必须建立在提前做出计划与目标的基础之上，同时还需严格选择教学导师，否则工作量大时会影响学习效果。	适用于知识、技能、工作方法类等需要在工作中学习的内容。	各类企业员工。	随着工作的变换而变换。
8	工作轮换法	工作轮换法是一种在职培训的方法，指让受训者在预定的时期内变换工作岗位，使其获得不同岗位的工作经验；现在很多企业采用工作轮换则是为培养新进入企业的年轻管理人员或有管理潜力的未来管理人员。	在为员工安排工作轮换时，要考虑培训对象的个人能力以及他的需要、兴趣、态度和职业偏爱，从而选择与其合适的工作。	适用于需快速了解不同岗位工作内容的人员，包括新员工和高潜员工。	高潜员工或直线管理者。	随着工作的变换而变换。

续表

序号	培训方法	特点	操作要点	适用范围	适用对象	场地要求
9	行动学习法	1.通过行动来学习,即通过让受训者参与一些实际工作项目,或解决一些实际问题。2.行动学习主要由集中的专题研讨会和分散的实地活动构成,通过一段时间的训练,参与者的领导能力和解决问题能力得以提高,组织的战略和策略问题得以解决。	行动学习主要用于解决战略与运营问题,应当高质量地解决企业的实际问题。	适用于解决企业中的实际问题。	中高层人员或职业经理人。	不局限于封闭的教室,可与实际工作充分结合。
10	角色扮演	1.是一种模拟训练方法,一些受训人员扮演某种训练任务的角色,去体验所扮演角色的感受与行为,以发现并改进自己原先职位上的工作态度与行为表现。2.其他受训人员则要求在一边仔细观察,对角色扮演者的表现用"观察记录表"的方式,对其姿势、手势、表情和语言表达等项目进行评估。3.观察者与扮演者应轮流互换,使所有受训者都有机会参加模拟训练。	由于培养的精细化,职位扮演对培训项目的设计功底要求较高,学员会因刻意模仿角色而失去自身的真实特征,影响效果评估的真实性和可控性。	适用于改善人际关系的训练中。	中基层人员。	空间大小适中,可进行场地布置的培训教室。

续表

序号	培训方法	特点	操作要点	适用范围	适用对象	场地要求
11	沙盘模拟	1.学员可以在贴近实际的运营环境内体验，在体验中学习。2.沙盘类课程的一大特点就是允许学员犯错误，发现优势和不足，调整方向和速度。3.沙盘模拟训练运用形象直观的沙盘教具，融入市场变数，全真模拟企业运营过程，培养学员如何在变化多端的经营环境里，面对众多竞争对手，正确制定企业的决策，达到企业战略目标的能力。	通过模拟学习，在今后的工作中，注意思考部分工作在企业整体运作中的位置和影响，站在全局的角度思考具体工作的方向。	适用于运营层面遇到跨部门沟通问题的情形。	中基层或中高层管理者。	场地应满足项目设计的要求，提供足够的教具摆放空间。
12	游戏培训法	1.学员在游戏的决策过程中会面临更多切合实际的管理矛盾。2.受训人员需运用有关的管理理论、决策力与判断力对游戏中所设置的种种遭遇进行分析研究，采取必要的有效办法去解决问题，以争取游戏的胜利。3.容易调动学员的积极性，更利于知识的迁移。	游戏培训法对课程开发与设计要求较高，设计时应注意避免将现实情况过分简单化，同时应避免形式大于内容。	适用于企业中较高层次且管理经验丰富的管理者。	所有员工。	场地应满足项目设计的要求，提供足够的教具摆放空间。

续表

序号	培训方法	特点	操作要点	适用范围	适用对象	场地要求
13	拓展训练	体验式培训是传播一种观念，一种精神，是以体能活动为导引，以心理挑战为重点，以人格完善为目的的一种培训方式，体验式培训以短期培训为主，基本在户外进行。	在体力拓展的同时，培训师还要在整个过程中进行有目的的引导，使学员将观念付诸行动，达到改善自己、完善团队的目的。	适用于团队训练或者新理念等内容的培训。	组织与团队。	具有安全防护措施的开阔的室外场地或野外等地。

2. 新兴培训方法

随着远程教育的发展，越来越多的远程教育机构快速崛起，人们普遍认为在不久的将来远程教育将取代传统教育。其实不然，在我国，人们的学习模式还没有发生最根本的改变，所以现有的在线教育内容还不足以掀起在线学习的变革浪潮，也无法保证学习效果。因此，培训技术方法还需要线上与线下的结合。

其实，在线教育产品的根基是互联网，所以它在很大程度上可以说是一个互联网产品。这个时候的教学系统要素应该是带有互联网特性的，所以在设计在线课程的时候，不仅要有传统的地面教育的设计维度，还要从互联网特性出发。学生不单单是习惯了坐在教室的椅子上，更是一个"网络用户"，课程不仅仅要符合传统的地面课堂教学的方法论，更要是一个"互联网思维"的产物。

从传统意义上讲，保证学习效果的前提是讲、练、测、评、考五个教学系统要素的发力与环环相扣。好的在线教育产品，一定是既符合互联网特性下人们的在线行为与认知习惯，又能保证教学效果五要素线上线下的相互补充与良性操作，成为一个在线互动学习的开源站点。那么，在尚未发生根本性质变化的人类学习过程认知规律下，互联网对教育产业产生了哪些最具变革性的特征因素呢？第一，跨时空性，指变革教育地点，使学习可以不出门并且实时。第二，传播互动性，变革知识的传播量级，受众之间的交互性传播使知识可以"一对一、一对多、多对一、多对多"地量级化、多样化传播。第三，社交性，变革学习的成就动机，使学习更具社交属性和社区意义。第四，多媒体技术性，变革知识传递的形式和载体，变革学习者的接收习惯，使学习更趋于娱乐化，知识传递形式更加多样化、可视化、立体化。第五，移动终端化，变革学习者的学习习惯和学习模式，使学习时间和内容碎片化。变革知识传递者角色，传统的地面课堂中，教师是教学系统唯一的传授者，移动终端化使传递者多样化。

互联网学习具体的培训方法如下：

（1）在线学习（E-learning）

应用信息科技和互联网技术进行内容传播和快速学习的方法。E-Learning中的"E"代表电子化的学习、有效率的学习、探索的学习、经验的学习、拓展的学习、延伸的学习、易使用的学习、增强的学习。这种学习方式依托多媒体网络学习资源、网上学习社区及网络技术平台构成的全新的网络学习环境。在网络学习环境中，汇集了大量数据、档案资料、程序、教学软件、兴趣讨论组、新闻组等学习资源，形成了一个高度综合集成的资源库。

E-learning学习有以下特点：

①知识的网络化：学习的知识不再是一本书，也不再是几本参考书，而是有关的专业知识和数据库。在数据库的支持下，知识体系将被重新划分，学习内容将重新组合，学习与研究方法也将发生新的变化。

②学习的随意性：散在各地的员工比以往更为忙碌，他们企盼适合于他们需要的学习时间表和解决方案。学习必须能全年全休地进行，无论是在办公室、家或旅馆房间。时间逐渐成为学习的关键因素。员工也需要依他们的行程表学习，而不是培训机构的日程。

③学习内容保持及时、持续地更新：我们不必再担心员工可能会按照上周或上个月的资讯行动。长期来说，包括学习教材在内的各种学习资源能保持更新、与业务相关技术的状态，会让资源对员工更具价值。

④培训的即时性：采用E-learning解决方案可以将周期缩短到几乎让我们

在即时模式中工作。这并不表示严谨的现场培训方案不再适用——它可能还是最佳的解决方案，只是在工作节奏越来越快的今天，学习本身所需的时间已经超过个人和企业所能支出的时间。

（2）移动学习（M-learning）

移动学习是指在终身学习的思想指导下，利用现代通信终端，如手机、PDA 等设备（通常不包括具备无线上网功能的笔记本电脑）进行远程学习。

M-learning 的优势表现在以下几个方面：

①移动化

无论是在出差的路上，还是在机场车站；无论是等候间歇，还是片断时间，随时随地，打开智能手机和平板电脑登录企业移动学习平台，都可以方便地浏览最新资讯、阅读新书、学习课程。

②碎片化

对学习内容或者学习时间进行分割，使学员对学习内容进行碎片化的学习。在分割学习内容后，每个碎片的学习时间变得更可控，提高了学员掌握学习时间的灵活度；学员可重点学习对自己更有帮助或启发的那部分内容；由于单个碎片内容的学习时间较短，保障了学习兴趣，对于知识的吸收率会有所提升。

③学习资源的免费

依靠互联网强大的技术支持，实现在线资源的同步共享，如 MOOC 学习、云课堂等，这些形式都实现了学习资源的免费共享。

④学习方式灵活

学习方式不再局限于固定的时间、地点、场合，而是以便捷的移动电子设备为依托，可以随时随地采用学习者偏爱的方式进行。

⑤学习内容定制化

根据需要，移动学习开发商可以为企业提供定制的终端方案，在基础平台大模块的前提下，为企业专门制作整体 UI 设计、上传企业资讯、企业定制课程等，满足企业推广品牌、传播企业文化、专业化员工培训的需要。

移动学习依赖于 APP 等工具与技术，提高了学习的即时性和便捷性，充分满足了学习者的个性化需求，而移动学习的课件开发与技术门槛，也需充分把握以下要点。

其一，"长与短"——周期增长，课时缩短

M-learning学习借助移动平台和微信平台等功能，可以增加学员的学习周期与时长，缩短单次学习时间，内容"微"化，充分体现出碎片化学习在时间上的便捷性与即时性。

其二，"高与低"——提高效率，降低成本

由于APP学习所提供的学习内容和采用的学习手段，满足了个性化需求，因此大大提高了学习的效率，而移动平台对授课教师、培训项目等及时评估，降低了培训成本。

其三，"大与小"——数据大增，工具变小

依托于互联网时代丰富的信息资源，各行各业的数据在一夜间飞速增长，逐渐占领了大大小小的移动设备，而如此浩瀚的数据海洋，全凭手掌大小的手机或电子设备实现随时随地学习的可能。

其四，"快与慢"——快速迭代，缓慢遗忘

移动互联网的出现，加快了人们接受知识的速度和进度，而移动互联平台实现了知识的储存和重复学习，又使遗忘减缓。

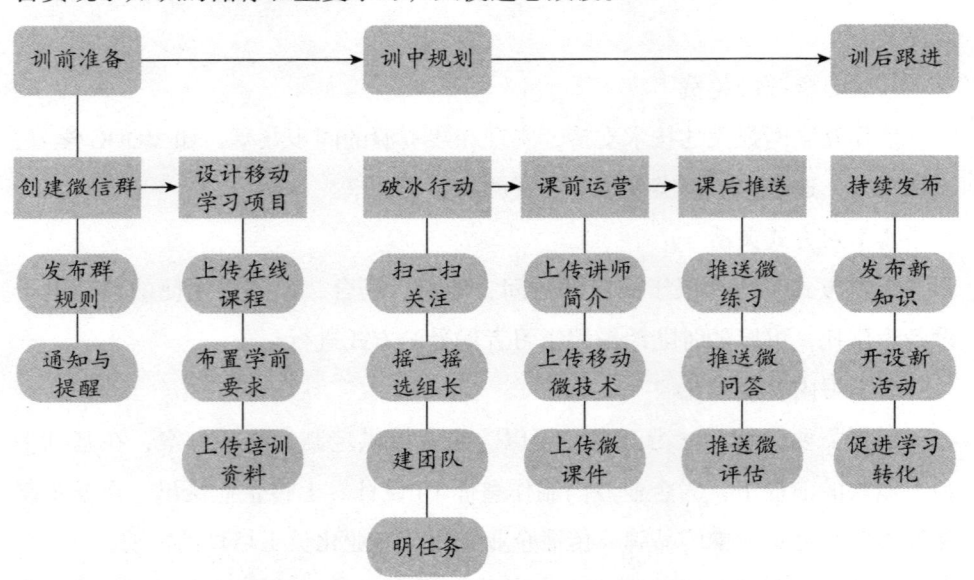

```
训前准备 → 训中规划 → 训后跟进

训前准备:
  创建微信群 — 发布群规则 / 通知与提醒
  设计移动学习项目 — 上传在线课程 / 布置学前要求 / 上传培训资料

训中规划:
  破冰行动 — 扫一扫关注 / 摇一摇选组长 / 建团队 / 明任务
  课前运营 — 上传讲师简介 / 上传移动微技术 / 上传微课件

训后跟进:
  课后推送 — 推送微练习 / 推送微问答 / 推送微评估
  持续发布 — 发布新知识 / 开设新活动 / 促进学习转化
```

图9-2 移动学习项目实施流程

3. 翻转课堂

译自"Flipped Classroom"或"Inverted Classroom",是指重新调整课堂内外的时间,将学习的决定权从教师转移给学生。在这种教学模式下,在课堂内的宝贵时间,学生能够更专注于主动的基于项目的学习,共同研究解决本地化或全球化的挑战以及其他现实世界面临的问题,从而获得更深层次的理解。教师不再占用课堂的时间来讲授信息,这些信息需要学生在课后自主学习,他们可以看视频讲座、听播客、阅读电子书,还能在网络上与别的同学讨论,能在任何时候去查阅需要的材料。教师也能有更多的时间与每个人交流。在课后,学生自主规划学习内容、学习节奏、风格和呈现知识的方式,教师则采用讲授法和协作法来满足学生的需要和促成他们的个性化学习,其目标是为了让学生通过实践获得更真实的学习。

"翻转课堂"有如下几个鲜明的特点:

(1)教学视频短小精悍

大多数的视频都只有几分钟的时间,比较长的视频也只有十几分钟。每一个视频都针对一个特定的问题,有较强的针对性,查找起来也比较方便。视频的长度控制在学生注意力能比较集中的时间范围内,符合学生身心发展的特征。

(2)教学信息清晰明确

"翻转课堂"有一个显著的特点,就是在视频中唯一能够看到的就是一只手,不断地书写一些数学的符号,并逐渐填满整个屏幕。这是"翻转课堂"的教学视频与传统的教学录像的不同之处。视频中出现的教师的头像以及教室里的各种物品摆设,都会分散学生的注意力,特别是在学生自主学习的情况下。

(3)重新建构学习流程

"翻转课堂"对学生的学习过程进行了重构。"信息传递"是学生在课前进行的,老师不仅提供了视频,还可以提供在线辅导;"吸收内化"是在课堂上通过互动来完成的,教师能够提前了解学生的学习困难,在课堂上给予有效的辅导,同学之间的相互交流更有助于促进学生知识的"吸收内化"过程。

（4）复习检测方便快捷

教学视频另外一个优点，就是便于学生一段时间学习之后的复习和巩固。评价技术的跟进，使得学生在学习的相关环节能够得到实证性的资料，有利于教师真正了解学生。

"翻转课堂"模式是大教育运动的一部分，它与混合式学习、探究性学习、其他教学方法和工具在含义上有所重叠，这都是为了让学习更加灵活、主动，让学生的参与度更强。互联网时代，学生通过互联网学习丰富的在线课程，不一定要到学校接受教师讲授。

"翻转课堂"利用丰富的信息化资源，让学生逐渐成为学习的主角。因此评价机制的提升，可以促进"翻转课堂"更加普及。"翻转课堂"的普及，要打破现有的谁是教师，就由谁来评价学生的学习状况的传统做法，建立一种新型的评价机制。学生在学习的过程中，可以观看自己的任课教师的视频来学习，也可以观看其他老师的视频来学习，只要能够顺利通过学习，都应该计算学分。这有利于优质教育资源的共享，对促进教育均衡发展也有很重要的意义。

案例　课堂一转，天地宽——培训经理"翻转课堂"设计理念和实践

前些年，在美国各地兴起了一种新型的教育教学形式——"翻转课堂"，在"翻转课堂"教学模式下，学生在家完成知识的学习，而课堂则变成了老师与学生之间和学生与学生之间互动的场所，包括答疑解惑、知识运用等，从而达到更好的教育效果。

曾几何时，课堂是学员获取知识的传统渠道，也曾是培训经理组织企业培训的主战场，被赋予了太多的使命和内容，也发挥了巨大的作用。但是课堂也面临诸多的不足之处，问题也越来越明显：工学矛盾使组织课堂培训的难度增大；培训内容太多、课堂又被无限拉长，动辄一个项目就让学员脱产学习很长时间；课堂时间长，企业的培训成本高，而ROI偏低；学员需求不均衡，"同槽喂马"导致众口难调；课堂理论过多、学员课堂体验较差、培训效果无法保证……

培训经理面对传统课堂越来越无奈。如何突破传统课堂，赋予课堂新内涵、新使命？我们可以借鉴"翻转课堂"教学模式。

几年前当我刚刚接触到这种教学新模式的时候，即被它产生的魅力所吸引，之后也在公司的领导力发展项目和新员工培训项目中引入了"翻转课堂"模式，它对培训项目的实施发挥了重要的效果，可谓"课堂一转天地宽"。对培训经理来讲，"翻转课堂"是一种培训项目设计理念和方法，是帮助培训经理解决上述诸多培训"老大难"问题的好方法。

"翻转课堂"将基础理论层面的知识和技能移出课堂，放到学员参加正式课堂培训之前：学员通过 E-learning 平台、视频短片、书籍、理论知识手册等教学手段提前完成自我学习，于是课堂时间得以被极大释放。课堂更加关注学员的学习体验，讲师更多地通过组织课堂演练、案例讨论、角色扮演、游戏等生动的教学方式启发学员，学员的参与性非常强，教学效果惊人。

"翻转课堂"符合能力提升的"721"法则，让学习回归平常的在岗实践，实现了边工作边学习，这样有助于学员在日常工作中将理论知识与工作实践放到一起进行反思、体会，而课堂培训的效果也得到了最大限度的挖掘。

"翻转课堂"强调的是以学员为中心，因为这是一个强调体验的时代。课堂之外的学习解决了学员差异化学习需求的问题和知识水平参差不齐的问题，课堂上又升华了团队学习，它是一种高效率的、以学员为中心的学习模式，建立在学员对知识的渴求及高度自我学习管理的基础之上。企业通过"翻转课堂"能够提高学员的学习效果，变"推动培训"为"拉动学习"。

那么，"翻转课堂"在应用的时候该怎样做呢？"翻转课堂"对培训经理的能力要求和企业资源的需求都比较高。

首先，"翻转课堂"要求培训项目有严密的教学逻辑设计。课堂之外的学习内容与课堂上的体验式教学内容要紧密相关，理论知识自学是课堂体验的基础，课堂体验又是理论知识自学的升华，它要求讲师或者教练结合理论知识点组织反思、训练和讨论，前后内容一定不能割裂开来。企业培训经理不仅要设计好这些教学内容，还要选择好体验课的讲师，讲师必须十分熟悉学员的自学内容，也要掌握课堂促动技术。

其次，"翻转课堂"需要企业拥有一定的教学资源和教学手段帮助学员完成课堂之前的学习，比如企业的 E-learning 学习平台、视频课程录制系统等比较先进的教学资源。在"翻转课堂"上，讲师要综合运用视频教学、角色扮演、促动技术、游戏教学等多种教学手段。为确保"翻转课堂"的有效开展，企业需要搭建好这些资源。

最后，企业需要管理好"翻转课堂"。"翻转课堂"将学习项目更多地交给学员自己掌握，学习周期变长，影响培训效果的不确定因素也增多了，因此需要做好学习过程的管理：一方面要督促学员按时完成学习任务、反馈学习作业，确保学习进度；另一方面要对讲师和学员在学习过程中出现的问题进行及时纠偏，确保教学能按设定的目标进行。

总之，企业在设计"翻转课堂"的时候要做好学习项目的设计、学习资源的搭建和学习过程的管理，最终形成"线上与线下互动，课堂与课外互动，学员与讲师、培训经理互动"的良好局面。

无论课堂怎样翻转，"翻转课堂"教学模式还是落脚于课堂，只不过不再依赖于单一的课堂，并且能将课堂变得更凝练、更生动、互动性更强。正所谓一阴一阳谓之道，课内课外也是相辅相成，需要共同发挥作用，这才是培训的道理。

4. MOOC

MOOC 是英文 Massive Open Online Courses 的缩写，中文翻译为"慕课"。MOOC 是一种在线教育形式，任何人都能免费注册使用，它有与线下课程类似的作业评估体系和考核方式，成功实现了一种高端的知识交换。

MOOC 是信息技术、网络技术与优质教育的结合，通过这个平台将教育资源送到世界的各个角落。它不仅提供免费的优质资源，还提供完整的学习体验，展示了与现行高等教育体制结合的种种可能。MOOC 的价值在于它的网络课堂可以让每个人都能免费获取来自名牌大学的资源，可以在任何地方、用任何设备进行学习，也为企业员工学习提供了一种新方式。

9.3 培训方法选择及应用

培训的技术与方法五花八门，既有知识类的学习，又有技能的培养与态度的转变，只有找对好的方法，培训才能真正变得高效且有价值。培训方法的选择主要有以下三种原则。

1. 根据课程内容进行选择

（1）知识培训涉及理论和原理、概念和术语、产品和服务、规章制度等的介绍，知识培训可以促进学员对实际学习理论的掌握并扩大其知识面。

（2）技能培训涉及生产与服务的实际工作和操作能力。这类培训要求学员自己动手实践并能够及时发现不正确或不规范的做法，以便及时更正。

（3）态度培训涉及观念和意识的改变，以及言行和心态的改变。

表 9-2　　　　　　　　　　培训内容与培训方法

培训内容	培训方法
知识	讲授互动、小组讨论、视听法、辩论、演示法、参观法。
技能	模拟演练、角色扮演、视听法、师带徒、测评培训法。
态度	拓展训练、教练技术、角色扮演、角色反串、游戏、小组讨论。

2. 根据培训对象进行选择

（1）选择培训方法除了要考虑培训对象的成熟度以外，还应考虑到他们的职位要求和所承担的具体职责，如表 9-3 所示。

表 9-3　　　　　　　　　　培训对象与培训方法

职位层次	工作性质	培训方法
基层人员	负责一线的具体操作，其工作性质要求其接受的培训内容具体且实操性强。	讲授互动、模拟演练、师带徒。
中基层管理者	在一线负责管理工作，其工作性质要求其接受如何与一线工作人员和上层管理者进行有效沟通的培训。	讲授互动、案例分析、角色扮演。
中高层管理者	负责组织的计划、控制、决策和领导工作，其工作性质要求其接受新观念和新理念、制定战略和应对环境变化等培训。	了解行业最新动态的讲授法和激发新思想的研讨法，以及激发创新思维的拓展培训法。

（2）针对培训对象的成熟度和在组织中的职位进行说明。

第一区的学员成熟度高，表现为学习意愿和学习能力高。

第二区为高低区，表现为学员有学习能力却无学习意愿。

第三区为低高区，表现为学员有学习意愿却无学习能力。

第四区的学员成熟度低，表现为学习意愿和学习能力都低。

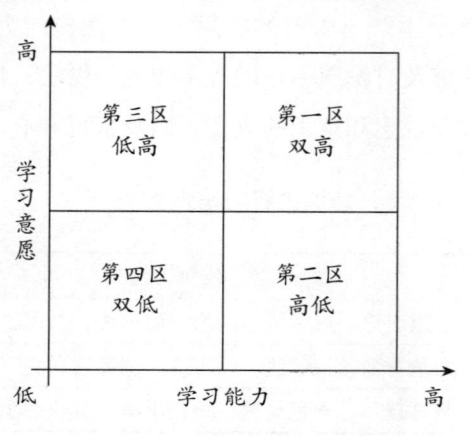

图 9-3　学员能力与意愿

表 9-4　　　　　　　　　　学习意愿与培训方法

成熟度	学员行为特点	培训方法
双高区	自信心强，自主、自控能力强，喜欢比较宽松的管理方式和更多的自由发挥空间。	小组讨论、案例分析。
双低区	缺乏能力又不愿承担责任，需要具体明确的教导和指导。	讲授互动、提问法。
高低区	有学习能力但缺乏学习意愿，加强沟通，调动其学习积极性。	案例分析、角色扮演、游戏法。
低高区	缺乏学习能力应提供支持和帮助，一方面选择合适的培训方法，另一方面帮助其掌握学习方法。	讲授互动、师带徒、模拟演练。

3. 根据组织形式进行选择

（1）50 人以上比较适合讲授法。如果采用小组讨论等培训方法，人数众多是不合适的。

（2）培训时间短可以选择讲授法、模拟演练。培训时间长，可以进行实习、小组讨论、案例分析、角色扮演、游戏等。

（3）培训场地大可用互动性的方法，如角色扮演、游戏法等；场地小则用沙盘演练、小组讨论等。

9.4 老 HRD 的智慧分享

1. 打开思路，尝试新方法

培训经理切勿总是使用"三板斧"，时代在变，思路应更加开放，兼容并包，凡是有利于培训效果、满足学员需求的培训方式都要勇于尝试，大胆实践。

2. 不忘初心，方得始终

任何培训方法，都应满足需求，保证培训效果。因此，在组织培训时，应灵活运用各种培训手段，同时也不可忘记培训的本质需求和目的，不可为技术而技术，最终导致"乱花渐欲迷人眼"。

3. 灵活运用，善打组合拳

单一方法很难解决所有问题，往往一个培训项目需要多种不同的培训方法与手段，互相配合，灵活运用。培训经理要打出一套灵活多变的"组合拳"才能取得好的效果。

4. 依照企业文化选择培训方法

培训方法的选择需要与学员的接受程度相适应，外资企业的文化一般较为开放，对于学习方式的选择新颖、有趣，培训形式的创新层出不穷。因此，培训方法的选取需要慎重考虑与企业文化的融合度。

第 10 章
管理人才培训

- 企业管理者在组织中的定位及作用
- 领导力模型是培训课程开发的基础
- 绩效评估结果是培训需求关键输入
- "放电影式"培训提高个性培训效果
- 企业文化与核心价值培训不可忽视
- 如何让管理者支持重视培训是关键

在 21 世纪的新经济时代，全球经济格局、经济增长模式、全球化人才标准、领导者角色和工作内容都发生了根本性的改变，企业正从生产驱动型成长、创新驱动型成长发展到领导力驱动型成长。企业要想获得成功，就必须在各个领导层级拥有出色的管理者。因此，领导梯队的建立、管理者的储备、领导力的发展被全球先进企业提升到战略高度。另外，以互联网金融带动的全球经济竞争加速，管理者年轻化、人才流动性高、后备人才发展不足、人才梯队断层等问题困扰着企业，因此，培训出色的管理者成为企业人才发展工作的重中之重。

10.1 管理人才的定义

1. 什么是管理者

管理者，是指在组织中行使管理职能、指挥或协调他人完成具体任务的人，其工作绩效的好坏直接关系着组织的发展。根据管理职能定位的不同，管理者可以分为高层管理者、中层管理者和基层管理者。

2. 管理者培训需求

培训的目的是提升能力，并最终改善绩效，因此对管理者的培训需要从管理者的素质能力评价说起。

与专业人员不同，管理者需要在引领业务发展的同时做好管理工作，如培训与发展员工、带领团队达成组织绩效、不断追求卓越创新等，因此，他们必须有高度的文化认同，具有正确的价值观和道德操守，这些是作为管理者最根本的条件。同时，他们还要具备一定的专业能力，这样才能准确对业务进行把握和决策。更重要的是，作为管理者，他们必须具备管理者的管理能力（领导力），这才是他们胜任的根本，否则就成为专业技术人员。因此，管理者的培训要以领导力为主题来进行。

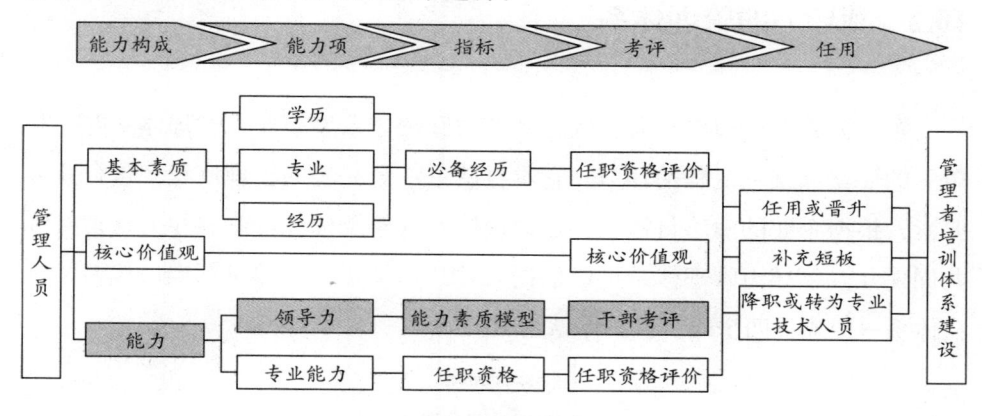

图 10-1　管理者评价方式

管理者的任用除了考查基本素质、核心价值观之外，在能力方面，既要考查专业能力更要考查领导力。经过一系列的评价，管理者大致有三条通道：晋升、留任、降职或转为专业通道。对于留任、晋升均要进行相应的领导力培训。

（1）基本素质

管理者基本素质包含学历、专业、经历三方面，这三方面构成了管理者评价的必备条件。其中，学历、专业需要通过个人学习来提升完成，而经历需要通过个人和组织共同完成。

（2）核心价值观

管理者核心价值观是员工成为管理者的必要条件。企业通过多种方式对价值观进行培训宣传引导，员工需要进行价值观的自我认同与提升。如果员工个人价值观与企业价值观不同，这样的员工就不应该成为管理者。

（3）能力与绩效

管理者能力分为专业能力和管理能力。作为管理者，其能力需要满足战略、业务、岗位的要求，并且可以通过职位任职资格、领导能力素质模型等进行认证评价。如果能力和绩效有差距，就必须进行培训提升或转岗。对专业能力提升将在下一章具体讲述，本章主要讨论领导力的提升与发展。

10.2 领导力的管理体系

领导力的培训和提升需要依托领导力管理体系。领导力管理体系并不是单一的要素和某一流程的环节，它本身就是一套完善的管理流程，包含众多要素，根据企业的战略目标、人才管理体系框架及标杆企业领导力管理实践共同建立。领导力管理体系可以依据CARD模型建立，即建标准—找差距—搭体系—促成长四个环节，具体见图10-2。

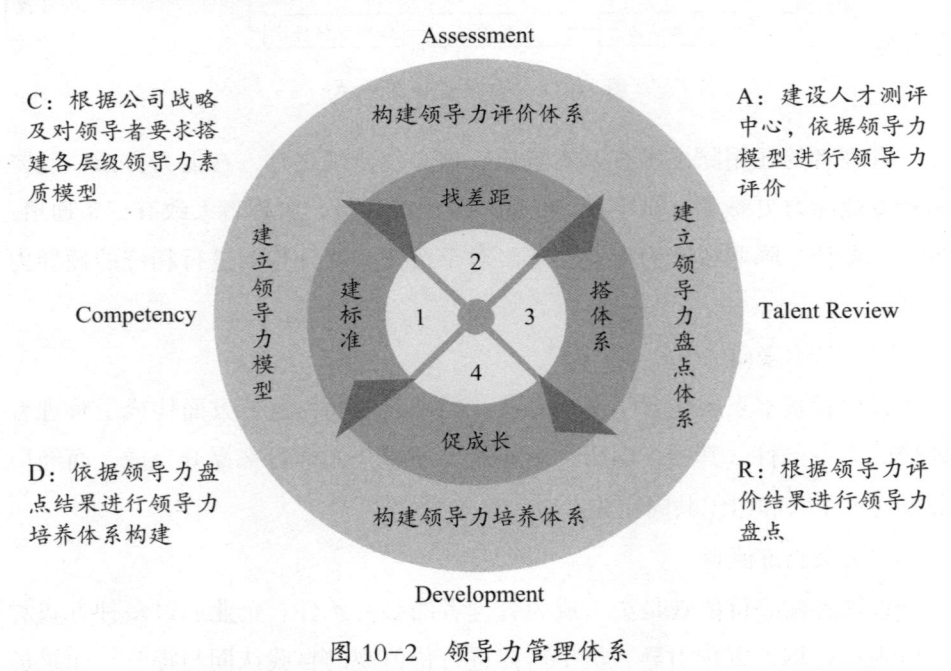

Assessment

C：根据公司战略及对领导者要求搭建各层级领导力素质模型

构建领导力评价体系

A：建设人才测评中心，依据领导力模型进行领导力评价

Competency

建立领导力模型

找差距
2
建标准 1   3 搭体系
4
促成长

建立领导力盘点体系

Talent Review

D：依据领导力盘点结果进行领导力培养体系构建

构建领导力培养体系

R：根据领导力评价结果进行领导力盘点

Development

图 10-2　领导力管理体系

1. 建立领导力层次标准

领导力模型可以通俗地理解为管理者的任职资格模型。它的构建方式多种多样，这里不一一列举。如果没有领导力模型，也可以通过行业内的领导力模型或者战略解读、高层领导访谈等了解企业对于管理者的标准。总之，标准是领导力培训的基础。以下是一种标准建立的方式。

（1）建立管理者成长路径

根据拉姆·查兰的领导力发展通道理论，管理者从普通员工到首席执行官，其领导力发展共经历六个阶段，每个发展阶段的领导者的工作理念、时间分配、领导技能有所区分（见图10-3）。企业可根据不同阶段管理职能划分管理者层次，并设置各层次培训重点。

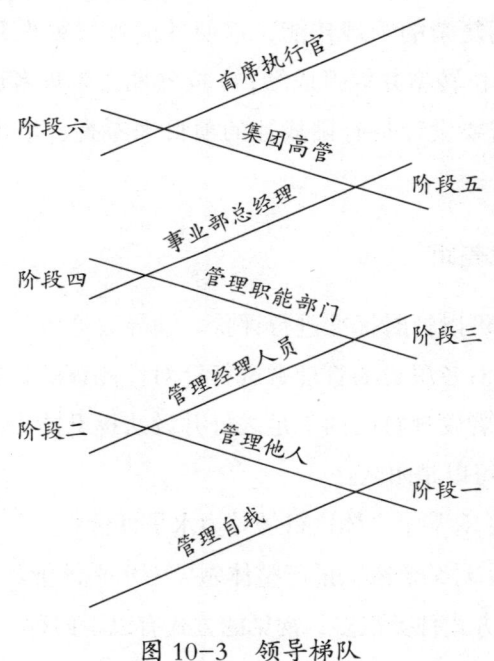

图 10-3　领导梯队

（2）战略性目标与能力要求

不同企业有不同的领导力能力素质模型，根据领导力能力素质模型构建管理者领导力培训体系，再通过建立制度和流程，将业务发展、人才需求盘点与人才培训发展紧密联系，让组织的人才清楚地知道其发展路径、资源和流程，有计划地帮助人才成长。同时，通过识别企业战略重点、核心组织能力、关键岗位任务等要素，构建领导力学习地图，建立人才盘点与继任者规划的良性运作，为企业源源不断地输出优秀人才。

（3）不同职位层次能力需求

管理者在不同发展升迁阶段中，每个层级的管理者都需要经历三个时期：新任期、成长期、成熟期，在每个时期，管理者面临的挑战不同，培训的重点应有所侧重。

在新任期，管理者需要快速"转身"，由于新的岗位往往要求他用新的理念思维对待新的工作，其挑战是最大的，此时需要他能够快速掌握新岗位的必备技能，建立新的人际关系，并得到初步认可；在成长期，管理者已经基本适应了新岗位的要求，这个阶段他已经掌握必备技能，此时要培训他更加熟练地应用复杂的管理技能，以便胜岗并持续提升业绩，此阶段的工作重心是如何尽快转型并取得成绩；在成熟期，管理者已经对岗位的要求驾轻就熟，此时需要设计具有挑战性的项目来考查、培训他们是否能胜任更高岗位。

2. 对照标准找差距

有了标准，就可以针对标准进行评价。领导力评价，是指基于企业个性化的领导力标准，对各层级的管理者进行针对性测评的过程。领导力评价的目的，在于让管理者发现自己的不足之处并设法提升能力。领导力评价的对象既可以是个人也可以是团队。

（1）个人评价：对某个个体进行领导力水平评价；

（2）团队评价：对某个团队进行整体领导力水平评价。

领导力的评价方式种类很多，常见的方式有以下四种（见图10-4），这里不作详细论述。

在使用领导力测评工具的时候，需要注意以下问题：

第一，工具选择：测评工具的选择需要根据用途、保密性等多方面进行考量，如高度保密性的评价就不能采用360度评估的方式进行。

第二，测评敏感性：有些测评结果没有好坏之分，但是，有些工具的测评结果有好坏之分，这种差异化的结果具有很高的敏感性。

第三，专业解读：严肃的测评工具，要求施测者接受严格训练，以便准确解读测评报告，避免误导。

第四，避免迷信：所有的测评工具产生的结果都不能完全迷信，要结合实际工作中的判断进行应用。

领导力评价的四种工具

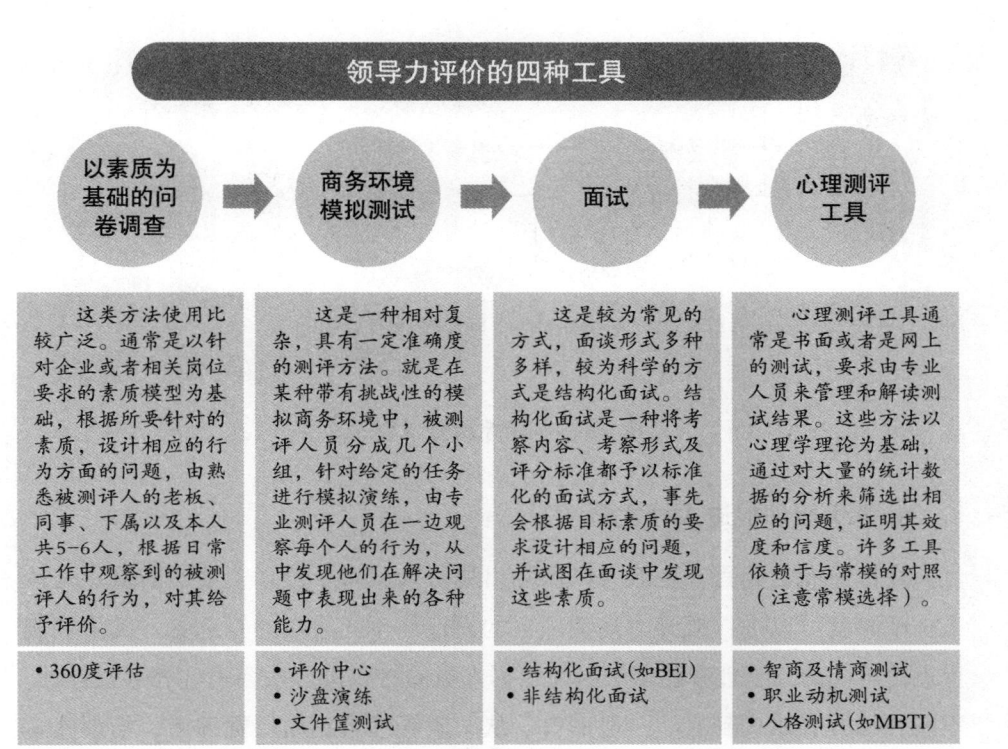

以素质为基础的问卷调查 → **商务环境模拟测试** → **面试** → **心理测评工具**

以素质为基础的问卷调查	商务环境模拟测试	面试	心理测评工具
这类方法使用比较广泛。通常是以针对企业或者相关岗位要求的素质模型为基础，根据所要针对的素质，设计相应的行为方面的问题，由熟悉被测评人的老板、同事、下属以及本人共5~6人，根据日常工作中观察到的被测评人的行为，对其给予评价。	这是一种相对复杂，具有一定准确度的测评方法。就是在某种带有挑战性的模拟商务环境中，被测评人员分成几个小组，针对给定的任务进行模拟演练，由专业测评人员在一边观察每个人的行为，从中发现他们在解决问题中表现出来的各种能力。	这是较为常见的方式，面谈形式多种多样，较为科学的方式是结构化面试。结构化面试是一种将考察内容、考察形式及评分标准都予以标准化的面试方式，事先会根据目标素质的要求设计相应的问题，并试图在面谈中发现这些素质。	心理测评工具通常是书面或者网上的测试，要求由专业人员来管理和解读测试结果。这些方法以心理学理论为基础，通过对大量的统计数据的分析来筛选出相应的问题，证明其效度和信度。许多工具依赖于与常模的对照（注意常模选择）。
• 360度评估	• 评价中心 • 沙盘演练 • 文件筐测试	• 结构化面试（如BEI） • 非结构化面试	• 智商及情商测试 • 职业动机测试 • 人格测试（如MBTI）

图 10-4　常见的领导力评价工具

3. 搭建管理者培训体系

领导力结果盘点是人才盘点的重要组成部分，直接影响后期是否对管理者进行培训。对评价结果的分析，是人员调整和实施培训的重要依据。其核心就是识别出哪些是能够培训的，哪些是不能够培训，需要其他手段进行调整岗位的。在这一过程中会产生两种培训需求：针对现有层级的培训需求和针对上一层级（后备培训）的需求，见图 10-5。

从图 10-5 中可以看出领导力盘点的结果有三种，优秀、合格、有差距。对优秀人员可以纳入后备人才库，作为未来人员晋升的储备，这一群体可以培训他们上一层级对应的能力，设计高潜人才培训项目；合格人员则维持现职位；有差距人员需要识别差距项是否可以培训，可以培训则制定培训项目。

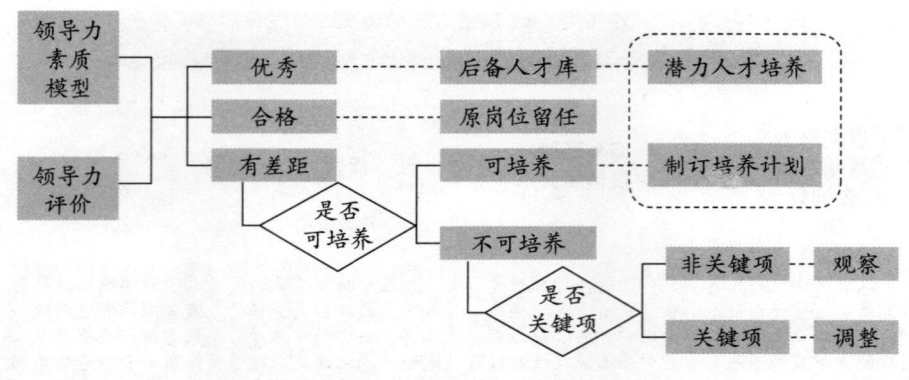

图 10-5　领导力盘点结果

4. 基于培训促进人才发展

经过前面的流程，企业可以识别出哪些人员需要培训，培训的重点是什么，此时就可以进行领导力培训项目的设计。不同层次的管理者，其培训侧重点是不同的，管理者的培训必须根据人员的特点进行内容设计和形式设计，不能一种方式培训到底。一般而言，从基层管理者到高层管理者，培训内容应从基础领导力到组织领导力转变，从知识性的培训向思维、理念性的内容转变；培训形式从正式学习到非正式学习转变。越是高层领导者越是需要对其业务挑战、全球视野等方面的能力进行培训，如图 10-6 所示。

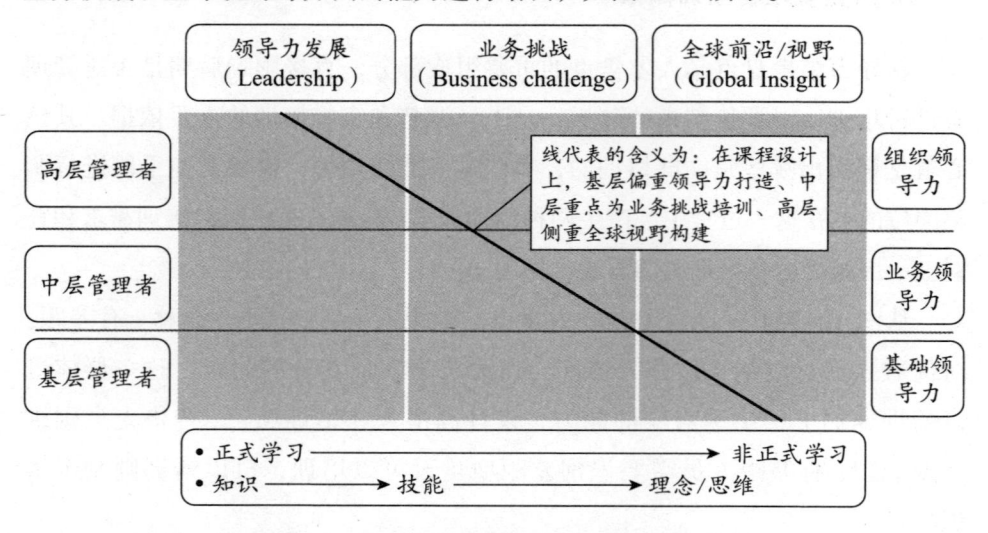

图 10-6　各层级领导者培训内容及形式重点

在培训组织方面，应该分为两种形式进行。

（1）统一组织整体培训

对于潜力人才培训，由于他们已经满足了本层级的能力需要，不存在明显的短板项，培训的内容是上一层级的领导力要素，因此不需要再进行项目内容的细分，而是按照企业要求的重要程度设计课程，所有后备人才均可进行相同培训。这是较为简单的组织方式，明显区别于下面循环"放电影"式的培训形式。

（2）循环"放电影"式培训

循环"放电影"式的培训主要应用在管理者的短板能力提升及通用能力提升方面。根据业务需要、领导力盘点结果及实际情况对管理者的短板能力进行排序，确定培训顺序，根据课程优先级别集中滚动培训的原则安排培训的优先顺序：重要课程优先、人员集中缺失能力的课程优先。课程循环开课，保证所有人都可以依据自己的能力急需和时间来参加培训。这种形式与电影院的放映形式相近，可以形象地称为循环"放电影"式培训。例如，一个企业的能力排序结果如下：目标计划—项目管理—问题解决，根据人员分布及能力项设计培训项目时间，具体参见下图：

能力优先级	能力项	需培训人数	课程	开课时间											
				1月	2月	3月	4月	5月	6月	7月	8月	9月	10月	11月	12月
一级	目标计划	115	"如何建立有效的工作目标"			√		√		√		√			
		60	"PDCA计划管理"					√	√						
二级	项目管理	40	"项目管理"							√					
	问题解决	20	"水平思考"										√		

图10-7 循环"放电影"式培训设计时间及编排示例

对于一个标准的培训体系来说，要根据培训层级的不同采用不同的培训方式，建立标准的课程体系、讲师体系、组织管理体系以及认证体系。下面一节将分层级进行讨论，在各层级中提供一些实用的工具表单及课程内容，供读者参考。

> **小贴士**
>
> 领导力培训体系不是单一的培训体系，而是一套完整的从需求到发展的管理体系。其中需求就是领导力标准，这是培训的前提，其越符合企业的战略和发展，培训效果越显著。领导力的盘点是整个体系中很重要的一个环节。领导力可以培训，但是不是所有的领导力都能够培训，对于确实不适合成为管理者的人才，专业技术通道才是其最好的选择。

10.3 领导力的培训实践

1. 基层管理者培训

（1）基层管理者的定义

基层管理者是指在企业生产、销售、研发等一线生产经营活动中执行管理职能的管理者，主要协调和解决员工工作中遇到的具体问题，是整个管理系统的基础。这类人员与企业不同层次人员之间的工作关系如图 10-8 所示。

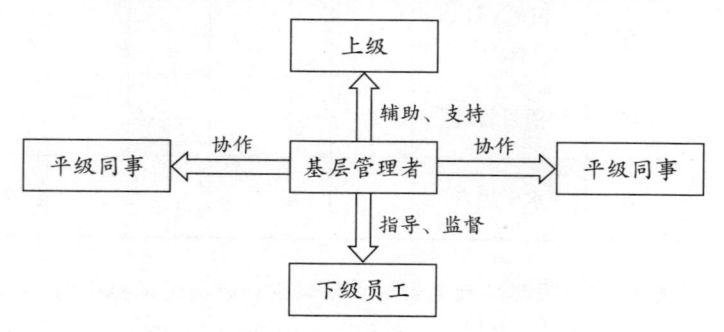

图 10-8　基层管理者与不同层次人员之间的工作关系示意

（2）基层管理者培训设计

除了依据领导力模型进行课程内容的设计，还可以通过调研问卷进行个人需求收集。其中问卷的设计要围绕企业对管理者的能力要求进行，不能过于发散，另外，对评价的描述项应尽量细致，便于管理者对自己的行为表现进行识别。如表10-1所示。

表10-1　　　　　　　　　基层人员培训需求分析表

评价指标	定义	等级/分值	评价标准	自我评价打分
系统思考	理解企业战略，关注并分析相关产业发展趋势，结合本部门，用整体全局的思维方式设定工作目标。	优秀（7—10）	能够全面把握问题，抓住问题的关键，清晰地判断解决问题的方向和原则，并据此设定工作目标。	
		合格（4—6）	能够理解企业战略，关注产业发展趋势，设定目标时，考虑到问题的主要方面。	
		有差距（1—3）	考虑问题时，只能抓住局部的问题点。	
分析决策	收集解决问题所需信息，对信息进行深入分析，提出多种解决方案，评估各种方案利弊，勇于行使职位赋予的权力，敢于承担责任和风险。	优秀（7—10）	能在有效收集分析信息的基础上，及时提出最佳的问题解决方案，并为此承担责任。	
		合格（4—6）	能够清晰地理解复杂情况，做出较为准确的判断与有针对性的决策。	
		有差距（1—3）	对信息的综合思考能力较弱，思路不清晰，或仅凭经验来处理。	
客户导向	准确定义服务客户，深刻理解客户需求，采取恰当的行动提高客户满意度。	优秀（7—10）	从客户利益或价值的角度出发，设身处地地为客户着想，成果超出客户的期望。	
		合格（4—6）	主动关注客户深层次、真正的需求，并将其转化为自己的工作标准。	
		有差距（1—3）	较少关注客户需求，不能从客户角度考虑问题。	

续表

评价指标	定义	等级/分值	评价标准	自我评价打分
协调沟通	本着双赢理念，积极坦诚地与相关人员进行沟通，准确判断其需求并积极协调推动，从而实现整体协同推进。	优秀（7—10）	积极坦诚沟通，有效调动各方参与者的积极性，在兼顾各方利益的基础上共同合作、实现双赢。	
		合格（4—6）	能够主动沟通、调动资源，借助上级力量或其他力量确保工作的继续开展。	
		有差距（1—3）	在遇到问题时，不能积极地与相关人员沟通，难以达成一致意见。	
项目推进	对项目内容进行系统分解，明确分工安排和时间节点，推动项目进程并监督完成情况。	优秀（7—10）	全面控制项目关键点和风险点，整合各方资源，并在过程中监督计划实施情况，出色地完成项目。	
		合格（4—6）	系统分解项目、明确分工，按照时间节点推动项目，以达到项目预期。	
		有差距（1—3）	较少跟进和推动项目开展，欠缺分配工作、指导部署的方法。	
培养他人	有培养他人的意愿，并在实际工作中能结合团队成员特点和岗位情况，设定提升计划，有步骤地帮助其成长。	优秀（7—10）	为下属创造发展机会，安排恰当的岗位角色或具体工作任务，促进个人的学习与发展。	
		合格（4—6）	关注下属成长，主动为下属争取各种培训及发展机会，包括正式培训及各种实践。	
		有差距（1—3）	不善于培养下属，很少给员工发挥能力的机会。	
团队凝聚	明确目标，建立规则，激励团队，保证团队有序、高效、融洽、向上的工作秩序。	优秀（7—10）	能分析团队成员的差异，在团队中营造积极向上的工作氛围，强化团队成员的沟通与协作。	
		合格（4—6）	能够树立团队目标，制定规章制度，激励员工，高效工作。	
		有差距（1—3）	不能做好激励工作，团队的凝聚力较差。	

收集有效需求并进行分析后，就可以依据培训需求进行内容和形式的设计。每一项需求对应相应的课程，缺什么补什么。例如，针对上表的能力要求，对应的课程内容如下：

表 10-2　　　　　　　　　　基层管理者课程内容示例

能力项	课　程	学习目标
培养他人	辅导下属	• 认识到辅导是一个持续、双向的过程，只要有需要或时机合适，就可以进行辅导。 • 实施一个由四个步骤组成的流程来准备和引导有效的辅导会谈。 • 运用多种辅导技巧来主持辅导会谈。 • 为被辅导者提供持续支持和从始至终的帮助。 • 强化自身的辅导技能。
团队凝聚	团队管理	• 明确目标，建立规则。 • 取信团队成员，建立和谐融洽的关系。 • 激励团队，保证团队工作有序、高效。
沟通协调	向上管理	• 学习如何与上司建立合作关系，使其更好地完成日程计划。 • 学习如何使其团队、个人的目标与组织、部门的目标保持一致。
	说服他人	• 唤起听众的逻辑意识，并与他们进行情绪沟通。 • 消除针对自己观点的反对意见。 • 使用说服"触发点"，即对受众决定是否支持自己的想法有所启发的心理捷径。 • 促使听众支持自己的建议。
系统思考	创新思维	• 深刻理解商业创新的特点，在团队中对创新形成共识。 • 亲身体验科学的创新流程，掌握创新的具体方法和工具。 • 学会识别创新的能力，了解自己的创新优势和短板。 • 将创新转化为生产力而不是空洞的口号，让创新为企业创造实际收益。
项目推进	问题分析与解决	• 学习和掌握解决问题模型。 • 掌握解决问题模型中的几个模块的处理流程。 • 将方法应用于自身工作情形，解决实际问题。

有了培训的内容后，就要考虑培训的形式。企业员工不同于学校学生，难以长时间进行集中培训，同时，考虑到成人学习特点，不能采用单一的培训形式。为了不影响工作，并能够最大限度地接受知识内容，"翻转课堂"是现在广泛使用的一种培训形式。

通过在线"E-learning""M-learning"等形式，让学员自学相关知识点，并结合实际工作找出问题，在课程上对问题进行讨论，得出建议及计划；讲师的主要作用是主持讨论和答疑解惑，将学习内容前置，讨论和作业后置，区别于传统的课上教学，课后作业的模式，这就是"翻转课堂"。具体技术方法可以参看本书《培训技术方法》一章。

基于这种方法，可以将上述培训内容进行拆分和设计，示例如下：

表 10-3　　　　　　　　　某企业培训整体安排设计

项目流程	培训项目	时间安排	课程名称	培训讲师
×月—×月	第一次在线学习	3周	"成为管理者"	在线课程
			"设定目标"	
			"时间管理"	
			"处理沟通难题"	
×月×日—×月×日	第一次面授课程	2天	"新经理成长三大引擎"	外部讲师
			"管理协作"	
×月—×月	第二次在线学习	3周	"培养员工"	在线课程
			"向上管理"	
			"教练式辅导"	
			"管理团队"	
×月×日—×月×日	第二次面授课程	2天	"管理绩效"	外部讲师

"翻转课堂"的方式在管理者的培训过程中，尤其是在基层管理者的培训中，可以大量使用。

2. 中层管理者培训

（1）中层管理者的定义

中层管理者，通常是指处于高层管理者和基层管理者之间的一个或者若干个中间层次的管理者，是企业管理团队的中坚力量，起着承上启下的作用，对上下级之间的信息沟通负有重要的责任。

中层管理者的培训要使管理者明确企业的经营目标和经营方针，使企业的宗旨、使命、价值观和企业文化能够正确而顺利地传达，为其提供胜任未来工作所必需的经验、知识和技能，使其适应不断变化的环境并解决所面对的问题，提升企业的整体管理水平。

（2）中层管理者培训设计

中层管理者的需求分析除了和基层管理者相似的部分之外，更强调对业务的契合度。因此，在分析个人需求的基础上，还应该进行业务分析和行为访谈，具体如表10-4和表10-5所示。

表10-4　　　　　　　　　　岗位培训需求调查表

姓　　名		所属部门	
职　　务		日　　期	
一、工作任务			
主要工作任务	重要程度	执行难度	工作绩效标准
二、岗位任职者个人能力状况			
岗位任职者个人所具备的知识和技能		岗位任职资格所要求的知识和技能	
备注：工作任务一栏（重要程度的评定依据：0——一般，1—比较重要，2—重要，3—非常重要）			
（执行难度的评定依据：0—几乎没有任何困难，1——一般，2—可承受，3—较难）			

表 10-5　　　　　　　　　　　中层管理者访谈提纲

访谈提纲
1. 请用 2—3 分钟简单概述您的职业发展经历与目前工作的关键职责（若身兼数职，还需了解时间分配、工作重要性排序）。您工作中的汇报关系如何？有哪些主要挑战？您的绩效的衡量指标有哪些？
2. 谈谈近两年内发生在工作中的事件，这件事情是您亲自参与的、在过程中感到特别成功/挫败的一件事。 （首先请概述事情的前因后果、主要内容，描述您个人参与的关键点或印象深刻的时间点、当时实际做了的事情、说过的话、有过的想法以及感受；重点描述您个人在事件中的工作和作用，为什么这件事对您个人来说是让您感到成功/挫败的？）
3. 您认为，哪些能力或素质是做好当前岗位所必须具有的？请结合具体事例进行说明。

另外，在每年的干部考评过程中，员工对自己工作情况的汇报和述职也是其培训需求来源的一个方面。

在培训需求分析的基础上，在确定对中层管理者的培训时应侧重于提高他们的管理能力和业务能力，并结合晋升目标来考虑。

基于上述的培训目标，培训部在确定中层管理者培训课程的内容时要注意以下两个侧重点。

第一，提高其管理能力、组织协作能力和战略承接能力的技巧。

第二，要考虑未来企业战略的需要，培训中层人员商业敏感度等高层管理潜力。

因此课程内容可以进行如下设计：

表 10-6　　　　　　　　　　　中层管理者培训内容

培训要素	主要内容
前瞻思维（承接战略）	1. 业务定位及管理。 2. 如何制订业务实施计划。 3. 业务计划的根据与调整。 4. 业务计划的评估与实施。

续表

培训要素	主要内容
构建运营（优化组织）	1. 组织的概念。 2. 流程的作用。 3. 优化组织、再造流程的方法。 4. 组织有效性评估。
沟通协作（跨部门协作）	1. 意义及重要性。 2. 跨部门沟通方式。 3. 沟通误区。 4. 解决方法及注意事项。 5. 资源分配与整合。
资源整合	1. 资源的概念及本质。 2. 资源的调配与争取。 3. 如何最大程度调动资源达成目标。
人才培养	1. 审视人力资源管理活动的价值及方向。 2. 人才管理平台的搭建及调整。 3. 激励下属，提供学习平台。
创新改善	1. 创新的意义。 2. 创新的来源及方法。 3. 创新管理。
商业敏感度	1. 了解企业大局观，理解企业财务、运营和战略之间的关系。 2. 理解影响企业利润的关键因素。 3. 理解企业产品和服务的价值。 4. 学习运用各类财务报表和关键指标分析企业问题。
持续学习	学习本专业以外的业务相关知识。

中层管理者仍然可以采用"翻转课堂"的培训形式，由于他们所处的层级和地位高于基层管理者，了解的信息以及在企业的重要程度都与基层管理者不同，对中层管理者的培训可以不局限于课堂教学，要灵活运用多种培训方式。

①集中培训

集中培训是提高中层管理者理论水平的一种最常用的方法，可以在相对较短的时间内传递大量的信息，针对性比较强。

这种培训大多采用短期学习班、专题讨论会等具体形式，时间都不是很长，主要学习管理的基本原理以及理论方面的一些新进展、新研究成果，或就一些问题在理论上加以探讨。

为了尽可能地把理论与实际相结合，提高学员解决实际问题的能力，可以在学员学习理论的基础上，把一些管理实践中经常遇到的并需要及时处理的问题编写成若干有针对性的具体问题，放在一个抽取箱里，由学员自抽自答、自由讨论、互相启发和补充，从而提高其理论水平和解决实际问题的能力。

②轮岗

轮岗的具体操作方式是，将中层管理者从一个岗位转换到另一个岗位上，以后再根据需要进行调岗，以使其全面了解企业相关业务，获得不同的工作经验，为将来在较高层次的岗位上任职做准备。

③专题研讨

围绕企业年度重点推进项目进行课题设计和集中专题研讨，通过集思广益产生下一步行动计划和方针，并在这一过程中提升团队组建能力、人员分析能力。

④案例研究

案例研究是指讲师提供一些经典的案例，中层管理者相互讨论案例中出现的问题，并给出自己的解决方案；讲师主持整个过程，对所有的解决方案给出评价并进行个别指导、改进的一种培训方法。通过案例学习，可提高中层管理者发现问题、分析问题及解决问题的能力。

⑤导师辅导

导师辅导是给每个中层管理者指定一个高层管理者作为导师，导师有责任定期提供辅导和支持，解决中层管理者实际工作中出现的问题。

（3）中层管理者培训评估

中层管理者的培训评估仍然可以采用基层管理者的评估方式，即反应评估，如问卷等。内容评估，如课题答辩、内容测试等，行为评估，如问卷调查等。另外，中层管理者还可以采用360度评估方式进行行为评估，采用问卷、民主生活会等形式进行上级、同级、下级的360度评估。评估的问卷与需求调研问卷类似，需要注意的是，360度评估也是主管评价的一种，各层级评价都有一定的局限性，评估结果应用中要注意以下问题。

表 10-7　　　　　　　360 度评估法考核主体的优缺点

考核主体	优　　　点	缺　　　点
上　司	具有目标导向明确、了解业务内容、受考核者个人主观影响明显等特点。	往往带着个人喜好来评分。
同　事	彼此间一起工作时间长，相互了解多，评价比较客观，有利于增强小组协调团结性。	有时候个别人会故意贬低被考核者。
本　人	通常会降低自我防卫意识，从而了解自己的不足，进而愿意加强、补充自己尚待开发或不足之处，可以提高员工的自我管理意识。	一般人对自己的考核结果都高于其他人。
下　属	可以使高层管理者对组织的管理风格进行诊断，获得来自下属的反馈信息。	有个别故意贬低被考核者的现象。
客　户	可以获得来自组织外部的信息从而保证较为公正的考核结果。	在实际运用时往往不太容易获得客户的支持。

3. 高层管理者培训

（1）高层管理者的角色定位

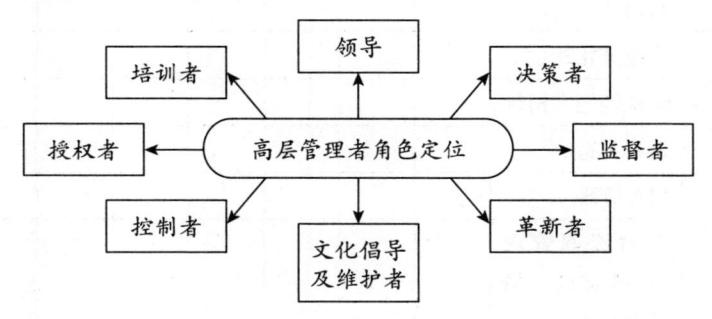

图 10-9　高层管理者角色定位与分析

（2）高层管理者培训设计

高层管理者的培训分析除前文讨论过的需求分析外，还应该对高层管理者的领导进行访谈，了解他们所处的层次及差距，访谈内容见表 10-8。

表 10-8　　　　　　　　　　　高层管理者访谈表

能力要求	能力要素	程度							
^	^	掌握（熟练运用）		熟悉内涵		了解内容		知道即可	
^	^	人员群体	现有程度	人员群体	现有程度	人员群体	现有程度	人员群体	现有程度
战略与绩效	战略思考（全球视野）								
^	把握业务新机遇（变革创新）								
^	公司治理								
^	风险管理								
^	组织效能								
订单交付	产品规划及管理								
^	项目管理及推进								
^	OTD								
^	精益制造								
^	分销管理/体验营销								
制度与企业文化	企业文化建设								
^	职业经理人精神								
^	流程再造								
服务支持	财务管理								
^	人力资源管理（团队建设、培养下属）								
^	质量管理								
^	法律法规认证								
^	安全生产								
^	品牌管理								

续表

能力要求	能力要素	程度						
		掌握（熟练运用）		熟悉内涵		了解内容		知道即可	
		人员群体	现有程度	人员群体	现有程度	人员群体	现有程度	人员群体	现有程度
互联网（IT）	互联网思维								
	互联网时代品牌管理								
	互联网时代产品与服务								
	互联网时代转型与创新								
	互联网时代营销管理								
	互联网时代商业模式								
其他	理性决策								
	达成伙伴关系（客户导向）								
	沟通协作（跨职能管理）								

高层管理者是企业的核心人员，是企业战略的制定者。因此，他们的培训主要聚焦于企业运营管理方面和人才梯队建设方面。

表 10-9　　　　　　　　　高层管理者培训内容

培训要素	主要内容
战略思考（全球视野）	1. 了解全球经济形势及行业动态。 2. 战略分析方法与战略实施模型。 3. 国际化管理实践。 4. 战略选择与调整。

续表

培训要素	主要内容
把握业务新机遇（变革创新）	1. 如何发现业务机遇，怎样寻找创新点。 2. 创新的方法及实践。 3. 培养创新思维。
风险管理	1. 风险类型与识别。 2. 不同风险的分析及应对方式。 3. 风险管理的模型框架介绍。 4. 风险处理案例实践。
培育下属（构建人才梯队）	1. 领导梯队理论。 2. 如何搭建领导梯队。 3. 继任者计划。 4. 关注他人的成功。
整合资源	1. 资源的定义及类型。 2. 资源整合的意义。 3. 发现新的资源配置方式，创造最大价值。 4. 最佳管理实践。
达成伙伴关系（客户导向）	1. 明确业务定位。 2. 业务实现战略路径。 3. 客户识别与协作达成组织目标。
持续学习	1. 全球最新理论介绍。 2. 行业先进标杆经验分享。 3. 系统理论知识学习。
理性决策	1. 决策的定义及分类。 2. 各种决策模式解析。 3. 决策模式的选择。 4. 思考角度及注意问题。
培育下属（激发参与）	1. 发展组织能力，推动战略实施。 2. 将企业战略融入人力资源管理行动。 3. 发展员工能力。 4. 培养所需人才，确保持续增长。 5. 塑造员工思维模式，获取商业成功。 6. 改进员工治理方式。

高层管理者掌握的企业信息最多，具有企业决策权，同时他们的业务更繁忙，更难以采取集中培训的形式进行知识内容的培训，因此，需要更多地采用非正式培训形式，主要包含以下几种形式。

① 轮岗

轮岗是企业培训高层人员的重要方式，也是高层管理者进一步晋升的必要过程。高层管理者在这个过程中了解相关业务、了解上下游环节，提升"定方向、搭班子、带队伍"的能力。

② 行动学习

行动学习是 20 世纪新兴的培训技术，以解决问题为最终目标，在这一过程中通过群策群力的方式设计行动计划，通过不断的行动和反思调整计划、提升个人能力。行动学习包含六个要素：一个真实的问题、一个行动学习小组、一位行动学习教练、提问与倾听、采取行动以及学习。其中，行动小组的成员要有权利进行决策并能够采取行动。因此，虽然行动学习也可以应用在中基层人员的培训过程中，但是一般在高层管理者培训中，行动学习才能够取得最大效果。

③ 订单培训

对于高层管理者来讲，集中授课的需求其实大大降低，每一位高管的需求都十分不同，因此可以根据企业战略和业务需要制定选课单，由高层管理者自行选择培训形式。比如，参加高级研修班、研讨会、报告会，或者接受 MBA 教育等。

10.4 培训应注意的问题

在项目设计过程中，要特别注意的是领导力课程有其特殊性。领导力的培训更多是通过改变意识从而改变行为，这一过程本身就较难实现，而管理行为的改变对实际工作的促进作用更加难以衡量。因此在管理培训项目的设计过程中，以下两个环节是最需要研究和突破的。

通过培训模式的创新加强理念应用及转化。在培训项目设计中，除了常规性在线课程学习、集中培训课程之外，通过情景模拟、行动计划落实、主题研讨等活动，帮助学员将理念方法转化为实际行动。

通过培训后期跟踪进行收益提升评估。在培训结束后，通过行为跟踪反馈表，访谈各级相关人员，收集绩效结果进行培训后期行为改变及收益提升评估，在持续观察收集的基础上进行下一步培训的提升改进。

管理者的培训应该由公司统一管理。究其原因，主要是管理者作为企业战略管理者、传递者，有重大的理念引导作用，所以管理者在企业文化、管理理念、管理方式等方面应该与企业保持高度的一致性，尽量减少个人的主观发挥。因此，为保证理念传导的一致性，管理者的培训必须统一管理。在培训体系完善的企业内，课程、讲师需要进行统一规划，但是可以充分发挥各二级组织的作用，在具体实际操作中单独实施。

案例 管理者培训最佳实践案例——新晋升管理者培训项目

领导力发展通道理论认为，新晋管理者在上任初期面临管理角色认知、管理方法和工具运用、跨部门协作、资源协调等方面的挑战，迫切需要角色转换、工作方法和管理能力的培训。尤其是对于汽车行业来说，大多数管理者来自理工科专业，缺乏管理学相关的专业背景。因此，对于新提拔领导职务的管理者设计专项培训项目尤为重要。"新晋升管理者培训项目"旨在帮助新晋升管理者快速适应新角色，顺利完成从技术到管理、从业务主管向团队引领者的转变。

（1）项目设计理念

理念一：基于"7-2-1"学习理论的混合培训方式

成人学习"7-2-1"理论认为，员工的知识70%从工作实践中获得，即"干中学"，主要包括在岗实践、碎片化学习、行动学习等方式；20%从人际关系学习中获得，即通过与他人的交流探讨获取知识，主要包括建立学友圈交流、学习沙龙、辅导反馈等方式；10%通过正式培训学习获得，即通过培训课堂学习、考试、书籍阅读、亲身执教等方式获取知识。

为了有效促进学员对培训内容的吸收，新晋升管理者培训项目应采用混合式培训形式，以在线学习、线下面授课程为主，辅以线下主题研讨、管类书籍扩展阅读与分享、管理工具在岗实践应用、管理知识推送等，学以致用，以用促学。

理念二："翻转课堂"设计理念与实践

"翻转课堂"是2011年在美国各地兴起的一种新型的教育教学形式。在"翻转课堂"教学模式下，学生在家完成知识的学习，而课堂变成了老师与学生之间和学生与学生之间互动的场所，包括答疑解惑、知识的运用等，从而达到更好的教育效果。

"翻转课堂"将基础理论层面的知识和技能移出课堂，放到学员参加正式课堂培训之前，学员通过E-learning平台、书籍、理论知识手册等教学手段提前完成自我学习，课堂时间获得极大的释放。课堂更加关注学员的学习体验，讲师更多地通过组织课堂演练、案例讨论、角色扮演、游戏活动等生动的教学方式启发学员，学员参与性非常强，以学员为中心的体验式教学效果惊人。

新晋升管理者培训项目在项目设计中运用"翻转课堂"理念，学习活动以线上课程为主线，面授学习、书籍阅读、知识促动、管理工具在岗实践应用、主题研讨都是为线上知识的深化和应用服务。在线学习依托E-learning平台，为学员搭配12门在线学习课程，分为两个阶段完成学习。面授课程为线上课程的知识串讲和研讨应用，同时结合线上课程的管理工具布置课下作业。在结项环节，抽取线上课程衍生的管理课题，让学员进行分组讨论，并以汇报的形式集中呈现。

（2）项目操作流程

新聘任管理者培训项目分为启动会、在线学习、面授学习、书籍阅读、管理工具在岗实践、管理课题汇报、结项考试、毕业典礼等培训环节，项目培训周期为2个月。各环节具体操作流程如图10-10：

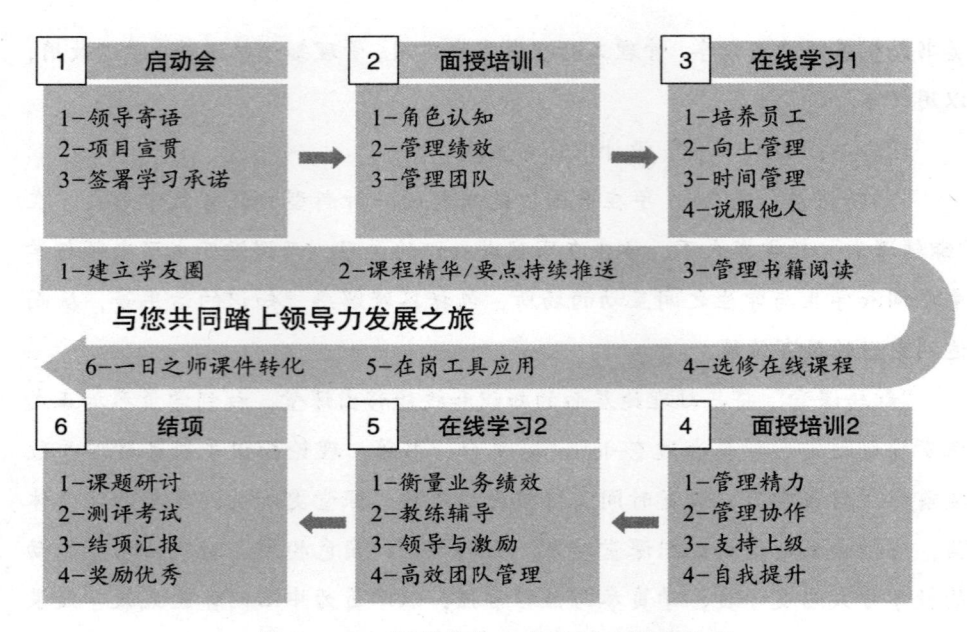

```
┌─1─ 启动会 ─────┐  ┌─2─ 面授培训1 ──┐  ┌─3─ 在线学习1 ──┐
│ 1-领导寄语     │  │ 1-角色认知     │  │ 1-培养员工     │
│ 2-项目宣贯     │→ │ 2-管理绩效     │→ │ 2-向上管理     │
│ 3-签署学习承诺 │  │ 3-管理团队     │  │ 3-时间管理     │
│                │  │                │  │ 4-说服他人     │
└────────────────┘  └────────────────┘  └────────────────┘

    1-建立学友圈        2-课程精华/要点持续推送      3-管理书籍阅读

              与您共同踏上领导力发展之旅

    6-一日之师课件转化     5-在岗工具应用        4-选修在线课程

┌─6─ 结项 ──────┐  ┌─5─ 在线学习2 ──┐  ┌─4─ 面授培训2 ──┐
│ 1-课题研讨     │  │ 1-衡量业务绩效 │  │ 1-管理精力     │
│ 2-测评考试     │← │ 2-教练辅导     │← │ 2-管理协作     │
│ 3-结项汇报     │  │ 3-领导与激励   │  │ 3-支持上级     │
│ 4-奖励优秀     │  │ 4-高效团队管理 │  │ 4-自我提升     │
└────────────────┘  └────────────────┘  └────────────────┘
```

图 10-10　新晋升管理者培训项操作流程

（3）混合式培训项目设计及实施中应注意的问题

作为混合式培训项目，新聘任管理者培训项目在 2 个月的培训周期内融合了若干个学习流程，学习任务较为繁重，且对培训经理的素质要求较高，这说明企业在设计混合式培训项目的时候，要注意在以下问题中着重思考。

首先，混合式培训项目要求培训项目有严密的教学逻辑设计。课堂之外的学习内容与课堂上的体验式教学内容要紧密相关，理论知识自学是面授课堂的基础，面授课堂又是理论知识自学的升华，面授课程要求讲师或者教练结合理论知识点组织反思、训练和讨论，前后内容一定不能割裂开来。企业培训经理不仅需要设计好这些教学内容，也要选择好体验课的讲师，讲师必须十分熟悉学员的自学内容，也要掌握课堂促动技术。

其次，混合式培训项目需要企业拥有一定的教学资源和教学手段。帮助学员完成课堂之前的学习，要借助企业的 E-learning 学习平台、视频课程录制系统等比较先进的教学资源。面授讲师要综合运用视频教学、角色扮演、促动技术、游戏教学等多种教学手段。

最后，企业需要管理好各阶段学习过程。混合式培训学习项目更多地交给学员自己掌握，学习周期变长，影响培训效果的不确定的因素增多，因此需要做好学习过程的管理。一方面督促学员按时完成学习任务、反馈学习作业完成情况，确保学习进度；另一方面及时纠正讲师和学员在学习过程中出现的问题，确保教学能按设定的目标进行。

总之，企业在设计混合式培训项目的时候只有做好学习项目的设计、学习资源的搭建和学习过程的管理，才能使混合培训项目得以良好运转，取得良好的培训效果。

10.5　老 HRD 的智慧分享

1. 让适合当管理者的人来参加管理者的培训

按人才的分类方式来看，人才可以分为 T 型、X 型、I 型。"T 型人才"，指既有较深的专业知识，又有广博的知识面的复合型人才；"X 型人才"，指系统掌握两门专业知识，这些知识之间又具有明显交叉点和结合部分的人才；"I 型人才"，指在某一领域有较深专业知识的专家型人才。

T 型人才是管理者的最佳人选。T 型人才的培训一般需经过职业锚测试或通过素质能力动机要素测试。一个优秀的企业在选拔管理者时，要经过专业的测评，把适合的人培训为管理者，把不适合的人引导进专业发展通道。请相信，一定要把本不适合的人变成适合的人是非常危险的，浪费一个人不说，更重要的是会影响一个团队，甚至组织。

2. 导师制是管理者培训的有效途径之一

当一个管理者参加企业组织的管理者培训后，组织应选择一个导师，定期和不定期地与其交流，帮助其改变及成长，这是非常重要的。

3. 分层培训，定制课程

要想培训能够取得显著成果，培训项目设计必须有针对性，对不同层级的管理者进行不同的课程定制、形式设计。例如，对高层管理者，课程要聚焦于视野、理念、公司治理、风险管控等；对中层管理者，课程要聚焦于战略承接、组织运营、跨部门沟通等；对基层人员，课程要聚焦于执行力、项目推进等。

4. 领导力培训的"画龙点睛"

在领导力培训体系中，大规模的中基层领导力培训可以看作"画龙"的过程，而高层领导力培训才是领导力培训体系的点睛之笔。高层领导力培训的项目设计和组织实施情况，直接影响高层领导对领导力培训及培训业务的评价，甚至可能影响未来的培训投入情况。因此，高层领导的培训设计需要投入更多的精力，选择最适合的培训内容和培训形式。

5. 打造精品品牌项目，共建团队学习氛围

领导力培训项目与技术性培训项目是不同的。领导力的提升与差距并不是一个十分量化和显性的结果，因此在培训效果的验证及价值体现上，除做好跟踪及评估外，还需要进行品牌的塑造及宣传，包括领导力培训计划品牌、优秀学员宣传、学习项目设计的科学性等，以提高学员积极性及领导重视程度。此外，由于参加学员均为管理者，担负管理职责，可以让学员带领自己的团队进行知识内容的二次学习，统一管理语言，提升管理效率。

第 11 章
专业技术人员队伍培训

- 如何让专业人才发展通道更具吸引力
- 培训课件的重要输入是任职资格标准
- 培训计划来源于专业能力和绩效差异
- 如何让培训与技术创新有机结合起来

企业的技术进步与创新靠的是人才，特别是掌握各种先进技术方法的专业技术人才。专业技术人员系统性的培训对企业如何提升他们的能力，不断地进行技术改进、创造发展，是非常重要的。如何做好此培训？本章认为应从专业技术人员的职业发展能力、素质任职能力、绩效提升入手。

11.1　专业技术人员定义

专业技术人员是指具有一定的专业知识或专门技能，并进行创造性劳动，对企业的发展做出重大贡献的人，是人力资源中能力和素质较高的劳动者，他们分布在各业务部门，从事着各相关领域的技术工作，如研发、工艺、质量、财会等。

11.2　专业技术人员职业发展通道及能力要求

1. 专业技术人员的职业发展通道

职业发展通道一般是指企业为员工搭建的成长通道。职业发展通道可以让员工了解自身的发展方向并为之努力。一个完整的职业发展通道体系主要包括通道的设置、通道内部层级的划分、各层级职数或比例控制、各层级的任职资格标准确定、职业发展路径管理等几个方面的内容。不同企业中，专业技术人员的发展通道的表现形式各不相同，但其根本是一致的，就是基于不同层级的职位要素，对应人员不同发展能力的要求，从基层到高层的规范性路径。因此，企业内基于岗位的能力要求是这条路径的核心，企业需要建立这个标准。

2. 专业技术人员的岗位标准要求

不同的岗位具有不同的要求，一般而言，这个要求可以包括两部分：能力要求和技能要求。能力要求是指适用于公司全体员工的工作胜任能力，它是公司企业文化的表现，是公司对员工行为的要求，体现公司的行为方式，是抽象的能力要素和价值观要素；技能要求是指工作需要的技术方法，是技能要素，可以分为通用技能和专业技能。企业针对每个岗位的需求制定的各项标准就是专业技术人员的能力要求，也可以成为专业技术人员的任职资格体系。

3. 专业技术人员的任职资格体系

企业的岗位体系是指企业内部所有不同领域的岗位按照所属关系和等级关系形成的岗位组合，包括岗位层级、岗位等级和职衔等要素。而企业任职资格体系就是针对岗位体系中每一个岗位要求建立的能力评价标准。岗位要求可以通过需求调研表来设计，如下表所示。

表 11-1　　　　　　　　　岗位标准能力需求调研表

任职资格		基本职责描述		必备知识技能要求					
专业名称	等级	职责	衡量标准	培养周期	必备知识要求		必备经历要求		
^	^	^	^	^	具备本岗位工作需要的专业知识	具备相近专业领域的一般知识	参考必备经历岗位	从事时间	关键成功经验
…	…								
研发	四级								
营销	三级								
质量	二级								
人力	一级								

经过调研最终形成任职资格标准能力汇总，如表 11-2 所示。

表 11-2　　　　　　　　任职资格标准能力汇总表

岗位名称	任职资格序列	任职资格等级	必备知识	必备经历

11.3　专业技术人员培训体系

11.3.1　培训需求的分析

如前文所述，培训需求一般来源于三个层面：公司发展战略的目标与现实能力之间的差距、绩效目标达成差距、员工职业发展的期望与现实情况的差距。因此，在进行专业技术人员培训需求分析时，首先应找出差距，明确目标，即确认需要培训的专业技术人员的实际情况同理想状况之间的差距，明确培训目标与方向。

1. 年度经营计划及目标

分析企业战略是所有培训需求分析的第一个环节，对于专业技术人员而言，企业战略要求为年度经营目标。通过对目标的分解及细化，可以导出每个专业技术人员需要承担的具体指标，根据这一目标进行差距分析，可以得出培训需求，这是培训输入的重要依据。下表是基于年度计划目标分解的差距分析表。

表 11-3　　　　　　　　年度计划差距分析表

年度目标	部门目标	岗位目标	衡量方式	需要的能力及资源	现有的能力及资源	差　距

续表

年度目标	部门目标	岗位目标	衡量方式	需要的能力及资源	现有的能力及资源	差　距

2. 先进技术、工具方法的转变分析

对于专业技术人员来说，新技术、新方法的应用直接且迅速地影响到他们的工作效率，一些方法的错误应用甚至会影响到上下游岗位的一系列工作。因此，如果企业引入了新的工具方法就必须对相关人员进行培训需求分析，通过有针对性的培训单独或者统一对其进行内容设计和开发，并组织培训。特别需要提出的是，这类培训尤为注重培训后应达到的标准，以标准作为内容输入的重要依据。

表 11-4　　　　　　　　先进技术、工具方法的转变分析

调查项			分　析	
部门重点业务与关键指标分析				
部门新业务、新设备、新的工作方法、工具等分析				
专业技术人员分析	姓名	任职资格能力等级	个人发展需求	培训需求
				课程要求 / 课程培训评价验收标准

3. 年度绩效分析

员工个人年度绩效的差距分析也是培训需求输入的条件之一。在分析专

业技术人员绩效差距时，企业会结合内、外因素分析差距所在，如下图所示：

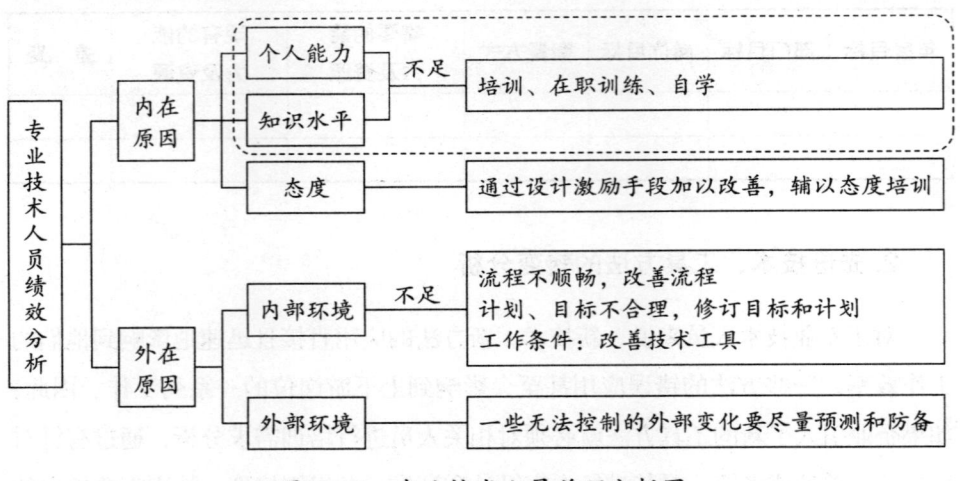

图 11-1 专业技术人员差距分析图

在分析个人能力差距及不足时，需要结合本岗位的工作职能职责和能力标准要求，就是前文提到的任职资格标准，以绩效差距为依据，结合任职标准，找出个人能力差距，制订培训提升计划。具体如下表：

表 11-5　　　　　　　　　　　　差距分析表

年度绩效差距	相关任职资格标准	现有能力分析	差距分析	培训提升

4. 个人发展分析

当然，在日常工作中，为了随时查找个人差距或者为找出员工本人与职业发展通道中晋级的差距，任职资格标准仍然是查找差距的重要依据。此时，可以采用评价方式根据任职标准随时找出差距，采用的标准根据目的的不同选择本级能力项或上一级能力项。在评价时，可以自我评价，也可以请相关人员协助评价。下表是某培训岗位人员需具备的能力评价表。

表 11-6　　　　　　　　　　专业技术人员能力评估表

任职资格模型评测项目		评分要素	自评	他评
培训运营管理	1. 计划与预算管理	必备知识：计划划分原则及标准，教育经费列支范围。		
		输出结果：月度培训计划及预算，日常费用支出台账。		
		衡量标准：计划通过审批并下发，费用台账及时更新。		
	2. 开班计划制订	必备知识：日常公文写作格式，计划制订的要素，文件的审批流程。		
		输出结果：课程开班计划。		
		衡量标准：计划通过审批并下发。		
	3. 培训报名组织及答疑	必备知识：报名组织流程，报名资质要求，培训项目总体安排。		
		输出结果：学员名单。		
		衡量标准：完成组织及答疑。		
	4. 讲师沟通与确认	必备知识：课程总体安排。		
		输出结果：讲师日程安排。		
		衡量标准：按计划执行。		
	5. 培训前资源准备	必备知识：培训资源清单。		
		输出结果：按要求准备各项资源。		
		衡量标准：准备到位。		
	6. 开班引导及班级管理	必备知识：培训计划、课程总体安排，讲师基本情况，班级管理规定。		
		输出结果：课程及讲师介绍，考勤记录。		
		衡量标准：班级正常运行。		
	7. 培训记录收集录入存档与统计	必备知识：培训信息系统使用，存档材料清单，档案管理知识，统计知识。		
		输出结果：培训记录、档案及统计报告。		
		衡量标准：记录及时更新，存档材料完整，统计数据准确。		
		……		

根据上述培训需求分析结果，编制"专业技术人员的需求分析报告"，作为专业技术人员培训设计的前提。

11.3.2 培训计划制订及组织实施

在培训需求分析的基础上，需要进行培训计划的编制。计划编制要素主要包含培训目标、培训对象、培训内容、培训课程、培训形式、培训讲师、培训方法、培训时间、培训经费等。

1. 培训课程及讲师

（1）课程内容

专业技术人员的培训内容主要来源于岗位的任职资格标准，并结合企业年度目标以及因企业发展而产生的新技术、新方法等内容。根据专业技术人员所处的不同系统（质量、财务、采购、研发、工艺等），进行培训课程的设计。下面分别列举产品创造、质量、生产系统的培训课程。

表 11-7　　　　　　　　　　　产品创造人员培训课程

序　号	课程类别	项目名称
1	项目管理 （12门课）	先行技术管理
2		产品体系管理
3		产品规划项目管理
4		产品工程项目管理
5		工艺开发项目管理
6		采购项目管理
7		项目质量管理
8		生产项目管理
9		市场需求分析
10		分销管理
11		服务工程管理
12		项目财务管理

续表

序号	课程类别	项目名称
13	工程技术（5大类）	产品培训
14		制造培训
15		采购培训
16		质量培训
17		精益培训

表11-8　　质量人员培训课程

序号	培训分类	内容
1	质量体系	管理者认知培训
2		标准培训
3		过程方法培训
4		核心工具的有效运用
5		审核技巧培训
6	质量技术	管理流程
7		技术工具应用
8	质量改进	故障模式分析培训
9	质量控制	现场质量控制培训
10	质量检验	质量检验标准培训

表11-9　　生产人员培训课程

序号	项目分类	培训内容
1	公共课程类	现场沟通
2		效率提升
3	生产系统	工时与定员管理系统
4		缩短生产周期管理
5	物流系统	物流器具设计及管理程序培训
6	安全系统	安全管理能力提升培训
7		危化作业安全培训
8		职业危害控制技术培训
9		安全管理人员继续教育

（2）课程开发及讲师选择

专业技术人员的培训课程开发基于两个方面：一是基于任职资格标准的常规课程开发，二是基于个人绩效、新技术、新方法提出的个性化培训。

①常规课程开发：常规课程开发是基于任职资格标准进行的开发，企业内部讲师是课程开发和授课的主要力量。培训管理人员需要对任职资格体系的课程进行规划，制订开发计划。具体内容见下表。

表11-10　　　　　　　　　培训课程规划表

业务名称	序号	课程类别	课程名称	课程关键词	授课方式	课时	授课周期	培训对象				
								一级	二级	三级	四级	五级
合计												

课程内容随着任职资格标准的更新而更新，它是相对固定的培训课程，可滚动纳入年度培训计划中。员工可根据现有任职资格等级及发展情况选择培训课程。

员工的职业发展规划中会涉及岗位的轮换。员工在轮换中，可参照其相应岗位级别所需要的培训内容进行培训。

②个性化课程开发：是基于员工的绩效、新技术转变等制订专业技术人员年度个性化的培训计划。对于这类课程开发，应结合企业的实际情况进行讲师的选择，可以是内部讲师，也可以是外部讲师。选择外部讲师时，应从以下几个方面选择。

一是专业度，如聘请经验丰富的技术专家、技术总监进行专业技术或新技术的培训；二是从培训讲师的知名度、专业性、价位等方面综合考虑。

讲师的确定需要及早进行，尤其是外部讲师，因为对讲师的联系、甄选和谈判需要一个过程。而且很多优秀讲师的日程都很紧,所以经常需要从多个讲师中挑选出一个最合适的。聘请外部讲师需要提前一个月甚至数月着手准备、预约。否则,很可能找不到合适的讲师。当然,内部讲师的安排就不用如此费周折了。

讲师确定后,双方的信息沟通非常重要。培训组织者需要把培训学员的具体情况,如调查结果、人员素质、组织准备等情况向讲师详细说明,同时,对讲师的情况也要了解清楚,如讲课特色、需要的设备、特别要求等。另外,要求讲师做好充足准备。否则,即使讲师很有名气,但没有准备好的话,讲课效果也可能不好。

2. 培训对象

不同级别的专业技术人员应该参加不同的培训。企业应该有计划地培训不同级别的专业技术人员以及企业储备技术人员。所以,在开展不同级别的技术培训时,应有针对性地要求骨干技术人员参加,以求全面地提高骨干人员的技术水平。

3. 培训时间

培训时间的选定重点注意两个方面:一方面是了解学员是否有时间,需要协调各参与者的时间和公司相关活动的时间,避免时间撞车;另一方面是讲师的时间,特别是合适的外聘讲师是否有恰当的时间,这需要双方磨合,相互协商。培训时间的安排还要注意以下事项。

重大性项目的培训时间:根据企业的发展阶段,有些培训项目紧急且是重大性项目,如新技术改造、新工具的运用与推广,这就需要根据企业的重大技改项目启动时间、技术标准变化时间、新设备、新产品、新项目购买或启动时间而定。

常规的培训项目:讲师的时间需要尽早确定,以防在即将开班时发生调整、更换时间等情况。

需要外培取证时间:以外培时间为准。

4. 培训地点

培训方法决定培训地点的选择。

一是培训教室的选用：如研讨、多媒体、录像、授课等。

理论或操作性不强的培训可以选择在常规的教室进行，游戏活动多的培训就需要教室的桌椅能够方便移动。

二是工作场地的选用：如现场指导、技术研究等。

实践性操作课程要选择在操作现场或者能够实施操作的地方进行。这样的培训需要外部场地，需要提前预订并进行现场勘察等。这些都要在制订实施计划时明确落实。

5. 培训方法

根据培训内容及学员要求的不同，选择的培训方法也就有所不同。基于成人学习"7-2-1"的特点，专业技术人员的主要培训方法有工作指导及工作沟通交流、研讨、集中授课、外部培训等。具体方法见本书第十二章。

6. 培训预算

培训工作的开展离不开经费的支持。培训部既要考虑培训的效果也要考虑培训的成本。在培训项目开始的时候，预算培训费用有利于控制培训成本和合理地分配各项培训工作的预算。具体内容参见下表。

表 11-11　　　　　　　　培训费用预算表

序号	培训费用项目	费用预算明细	备注
1	教材费用	元/本 × 本 = 元	
2	讲师劳务费	元/时 × 时 = 元	
3	讲师交通费	元/日 × 日 = 元	
4	讲师餐费	元/日 × 日 = 元	
5	培训场地租金	元	
6	培训设备、教学工具租金	元	

续表

序 号	培训费用项目	费用预算明细	备 注
7	技术设备使用费	元	
8	其他费用	元	
9	合计	元	

7. 培训实施过程控制

在培训进行过程中，企业对受训员工的培训情况应有所了解，因此，培训组织部门应对员工培训的相关情况进行记录，如员工培训考勤记录表、学习成绩记录等。具体过程控制可以参看"培训的组织实施"的内容。

11.3.3 培训评估

培训结束后，必须进行培训评估。对专业技术人员来说，培训效果评估尤为重要。培训评估及方式运用于专业技术人员管理及评价全过程。培训评估重点有三：一是是否满足于员工的职业发展；二是是否满足岗位要求；三是是否满足企业新的发展要求。

培训评估采用何种方式，取决于培训的内容及培训的对象。

1. 反应评估

与其他人员培训评估相同，培训的一级评估，主要采用调研问卷的形式，评估学员对培训项目的看法，如讲义、师资、设施、方法、内容等方面。

2. 内容评估

对于专业技术人员来讲，所有知识技能性的培训一定要进行内容评估。技能的基础是理论，如果不能熟练掌握技能的理论依据、操作步骤，很难在实际工作中充分应用技能知识。内容评估的方式很多，可以采用笔试、工作模拟等形式进行评估。培训组织者可以通过笔试、工作模拟等方式来了解学员在培训后的知识掌握程度。这种方法有利于增强学员的学习动力。其中，工作模拟的方式尤其适合技能型培训的评估，考评人员可以通过对行为的观察记录直观考察学员。

表 11-12　　　　　　　　　培训技能掌握观察表

培训课程	造型扫描操作技巧		培训日期	年　月　日
观察对象	受训技术人员在模拟工作情境中的情况		观察记录员	
项目	具体内容			
培训前	1			
	2			
培训后	1			
	2			
结论	1			
	2			
其他特殊情况				

3. 行为评估

培训的目的是改善行为，从而提升绩效。专业技术人员的培训多是技能型培训，因此，专业技术人员更加需要进行行为评估。除了常见的行为评估方式（访谈、观察等）之外，专业技术人员的培训效果还可以通过绩效评估和任职资格认证来进行验证。这是因为专业技术人员的培训来源于绩效和任职资格差距，在参加有针对性的培训后，必须看到明显的提升。

（1）业绩评价评估

通过企业内部的绩效评价方式，定期开展绩效评价，重点考评培训后的指标。将培训前后的绩效结果进行对比，可以从侧面反映培训的一定成果。

表 11-13　　　　　　　　　　　　员工绩效评价表

序号	绩效评价项目	绩效评价结果			培训内容			
		优	良	差	课程名称	培训方式	评价方式	自我评价
1	KPI	内容1			内容1			
2		内容2			内容2			
3	项目工作	内容1			内容1			
4		内容2			内容2			
5	职能标准工作	内容1			内容1			
6		内容2			内容2			
7	工作投诉	内容1			内容1			
8		内容2			内容2			
9	个人发展目标	内容1			内容1			
10		内容2			内容2			
11	个人培训建议				内容1			
12					内容2			
13	主管领导培训建议				内容1			
14					内容2			

在绩效评价中，对其相关的培训情况进行评估。在对效果评估的同时，又提出下一步的培训方案。

（2）员工任职资格认证

企业应定期进行任职资格认证。员工为通过任职资格认证，应预先参加需要认证的层级对应的培训，或者参加在上一次认证中未通过的能力项的培训。认证结果，尤其是上一次未通过的能力项，经过培训后的认证结果能够反映培训的效果。下表是某企业任职资格认证评价表，供读者参考。

表 11-14　　　　　　　任职资格晋升关键能力评价表

岗位名称		岗位要求专业		岗位要求能力等级	
员工姓名		申请认证专业		申请认证级别	

评价说明
1. 评议流程：
（1）员工陈述；
（2）评委根据关键能力评议表的各项标准项逐一提问，并客观、公平、公正的评议达标或不达标；
（3）员工直管领导可以为员工就工作职责和工作业绩，进行三分钟补充陈述；
（4）评委合议达成一致后，最终确定员工获得的任职资格等级，并评价员工能力优势、不足及改进建议，最后签字确认。
2. 评议原则：
（1）能力标准项评议。请评委从"是否做过""做的效果如何""一贯性"方面，对以下评价项目进行评议，各项评价结果包括达标和不达标。请评委在"是否达标"一栏填写评价结果。
（2）任职资格等级评定。请评委依据每一项评价结果，同时根据合议结果，在"评议结果"一栏，写明员工答辩评议获得的任职资格等级。

等级	评定规则
职业等	"关键标准项"和"普通标准项"全达标，且表现一直优秀。
正式等	申请等级要求的"关键标准项"全达标，少数"普通标准项"达标。
预备等	申请等级要求的大部分的"关键标准项"达标。

（3）合议确认任职资格等级。申请员工退场，由评议组组长主持进行答辩结果合议，工作人员现场收集并统计各评委的评议结果，最终确定员工所获得的任职资格等级。
（4）设置答辩通过率。绩效为 B 及以上员工的答辩通过率为 90%，绩效为 C 员工的答辩通过率为 10%。

序号	能力单元	能力要素	标准项分类	是否达标
1	招聘会实施	1.1 招聘会信息发布 独立完成 5 次招聘信息发布的工作经历等	关键标准项	□达标 □不达标
		1.2 招聘前准备组	关键标准项	□达标 □不达标

续表

2	人员甄选与面试	2.1 招聘岗位信息发布	普通标准项	□达标 □不达标
		2.2 简历筛选与通知	关键标准项	□达标 □不达标
		2.3 ……	普通标准项	□达标 □不达标
3	招聘渠道与面试官资源池建立	3.1 资格面试官资源池建设	关键标准项	□达标 □不达标
		3.2 ……		
评议结果			级等	
综合评语				
1. 优点：				
2. 改进点：				
评委签字：				

这是员工任职资格认证过程的一个重要环节，按任职资格不同等级规定的相关内容，如工作职责、经历等提供答辩材料，可以从中验证员工的培训在工作中所收到的成效。每一项关键能力项的举证，都要提供相应的工作材料。在答辩过程中，会对每个关键项的材料进行评审，对达标与不达标的情况进行评估。对员工进行一个综合性的评价，如职业技能的掌握情况、沟通交流的能力等。

4. 结果评估

四级评估可以根据企业的实际情况开展，借助经营指标、人才发展指标等进行分析，这里不作详细论述。

11.3.4 专业技术人员培训保障

1. 制度保障

为了保证专业技术人员技术水平和综合素质的提高，掌握前沿技术，提高技术创新水平，要制定适合本企业的培训管理制度以及专业技术人员的培训合同、受训技术人员的保密协议等，以确保企业竞争力和员工的诚信力。

这些文件制度的编制需结合企业的发展阶段、当地的劳动法规、核心关键岗位、核心业务来进行。

2. 讲师课程保障

专业技术人员群体十分庞大，且岗位任职要求繁杂，因此对应的培训课程数量种类繁多，需要大量的讲师，尤其是内部讲师承担课程开发与讲授任务。但是在实际工作中，专业技术人员也许并不愿意成为讲师，尤其是在培训体系尚未完善的企业里。那么，如何保证专业技术人员的培训有序进行呢？

专业技术人员的发展基于岗位的职业发展。他们在每一级的晋升过程中都会有不同的知识与技能的要求，这也是本章前文所说的课程开发的需求来源。所以，专业技术人员在职业发展中其实承担了两个角色：一是受训者，二是培训者。因此，应对专业技术人员提出要求，在接受培训的同时，开发相应的课程。

表 11-15　　　　　　　　　任职资格晋升必备条件表

任职资格级别	绩效考核周期	晋等（本级别内）				晋级（晋升到本级别）			
		绩效结果应用	培训结果应用			绩效结果应用	培训结果应用		
		S-A B C	必修课程	授课次数	课程开发门数	S-A B C	必修课程	授课次数	课程开发门数
五级及以上	上一年度绩效	年度绩效结果为B及以上	/	1门高级课	1门高级课	年度绩效结果为B及以上	/	1门中级课	1门中级课
四级			2门高级课	1门中级课	1门中级课		2门高级课	1门初级课	1门初级课
三级			2门中级课	1门初级课	1门初级课		2门中级课	/	/
二级		年度绩效结果为C及以上	2门初级课	/	/	年度绩效结果为C及以上	2门初级课	/	/
一级			2门初级课						

备注：初级课指适合于一级、二级员工的课程；中级课指适合于三级员工的课程；高级课指适合于三级以上员工的课程。

专业技术人员受训与参加培训课程开发，不仅能够使自己的知识、技能有所提升，还对自己本专业的知识、技能作了相应的沉淀。不断地推动个人发展的同时，也在验证个人的能力，最终满足了企业的发展。

案例　用造车的理念培养技术人才

技术人才一般是指系统学习过某方面的技术知识、具有自主创新研发能力，在组织中从事研究、开发、设计、质量管控等工作的人才，其特点和培训痛点如表11-16所示。

表11-16　　　　技术人才的特点和培训痛点

维度	技术人才的特点	培训管理者的痛点
所从事的业务	✓ 多从事技术研发、设计等工作，工作的项目开拓性比较强，有些甚至是行业的前沿性探索； ✓ 业务对实践的要求高于对基础理论的要求； ✓ 技术转化为商业价值的要求高。	培训管理者不懂业务，组织的培训往往"隔靴搔痒"，很难支持技术人才制订解决方案。
可利用的资源	✓ 外部可直接使用的成熟专家和课程匮乏； ✓ 企业需求相对独特，外部资源很难解决企业的实际技术问题。	无法借助外部资源开展培训。
技术人员自身	✓ 多是喜欢钻研的"技术控"； ✓ 多在某技术细分领域长期钻研，工作履历的岗位宽度不够； ✓ 沟通和交流能力相对较弱，不善于分享； ✓ 工作压力大，项目时间紧张。	技术人才较为慢热，培训的组织难度高，培训时间较难确定。

北汽福田是一家拥有自主品牌的汽车制造企业，从创立之初便大力培育企业的自主研发能力，高度重视技术人才的培养。秉持着"用造车的理念培养人"的理念，经过多年的实践，北汽福田探索出了一条"以自主开发为主、外部资源为辅"的企业"自培训"能力体系。

动力系统：以任职资格体系为牵引机制

北汽福田开发出了一套覆盖技术人才的任职资格体系（见图11-2），设计了技术人才的职业发展通道，从低到高划分为若干个发展等级。在任职资格标准中，企业详细规定了各专业、各层级员工所应具备的知识、技能、工作经验和基本素质，通过这四个层次的指引，引导员工不断提升自我，成为牵引专业技术人才能力发展的"动力系统"。

员工按照每年开展的任职资格认证流程制订个人发展计划，并据此开展学习，不仅非常清楚自己的目标和发展路径，也有了持续学习、提升的动力之源。

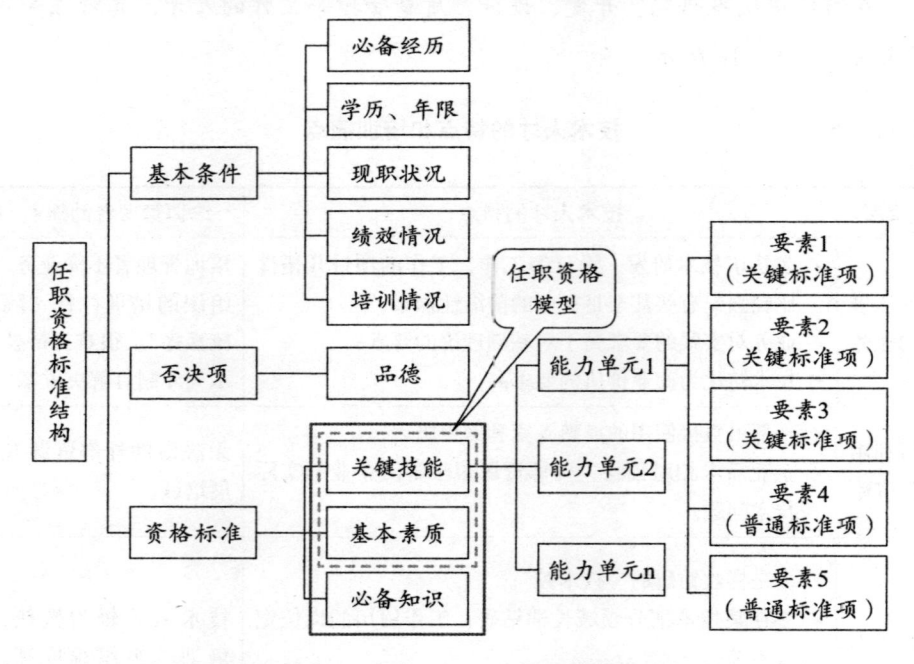

图11-2 北汽福田人才任职资格体系

底盘系统：构建企业基础培训体系

北汽福田多年来持续构建"3C"（Course，Coach，Class）基础培训体系，打造专业技术人才的"底盘系统"，并设立"公司培训日"，推进专业技术人员的日常基础培训，帮助技术人员胜任岗位技能要求、改进和提升岗位绩效、交流与分享技术经验。

课程资源（Course）体系

公司根据任职资格标准的要求，按照职位族群、序列分类，遵循各专业能力从易到难的原则，规划和开发了每个任职资格层级所需的专业技术课程和学习指导材料。这个课程体系广义上还包括知识手册、培训课程课件、岗位指导手册及岗位相关的技术资料等。

内部师资（Coach）体系

企业需要同时开发和培养公司的师资体系，对于技术人员来说，师资体系不单单是授课的讲师，广义上也包括导师、教练、技术课题组长等。北汽福田重点打造了"钻石讲台"内训师培养项目，通过系统培养、讲师大赛等方式，培养了一大批专业技术课程内训师，在技术人才的日常培训中发挥了极为重要的作用。

培训项目（Class）体系

在课程和师资体系的基础上，企业需要为专业技术人员搭建各种培训项目平台，并重点打造核心项目，让专业技术人员学习、分享和交流。北汽福田的技术人员不仅可以参加通用能力大课堂、跨厂区授课、实训基地、创新思维训练营等通用课程，更可以深入针对各类技术人才的专项培训中，从中广泛获益、得到提升。

"3C"培训基础体系也可称为"学习超市"，"超市"内有课程、师资、琳琅满目的学习项目，员工可根据自己的需求，在"学习超市"中自主"选购"。

驾乘体验：以学员为中心

企业培训的一个核心理念就是以学员为用户，培训只有真正以学员为中心，才能让学员"走心"并积极参与。北汽福田致力于打造技术人才培训过程中的优质"驾乘体验"，激发他们持续、高效的学习激情。

用"酷炫技术"提升兴趣

技术人员往往是"技术控"，对于新技术有着本能的追求，因此在培训中可以尝试引进新颖的培训技术，如行动学习、翻转课堂、游戏化学习、创新workshop、跨界学习、开放空间、企业剧场等。技术人员在"炫酷"的培训方法中体验学习，一方面提高了学习兴趣，另一方面也是一种跨界学习，一定程度上可以帮助技术人员突破自身的思维定式。

用产品理念做培训项目

移动互联时代的到来让每个人重新思考自己的用户是谁、用户要什么。做培训也是如此，需要面临用户的诉求，也必须有让用户"尖叫"的产品。一个能够落实用户思维的培训产品，不仅能激发学员的学习兴趣、保障学习效果，还能让学员推荐给同事，在组织内部形成良好口碑。

北汽福田结合研发技术人才的需求策划了"TRIZ创新训练营"项目，以TRIZ创新方法为线索，利用学员所在岗位的技术攻关课题开展行动学习，让课程与本职工作融为一体，彻底修补了学习和工作的"裂痕"，极大地激发了学员的学习意愿和激情。最后，学员不仅掌握了TRIZ创新方法，而且淋漓尽致地实战了一把，完成了多项创新成果，还成功申报了多项技术专利。

注重项目运营，培育学习品牌

北汽福田不仅为技术人员设计了一款款培训产品，而且还非常注重这些培训项目的运营，借鉴《西游记》中唐僧师徒每经过一个国家都需要"通关文牒"的元素，在培训项目中设计了"学习护照"，帮助学员记录学习历程，让他们在项目结束很长时间后，还能清晰地回顾他们的学习过程。

此外，公司积极培育品牌学习项目，设计项目Logo，挖掘并赋予项目品牌内涵、总结提炼项目卖点、积极推广与传播……通过品牌化的项目塑造，提升学员的认同感、参与感，最大限度地保障学习效果，产生积极的口碑效应。

11.4 老HRD的智慧分享

1. 专业技术人员的培养注重方向

（1）任职资格体系作为专业人员能力提升的牵引。

（2）发挥业务部门及员工本人的作用，让业务部门成为专业技术人员学习提升的责任人。

（3）认清培训"7-2-1"法则，注重岗位实践与历练，企业搭建员工"干中学"的机制和资源体系。

（4）知识沉淀与分享机制。

2. 如何让专家成为你的老师

专家成为老师，是各个企业培训工作中的一项工作难点，同时也是培训工作中的重点。企业的传承和沉淀离不开专家的带队与传授，但是在目前竞争性的状态下，出现了"教会徒弟，饿死师傅"的现象，为了企业与员工的"共赢"，可做好以下工作：

（1）实施定向培养法，更好地发挥传帮带作用；

（2）角色换位法，加快业务水平的提高；

（3）岗位培训法作催化剂，推动学习型小组的建立；

（4）师徒捆绑考核的方法进行传帮带培养；

（5）签订相关《师徒责任书》。

3. 如何将专业能力提升与岗位要求匹配

能力素质的研究与应用正成为企业解决岗能匹配、获取竞争优势的有效工具。作为负责企业过程控制系统维护的部门，其自身活力程度对企业战略的实现是至关重要的。

能力素质要施展其魅力需要人力资源管理环节的支撑，岗能匹配的偏差为开展绩效管理提供了依据，促进企业与员工共同协商，制定出具有挑战性的绩效指标，从而为员工的绩效改善提供一种拉动力。

而基于岗能匹配偏差而建立的帮助员工实现其绩效的员工发展培训体系则为员工的绩效改善提供一种推动力。一个平台、两种力量共同促进了部门的绩效改善。

以岗位为基础的任职资格体系成为能力提升与岗位匹配有效结合的工具。

职业发展通道和任职资格等级标准的作用在于：明确企业需要什么类别的人员，企业需要的人员应该具备什么样的能力。

任职资格等级要求作用在于：根据企业对员工的能力要求，评价员工已经达到了哪个水平级别的能力要求，接下来再通过有针对性的培养措施持续提升员工的能力。

在能力提升与岗位匹配上应注意做好以下工作。

（1）建立人才梯队资源池

①建立人才梯队的资源池原则：分类、分层。

②人才梯队资源池人选的来源：通道内人选，通道外人选。

③确定人才梯队资源的"容量"。

（2）建立人才区分机制

①建立人才池的建立标准。

②建立筛选、淘汰出资源池的标准：如绩效差、个人能力跟不上、资源池"人满为患"、提高标准等。

（3）建立人才选拔机制

（4）建立人才发展激励机制

①将人才梯队资源池建设的结果作为管理者/专业骨干年度综合评价的一项指标。

②人才的培养和选拔，可以作为管理者/专业骨干任职资格标准的一项内容，梯队建设任务未达标者，不能得到提拔。

第 12 章
国际化业务人才培训

- 国际化人才培训基础是素质能力模型
- 国际化人才培训要与人才发展相结合
- 培训可帮助外派员工突破跨文化瓶颈

经济全球化与企业跨国经营促使企业加快国际化的步伐，国际化人才的需求正是基于这些发展变化应运而生的。其中，培养和选派优秀员工到海外开疆拓土是企业国际化发展的必然。当前，大规模的跨国企业越来越注重对国际化人才的培养。一般来说，国际化业务人才培养的重点是外派人才的培养，其中最核心的部分则是针对国际化经营管理人才的培养。

12.1 外派人员的培训

外派人员出国前的培训及异地工作的适应性培训是相当重要的环节。这些培训项目可以让外派人员尽快适应环境并开展工作，尤其是将员工派到那些与本国有明显文化差异的国家或地区。企业要想提高外派人员的工作效率与外派成功率，其培训项目的设计至关重要。

12.1.1 国际化外派人员的定义

外派人员是指由母公司任命的在派驻国工作的母国公民或第三国公民，其中以在派驻国工作的母国公民为主。

很多人认为会讲外语、熟悉国外环境的人才就能够胜任外派岗位的工作，其实不然，真正的外派人员培养应该从个体和组织两个层面来理解。

从个体层面来讲，外派人员需要具备国际化意识与知识结构，视野和能力需要达到国际化水准，并且善于在国际化竞争中把握机遇和争取主动。

从组织层面来讲，就是构建一个能够支持外派员工境外生存与发展的环境。具有外派潜质的人才，如果没有适应其发展的环境，是不可能成功外派的；反之，如果只营造了外派人员的培养环境并建立了相关培养机制，而没有合适的、有潜质的人才也是不行的。

12.1.2 外派人员外派的四大难题

难题一：如何正确认识外派岗位

员工对出国执行工作任务通常会表现出过高或过低的预估。过高是指外派人员过于乐观地估计境外的工作环境，将出国工作视为镀金和增值，但忽视了工作任务完成的难度。过低是指外派人员通常会把海外职位视为苦差事，可能对外派会表现出焦虑、不安甚至恐惧。由于个人的适应性、家庭因素等方面的影响，很少有人愿意在海外待两年以上的时间。可是对于国际化业务，要想在短时间内完成工作任务，建立外部关系，融入组织团队，持续地进行知识沉淀和经验积累是不可能的。因此，需要让外派员工明确外派的目的和目标，让他们充分地认识到为什么要进行外派。

难题二：如何将专业知识与国际业务融合

虽然公司选择的外派员工都是企业内专业知识丰富的优秀员工，但由于各国的管理文化、流程体系、交流沟通、语言表达等方面的差异，如何较快地转化与融合显得非常重要。

难题三：如何突破语言障碍

语言是许多国内企业外派人员面临的主要障碍。"我们在学校里学的是哑巴英语"，一些外派员工表示，过去在校学习英语时，老师在教学中只让学生记住大量的单词，以便在考试中取得好成绩，根本没教给他们如何进行会话，特别是提高英语的语言表达能力。同时，工作中涉及的专业词汇，往往让外派员工十分头疼。这不仅影响工作效率，还会产生交流分歧，给公司带来损失。

难题四：如何适应境外生活

尽管有大量的外派人员被派驻到南亚、东南亚、非洲和中东等新兴市场，但多数中国"教练"的培训内容，重点针对的却是西方市场，培训方向产生偏颇自然就达不到预期的效果。"我们被派到了阿富汗，那些关于如何使用刀叉的课程根本派不上用场。"不过，最让中国外派人员煎熬的是生活饮食习惯问题，没有好身体，何言工作激情。

> **小贴士**
>
> **老 HRD 的印度之旅**
>
> 十天的印度行程让我感触颇多！
>
> 在香港转机时，牙齿突然很不舒服，飞机上的温差导致身体更加不适。牙疼难忍，疲惫却又无法入睡，一路无眠，终于在凌晨 12 点抵达孟买。
>
> 一个印式拥抱，我与印度事业部人力资源总监 A 先生在孟买机场相见。我们从彼此的眼中均读出了那种兴奋。A 先生察觉我用手捂着脸，当知道我牙疼后，关心地问我："是微痛，比较痛还是非常痛？""这有区别吗？""当然有，药剂的含量不同。"印度药的药效很快，半小时内就不疼了。接着四个小时的车程在甜梦中度过。可惜，随后的日子里，牙疼药刺激的胃疼，伴我度过十天的日子。这期间我不断告诫自己要坚持，唐僧历经八十一难，我心何惧，信念战胜一切。
>
> 结合公司的国际化道路，这一经历让我深深地体会到：全球化人才必须有一个全球化的牙与胃，这是保持革命的根本。

12.1.3　外派人员培训体系设计

外派员工的培训除要让来自母国的外派管理技术人员获得国际业务的相关知识、技能和经验外，还需要进行跨文化适应性培训。跨文化适应性是跨文化管理能力的一项主要内容，对此进行培训的目的是使母公司的外派人员了解他们将赴任国家的文化环境，充分理解派驻国国民的价值观与行为观，迅速地适应派驻国的工作环境和生活环境，充当两种不同文化的桥梁和纽带。

根据员工外派工作时间及其所需面对的压力与挑战情境，可以设计不同的培训模式。如表 12-1 所示：

表 12-1　　　　　　　　　　外派员工培训体系

培训对象分类 （外派停留时间）		短期出差 （≤1个月）	中期外派 （2—12个月）	长期外派 （1—3年）
培训模式设计		信息授予训练模式	情感式训练模式	沉浸式训练模式
培训内容设计	公司外派政策宣贯	√	√	√
	跨文化培训	派驻国文化培训	文化同化训练	外派国实战体验
	语言培训	基本语言培训	中级语言培训	高级语言培训
	专业技术培训	根据外派任务进行设计	根据外派任务进行设计	根据外派任务进行设计
	管理类培训		压力与情绪管理	外派经理研讨会
	外派任职期间的培训		教练式辅导	定制化培训
培训形式设计		E-learning 集中培训 小组讨论 自学 影视观赏	集中培训 脱产培训 角色扮演 案例教学 互动训练 导师培养	集中培训 研讨会 定制化培训 外派国实战体验

12.1.4　外派人员培训项目实践

1. 短期出差——"信息授予式"训练模式（1周）

针对短期出差的人员，通过对派驻国文化和语言的相关培训，帮助外派员工理解与包容派驻国的文化，学会尊重和接受派驻国文化。切忌用本国文化标准随便批评指责派驻国文化，更不能把本国的文化标准强加于派驻国公民。

此类培训侧重于以下两个方面：一是系统培训派驻国文化的主要特点；二是培训派驻国人员的行为方式与社会关系，有效地提高外派人员出差期间的沟通效率。

表 12-2　　　　　　短期出差类外派人员培训课程设计

培训课程	派驻国文化培训	基本语言培训
培训时长	20 小时	20 小时
培训目标	旨在为外派人员提供文化与环境意识的培训。主要是为接受培训的员工提供目的地国家的真实情况，让其提前了解当地的人文环境，降低对陌生国家的恐惧感，增加对目的地国家的感情。	学会日常的生活用语，与当地人流畅地交流，清楚表达自己的意思。
培训内容	目的地国家的人文地理、政治经济、历史文化、风土人情、文化习俗。	日常用语及特定差旅环境中的常用语。
培训提纲	• Day1（上午）：派驻国的历史文化和习俗 • Day2（上午）：当地的环境、交通、气候 • Day3（上午）：饮食文化 • Day4（上午）：忌讳 • Day5（上午）：如何与其建立友谊	• Day1（下午）：交通场景 • Day2（下午）：购物场景 • Day3（下午）：医院场景 • Day4（下午）：商务交际场景 • Day5（下午）：商务交际技巧
培训形式	在线学习或资料阅读，面授，小组讨论，影视观赏。	在线学习或资料自学，面授，影视观赏。
培训资料	当地信息简报、文化简介材料、影片/书籍/网络资料。	相关教程，影片/书籍/网络资料。

2. 中期外派——情感式训练模式（1—4 周）

中期外派人员，通常都需要在派驻国陌生的环境中重新建立工作关系和社会关系，因此，他们必须了解派驻国特有的文化以及这种文化对当地人员产生的影响。这就需要在对派驻国文化初步了解的基础上提升外派人员对派驻国文化的认同性与尊重性。一方面，能使外派员工对自己的文化属性和环境做到自觉和自知并自我维护；另一方面，还能提高外派员工对派驻国的适应性。

除外派前的培训外，外派人员在海外工作期间，如果外派人员的上级领导或是其海外任职的前任者能给予其辅导或支持，可让外派员工在心理上和应对不同文化冲击的方法技术上做好准备，减少他们在派驻国文化差异环境中的不适应和挫败感。

表 12-3　　　　　　　　　中期外派人员培训课程设计

培训课程	文化同化训练	中级语言培训
培训时长	1 周	2—3 周
培训目标	除掌握和了解目的地国家的基本信息外，还会协助培训对象认识该国家的价值观，如生活观念、工作态度和工作节奏。强化外派员工对文化与环境融入能力的培训，帮助外派员工迅速与当地人建立社会关系，应对突发情况，适应当地生活。	学习专业的商务用语，在外派任务中运用并可作为工作语言进行无障碍沟通。
培训内容	目的地国家的基本价值观、态度、角色认知、风俗习惯和观念。	培养语境及语感，提升词汇量及地道的专业表达方式。
培训提纲	• Day1（上午）：派驻国历史文化、习俗、忌讳 • Day1（下午）：当地环境、交通、气候、饮食 • Day2（上午）：派驻国宗教信仰及核心价值观 • Day2（下午）：外派经验交流 • Day3（全天）：派驻国相关法律介绍 • Day4（全天）：派驻国商圈文化及知名企业案例介绍 • Day5（全天）：如何与其建立友谊	• 商务英语视听说（20%） • 商务英语口语（30%） • 商务英语阅读（20%） • 商务单证（10%） • 商务翻译（10%） • 外贸英语函电（10%）
培训形式	面授，角色扮演，案例教学，互动训练，小组讨论。	在线学习或资料自学，面授，影视观赏。
培训资料	当地信息简报，案例介绍，角色扮演模拟资料，影片/书籍/网络资料。	相关教程，影片/书籍/网络资料。
培训课程	压力与情绪管理	外派任职期间的培训
培训时长	1—2 天	2—3 周

续表

培训课程	压力与情绪管理	外派任职期间的培训
培训目标	学会释放压力调节情绪,让外派员工在派驻国自我调节心理状态。	主要是对周围环境和子公司环境的适应培训。
培训内容	目的地国家的基本价值观、态度、角色认知、风俗习惯和观念。	安排指导员指导其海外任职,这个指导员最好是外派者的某方面的上级领导或者是其海外任职的前任者。这样做有助于避免让外派者产生海外"失落"感,尤其是职业进步方面的失落感。
培训提纲	• 发现压力 • 舒缓压力 • 解决压力 • 情绪控制	
培训形式	面授,情景模拟,案例教学。	在岗培训,辅导式。
培训资料	培训材料,相关阅读材料。	相关教程,影片/书籍/网络资料。

3. 长期外派——沉浸式训练模式(1—2月)

长期外派人员通常对境外项目起着举足轻重的作用,从事高级经营管理岗位或高级专业技术岗位,可在派驻国担当管理决策者、政策制度设计者或专业带头人等。因此,对这类岗位人员的培训流程需从选拔开始。

首先,企业应根据自身的发展战略和国际化业务的要求,明确本企业外派人员需要具备的胜任力模型,再寻找符合企业全球战略和外派职位特殊要求的优秀外派人才,进而培训这批人才,使他们适应国际化工作的需要。

在选拔过程中,使用国际化人才评估中心的相关能力素质考量维度,如运用跨文化角色扮演、案例研究、小组讨论和国际谈判模拟等技术测量候选人对不确定性的容忍度、目标导向、交际能力和多文化沟通技能,评估外派候选人的多文化胜任能力。

对长期外派员工进行培训的主要目的是改善外派管理者的领导方式、沟通技能、冲突解决方法和生产技术等。较前两种外派培训,其具备以下特点:

①高度个性化。辅导过程始于对外派人员技能和态度的评估。

②任务导向性。培训或辅导的目的并不是集中在未来是否有用的能力发展上，主要是给外派人员提供解决目前具体问题的策略。

③保密性。个人辅导尤其适用于高层管理者的个人发展上。

表 12-4　　　　　　　　长期外派人员培训课程设计

培训课程	外派经理研讨会	外派国实战体验
培训时长	2—3 天/期；2—3 期	2—4 周
培训目标	把不同文化背景的人或在不同文化地区工作的经理和员工集中在一起进行多种文化训练，提升文化敏感度，增强跨文化沟通及应对经验。	在外派人员正式上任前，将其派往派驻国作一次旅行，帮助长期外派人员及家属感知外派环境；帮助他们评估自己在新环境中的适应能力以及对新职位的兴趣；同时还可以帮助他们详细了解在派驻国的工作环境，初步组建当地的人际网络，并明确哪些方面需要在今后的培训中进一步加强。
培训内容	• 回国外派经理对于拓展跨国公司的全球视野，补充更新总部的全球知识基础以及培训新的外派经理候选人都具有积极作用，是一个珍贵的信息渠道。 • 可以定期组织回国外派经理与新一任外派人员的研讨会，或帮助他们建立各种沟通渠道，使回国者和新的指派者有效的沟通。 • 通过经验分享和案例研讨等方式，理解因不能感知和调解多元文化所表现出的差异，在跨文化交际中引发的矛盾、误解、摩擦和偏见。 • 通过情景模拟练习的方法可以协助这些外派经理。 • 去适应目的地国家的企业环境，帮助外派人员理解派驻国员工的行为以及相应行为所产生的后果。	公司最好能为外派人员配备一名资深顾问，帮助外派人员尽快熟悉派驻国的文化习俗，掌握社交技巧并及时准确地处理"棘手"问题；并帮助外派人员与海外的定居者或外派团体建立联系，以达到帮助外派人员初步组建一个派驻国人际支持网（即外派人员可以与之交流和寻求帮助的社会关系网）的目的。

此外，还可根据外派员工的特殊需求来量身制定培训，根据外派员工某些具体需要帮助的跨文化问题，以培训方式进行改善。例如，针对改善外派管理者的领导方式、沟通技能、冲突解决方法、生产技术或某专业方向的第三国语言等，培训高度个性化，且为任务导向性。

在外派前的培训设计中，公司的外派政策介绍也是一个必不可少的环节。如有条件，员工家属可以同来参加培训。对于外派政策的介绍，可帮助外派员工及家属对海外任职有更为清晰的认知，了解突发情况的处理方法。具体内容包括：

（1）公司的外派政策：外派人员在外的期限、休假、岗位职责权限、工资、奖励和补贴、所得税的交纳、回国后的待遇等。

（2）外派相关注意事项：向受训者介绍签证的申请办法、旅途和抵达的注意事项、遇到紧急情况时的处理方法等。

（3）外派环境简介：通过详细全面的材料，向受训者及其家属传递新环境的各种信息。比如，在周围环境方面，要介绍公司所在地的语言特点、文化差异、风俗习惯、交通状况、商店、银行以及学校的分布情况，以便外派人员到任后可以迅速熟悉周围环境；在子公司情况方面，要介绍子公司的基本情况，以便他们到任后能尽快地适应在海外的工作。

外派员工的岗前培训及派驻后的在岗培训是企业培养外派人员所必需的。因为只有拥有充分的知识与竞争力的员工才能够以更加稳定的心态适应新的环境，从而降低外派失败的风险。

案例　联合利华——极限式国际化人才培养方式

"如果英国没有，我们就去荷兰找，如果荷兰没有，我们就去……"如果联合利华新开发的某个市场里需要一位经验丰富的技术人员，而当地又不能马上找到合适的人才，那么联合利华会在这个市场周围的若干个已开发的市场里物色。多年来，联合利华创建的国际化人才培养和发展系统，让高管们泰然自若。

联合利华在88个国家建立了300个运营机构，旗下有1000多个非常成功的品牌，并在150多个国家实现产品销售。"我们并不以产品的质量赢得竞争,而是以人的素质赢得竞争。在所有企业争相国际化的环境里,企业要想成功就必须依靠高质量的人才。高质量的产品只是高素质人才的必然结果。"

在联合利华拥有的一整套人才培养和发展体系中,最独特的一点,也是使联合利华获得竞争优势的一点是,它提出并实施了"国际化"人才发展的主题目标。伦敦商学院教授 John A.Quelch 和 Helen Bloom 的研究指出,长久以来,联合利华公司树立了人力资源的高度重要性,并且在所有地区和国家的市场都建立了一个专注于发展内部人才和未来热门领导人的组织。这样做的结果就是,联合利华 300 位高层管理者中的 95% 完全是内部培养的。通过工作内容以及外派任务将国际化视野和理念灌输给经理人。从 1989 年开始,联合利华就将其 75% 的管理职位贯之以"国际"名称,并倍增了外派经理人的数量。

"人才发展必须具备国际化视野,这样才能有更高的能力。比如,全球视野的决策能力。"联合利华大中华区总裁薄睿凯说:"当然,这是一种极限式的培养和发展方式,有一定的风险性。以我为例,我曾被派往 8 个国家从事不同的工作,有时我对被指派的工作一无所知。这就好像把一个人扔进深水中,能够游出来的人一定是非常好的游泳健将,当然也会有一些人被'淹死'。不过在联合利华,企业会帮助被'扔进水里的人'不被淹没。"

联合利华现在通过培训课程帮助经理人获得国际化的视野。其发展规划体系包括教育训练计划(由初、中、高三个阶段课程组成。内容侧重于商业认识、专业能力和综合素质三方面的提升。)以及国内轮调计划、海外轮调或参与跨国项目计划、教练支持和绩效考评。联合利华每年要确定 20% 最有潜力的经理人进行强化培养,给他们最有挑战性的工作和机会。

12.2 国际化营销人才培训

12.2.1 国际化人才素质能力模型

对国际化公司人员的甄选和配置典型模式进行总结分析,提炼国际化人才能力素质模型(见表 12-5),具体如下:

表 12-5　　　　　　　　　国际化人才能力素质模型

能力类型	能力要素	要素描述
三项基础要素	语言技能	使用派驻国/第三国语言沟通的能力。
	国际动因	愿意接受国际化相关岗位的程度以及对国际化任务的责任感。
	家庭支持度	配偶、子女等家庭成员对从事国际化岗位的接受度与支持度。
三项国际化能力	国际化适应能力	身体素质对新环境的适应能力以及思维对新的行为与态度的适应能力。
	跨文化交际能力	具备跨文化沟通能力、文化容忍力和接受力。
	国际化运作能力	基于国际市场，统筹国际人才和生产资料配置来实现财务目标的能力。
三项核心技能	领导力	管理全球化团队所需的领导能力。
	管理技能	不同职业群体中体现的具有共性的管理技能和管理知识要求。
	专业技能	熟悉掌握本专业的国际化知识及实操方法，具备完成国际化任务应有的技能与知识。

12.2.2　国际化营销生培训——"从优秀中选优秀"

企业可以借鉴知名跨国企业的"管理培训生"人才培养与发展项目，建立"国际化营销生"培养模式，在校园人才中选拔有志从事海外业务、具备较强适应能力和发展潜力的优秀人才进行定向培养，储备后备营销人才，使企业能够持续自主地培养海外营销人才队伍。

1. 选拔依据

根据国际化人才能力素质模型，在校园人才中选拔有志从事海外业务，能够接受外派、常驻海外市场，适应能力和学习能力强，能够吃苦耐劳，有责任心及具有发展潜力的优秀人才。

2. 选拔流程

通过资质审查、外语测评、无领导小组讨论、素质及潜质测评等方式层层通关，从多维度考察、筛选最具国际化业务发展潜力的优秀校园人才。

（1）资质审查：以专业、工作年限、籍贯、家庭情况等综合因素作为审查指标，从企业现有的国际化业务营销绩优人员中选择人才对应聘者进行资质审查。

（2）外语测评：关注外语实际应用能力，考查听、说、读、写四项应用技能。

（3）人才测评：建立国际化人才所需具备的能力素质模型，测评应聘者的能力素质匹配度，包括学习能力、适应能力、抗压能力、积极主动、灵活应变等。

（4）无领导小组面试法：由若干应聘者组成一个小组，他们需要共同解决一个问题，小组成员先分别阐述自己的观点，再进行交叉讨论，得出一个最佳答案，总结并汇报讨论结果。

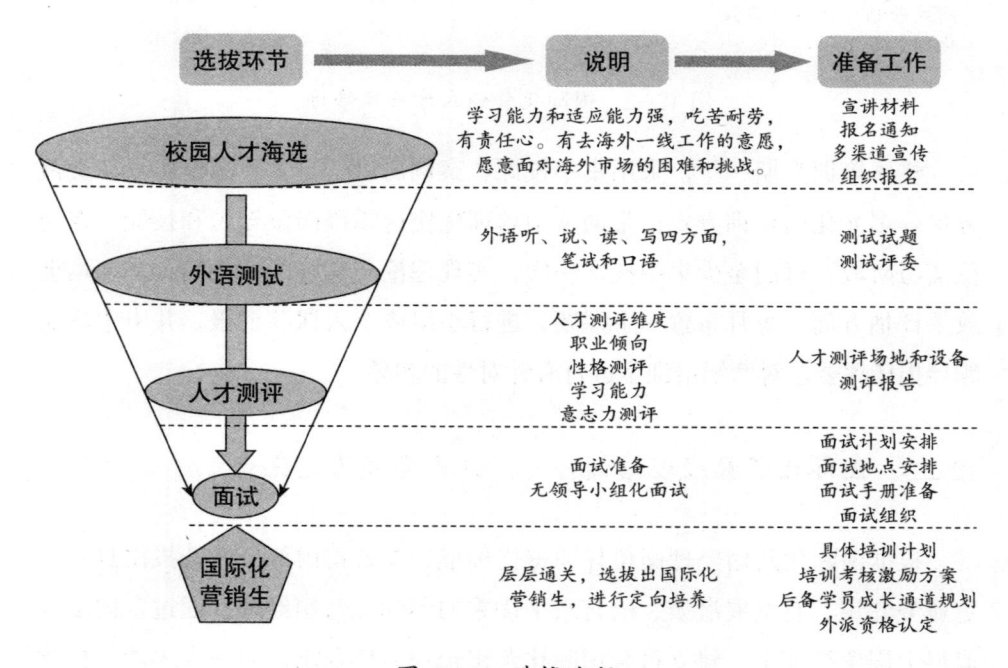

选拔环节	说明	准备工作
校园人才海选	学习能力和适应能力强，吃苦耐劳，有责任心。有去海外一线工作的意愿，愿意面对海外市场的困难与挑战。	宣讲材料 报名通知 多渠道宣传 组织报名
外语测试	外语听、说、读、写四方面，笔试和口语	测试试题 测试评委
人才测评	人才测评维度 职业倾向 性格测评 学习能力 意志力测评	人才测评场地和设备 测评报告
面试	面试准备 无领导小组化面试	面试计划安排 面试地点安排 面试手册准备 面试组织
国际化营销生	层层通关，选拔出国际化营销生，进行定向培养	具体培训计划 培训考核激励方案 后备学员成长通道规划 外派资格认定

图 12-1　选拔流程

3. 聚焦海外业务的"五项修炼"培养

企业结合国际化营销岗位要求，针对校园人才进行为期一年的岗位技能培训，匹配"外语、产品、商务、国际营销、金融服务"这五项国际化营销人才所需的核心知识及技能课程，具体见图12-2所示。

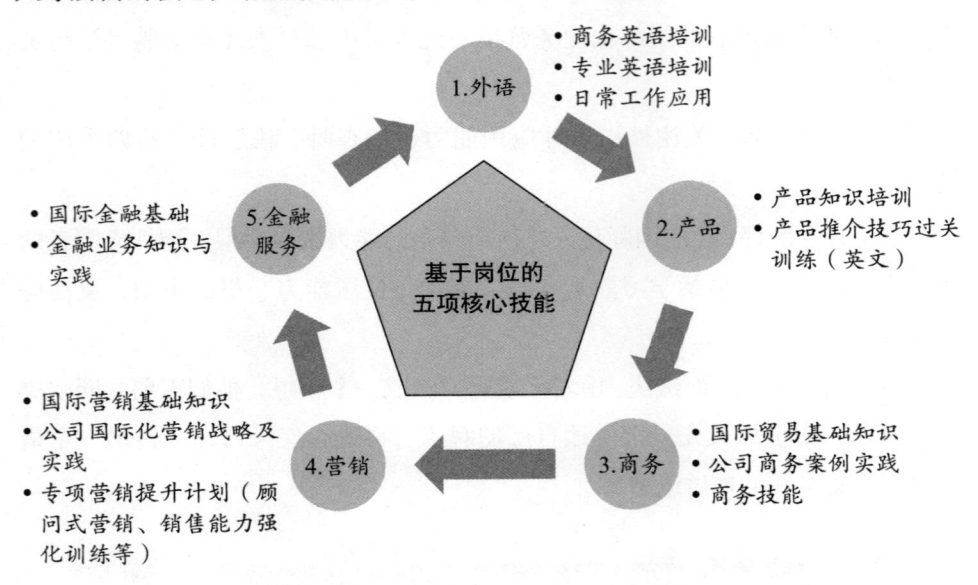

图12-2 国际化营销人才五项修炼

整体培训为期一年，采用集中授课、案例研讨、自学、岗位实习、交流分享等多元化的培训方式，帮助营销培训生快速掌握岗位知识和技能。在岗位实习阶段，每周至少集中授课一次，实现理论与实践的有效结合。在培训效果评估方面，每月布置一个课题，进行小组或个人课题汇报，并由中高层领导担任评委，对营销培训生进行有针对性的辅导。

12.2.3 国际化营销经理培训——"让优秀成为更优秀"

根据国际化营销经理岗位任职资格标准，在公司内部公开选拔出具备一定业务知识、有发展潜质、语言水平优秀的国际化营销经理，通过定向培养取得上岗资格证书，建立符合国际化营销经理岗位要求的后备人才库，持续保持国际化营销团队的活力。建议每年培养一定比例的人员作为国际化营销经理队伍人才储备,搭建人才培养梯队。

1. 项目目标

(1)能力提升:以国际化营销经理岗位职责为基础,设计营销经理课程和评估体系,通过多样化形式的培训,重点提升产品、外语、商务、国际营销、金融服务、管理六项能力。

(2)岗位轮换/职位竞聘:培养合格学员,通过岗位轮换提升与营销经理相关岗位的实操技能。建立营销经理岗位公开竞聘机制,鼓励绩效优秀且符合任职资格条件的员工参加国际化营销经理的竞聘。

2. 选拔标准

以国际化营销经理岗位能力要求为基础,建立包含基本条件、国际化素质、关键能力等因素的选拔标准,并采用资质审核、面试及人才素质测评、笔试等客观测评方式,具体见图12-3所示。

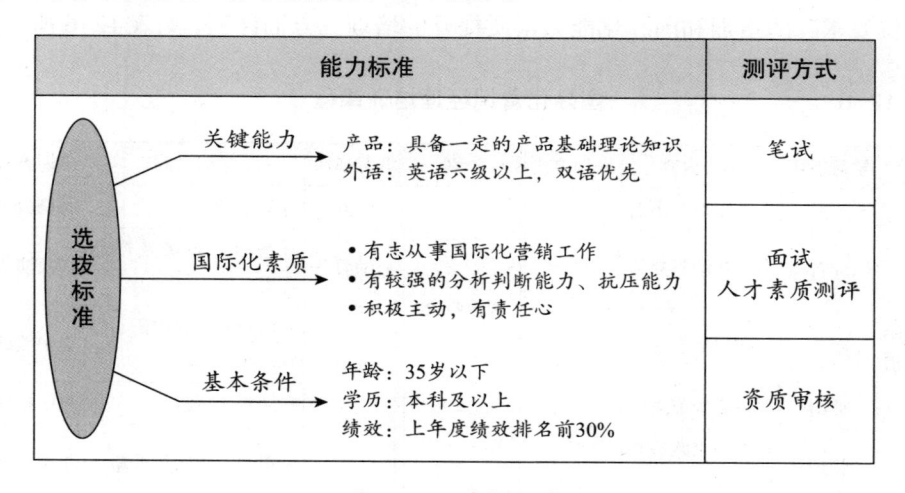

选拔标准	能力标准	测评方式
关键能力	产品:具备一定的产品基础理论知识 外语:英语六级以上,双语优先	笔试
国际化素质	• 有志从事国际化营销工作 • 有较强的分析判断能力、抗压能力 • 积极主动,有责任心	面试 人才素质测评
基本条件	年龄:35岁以下 学历:本科及以上 绩效:上年度绩效排名前30%	资质审核

图 12-3 选拔标准

3. 培养机制

后备国际化营销经理的培养以国际化营销经理岗位需要具备的能力为基础,采取为期六个月的集中授课和岗位培养的方式。培养流程见图12-4所示。

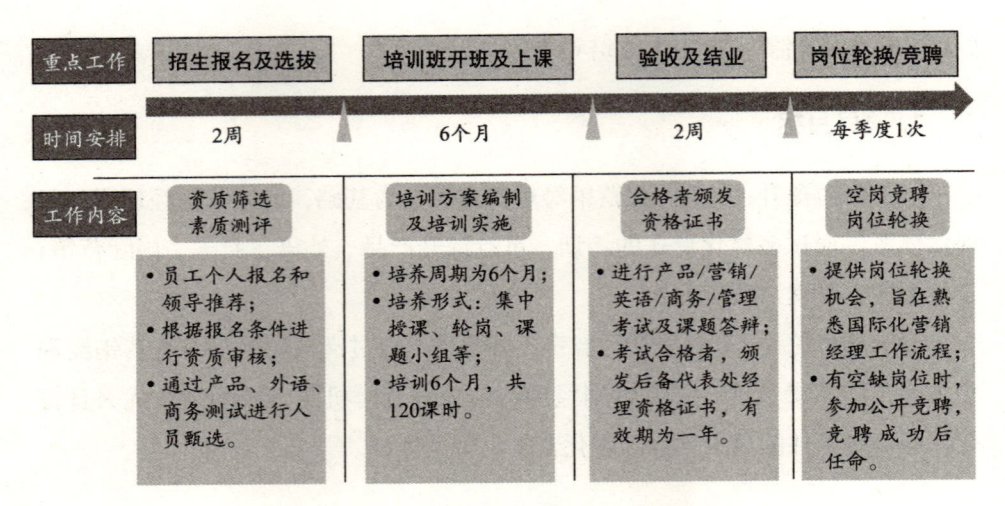

图 12-4　国际化营销经理培养流程

重点工作	招生报名及选拔	培训班开班及上课	验收及结业	岗位轮换/竞聘
时间安排	2周	6个月	2周	每季度1次
工作内容	资质筛选 素质测评	培训方案编制及培训实施	合格者颁发资格证书	空岗竞聘 岗位轮换
	• 员工个人报名和领导推荐； • 根据报名条件进行资质审核； • 通过产品、外语、商务测试进行人员甄选。	• 培养周期为6个月； • 培养形式：集中授课、轮岗、课题小组等； • 培训6个月，共120课时。	• 进行产品/营销/英语/商务/管理考试及课题答辩； • 考试合格者，颁发后备代表处经理资格证书，有效期为一年。	• 提供岗位轮换机会，旨在熟悉国际化营销经理工作流程； • 有空缺岗位时，参加公开竞聘，竞聘成功后任命。

第一步，选拔能够胜任国际化营销经理岗位的优秀人才，包括资质审查、英语/产品/商务测试、人才测评以及综合素质面试。

第二步，培训课程设计，培训课程主要包括必备基础知识的培训、"基于岗位要求"的培训和国际化能力素质提升的培训三方面课程，见表12-6所示。

表 12-6　　国际化营销经理培训课程

类别	学习模块	学习内容	培训方式	类别	学习模块	学习内容	培训方式
基础知识	产品	产品知识及卖点	自学	岗位技能	商务	订单交付流程	案例分享
	国际营销	国际营销原理			金融服务	金融服务政策及产品应用	实操演练
	商务	国际贸易实务			英语	常用商务场合用语、商务写作	集中授课
	英语	剑桥商务英语				产品专业英语	集中授课
	管理	管理类书籍或在线课程		国际化能力		公司国际化营销战略	集中授课
岗位技能	角色认知定位	国际化营销经理岗位的定位及工作职责	集中授课		营销	如何做好市场调研、竞品研究	案例研讨
	产品	产品知识及卖点	实物讲解			如何搭建经销商运营体系	集中授课
		区域产品认证法规及政策	集中授课			如何进行渠道开发及管理	集中授课

续表

类别	学习模块	学习内容	培训方式	类别	学习模块	学习内容	培训方式
岗位技能	营销	市场、产品调研方法及工具	集中授课	国际化能力	营销	海外营销案例分享	案例研讨
		经销商分销管理	集中授课、案例分享			海外服务网络规划、产品售后服务	集中授课
		销售订单目标管理	集中授课		商务	国际贸易实务及案例	案例研讨
	商务	国际贸易结算	集中授课			商务谈判的核心技巧	集中授课
		销售合同签订及评审流程	集中授课			商务礼仪职业化形象提升	集中授课

第三步，以国际化营销经理岗位关键能力要求为基础，建立1—5级能力评价标准，采取产品讲解、课题答辩、笔试、情景扮演等更注重实效的学习效果评估方式（见图12-5）进行验收，合格后颁发资格证书。

素质能力			
要素	最高	达标	评价方式
产品	5	3	笔试+实战讲解
营销	5	3	笔试+课题答辩
英语	5	3	笔试+口试
商务	5	3	笔试+案例分析
管理	5	2	课件开发+读书笔记

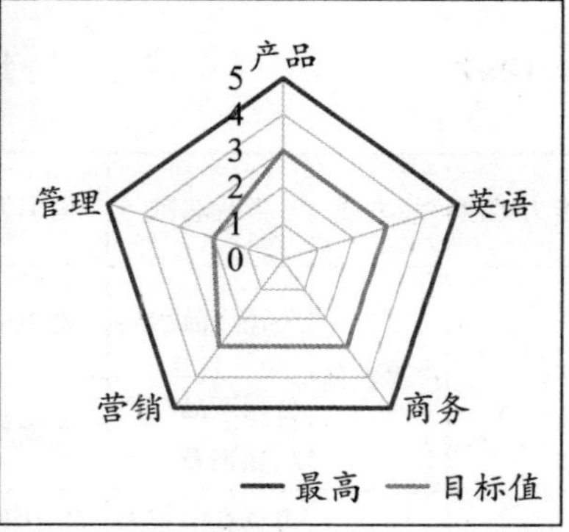

图12-5 学习效果评估方式及标准

第四步，培训合格后，为员工提供岗位轮换，了解并掌握与国际化营销经理相关的业务流程，做到理论和实践有效结合；每季度组织1次国际化营销经理岗位的公开竞聘，成功竞聘上岗后，由相关业务部门为其制订在岗培养计划，并协调资源实施培养，进一步培养其成为合格的国际化营销经理。

12.2.4 国际化营销总监培训——"从优秀成长为卓越"

为实现公司国际化战略目标，企业必须建立一支具有全球化思维和经营理念,具备国际化运作经验的高级人才队伍。按照分类、分层培养方式,在前期"国际化营销培训生""国际化营销经理"培养基础上,国际化营销总监培养重点在于海外中高层营销人才的培训和提升,以提升"区域经营和管理技能与市场拓展和维护能力",更新和提升"产品知识",培养和塑造"国际化职业经理人",打造一支"拉得出、冲得上、打得赢"的国际化营销管理团队。

1. 选拔依据

从事国际化营销经理岗位 3 年以上,同时从工龄、语言能力、工作业绩、产品知识、国际化潜质和任职能力匹配六个维度对其进行考查。

2. 培训课程

以国际化营销总监岗位要求为基础,培训课程主要包含产品技能、营销技能、商务技能、管理知识和国际化素质五个方面,如表 12-7 所示。

表 12-7　　　　　　　　培训课程设计

能力维度	能力项	课程名称	培训方式	培训天数	能力维度	能力项	课程名称	培训方式	培训天数
核心技能	产品技能	公司产品规划	集中培训	1	核心技能	商务技能	客户关系管理	集中培训	1
		公司产品与竞品知识及卖点	实物培训	1			国际商务谈判	模拟演练	1
	营销技能	市场竞争策略分析	集中培训、案例分享	1			国际贸易实务	案例分享	0.5
		市场调查分析方法	集中培训、案例分享	1		管理能力	高绩效团队管理	集中培训	1
		整合营销传播	集中培训	1			目标管理	集中培训	1
		渠道管理与经销发展策略	集中培训	1			领导力激励	集中培训	1
		塑造成功的国际化营销总监	集中培训	1	国际化能力		文化冲突管理	集中培训、体验式培训	1
		服务网络规划	集中培训	0.5			跨文化沟通	集中培训	1
	商务技能	行动销售	集中培训	2	合计				16

3. 培训讲师

培训讲师的聘请以行业海内外营销领域资深专家、公司内部高管、10年以上工作经验的营销总监为主。培训讲师主要带领培训学员进行案例研讨，并引进行业内先进的管理、经营理念和销售经验。

4. 培训模式

针对国际化总监培训项目，多采用沙盘模拟、案例研讨和移动终端等方式。通过模拟企业经营来全面提升学员的管理能力。

5. 培训评估

通过课题答辩、情景模拟、调查访谈、业绩评价等方式，由浅入深地对培训进行评估，巩固培训成果。

案例　育才为将，开疆拓土——福田汽车国际化营销人才培养全景案例

"全球的竞技场变平了，世界变平了。"——《世界是平的：一部二十一世纪简史》托马斯·弗里德曼

在这本谱写全球化发展趋势的畅销书中，作者提出了全球化发展三个时代的变迁，即从全球化1.0到全球化3.0的变迁。"如果说全球化1.0的主要动力是国家，全球化2.0的主要动力是公司，那么全球化3.0的独特动力就是个人在全球范围内的合作与竞争。"

从国家之间的竞争，到企业之间的竞争，再到个人之间的竞争，全球化的浪潮一波又一波，作为个体的每一个人变得越来越关键，个人的能力和素质就变得极为重要了！也可以说：世界的平与不平，关键在于我们自己！企业要想在全球化浪潮中勇立潮头，也必须有一支能力素质过硬的国际化营销队伍。

2010年，福田汽车隆重开启了"2020战略"发展阶段，公司看准了世界经济一体化发展的大趋势，具体制定了"5+3+1"的国际化发展战略，即在全球范围内整合资源、展开竞争的具体策略。随着"2020战略"的发布和实施，具备全球竞争力的国际化人才成了公司人才培养的核心，尤其是海外一线的销售精英，对于福田海外业务的扩张发挥着举足轻重的作用。

那么，如何满足公司海外业务快速发展的需求，培养出具备扎实国际化业务能力的海外销售一线精英呢？福田汽车为此主要做了两方面的工作：一是完善了国际化营销人才培养的基础框架，创建了福田汽车国际化营销人才的分类、分级、分职种培养模式；二是在这一模式的指引下探索、开展了一系列人才培养项目。

在搭建福田汽车国际化营销人才培养模式方面：

首先，搭建了国际化人才分系统、分类别、分层次的培养体系。按照人员层级分为基层、中层和高层；按照职能细分为海外营销、海外研发、海外制造、海外采购及海外管理支持类人才；并且在多元文化的融入来源和任用上，又细分出"A、B、C、D"四类国际化人才。对国际化人才的分类有助于公司聚焦于不同细分人才队伍的能力发展需求，更加有针对性地开展人才培养项目（如图12-6）。

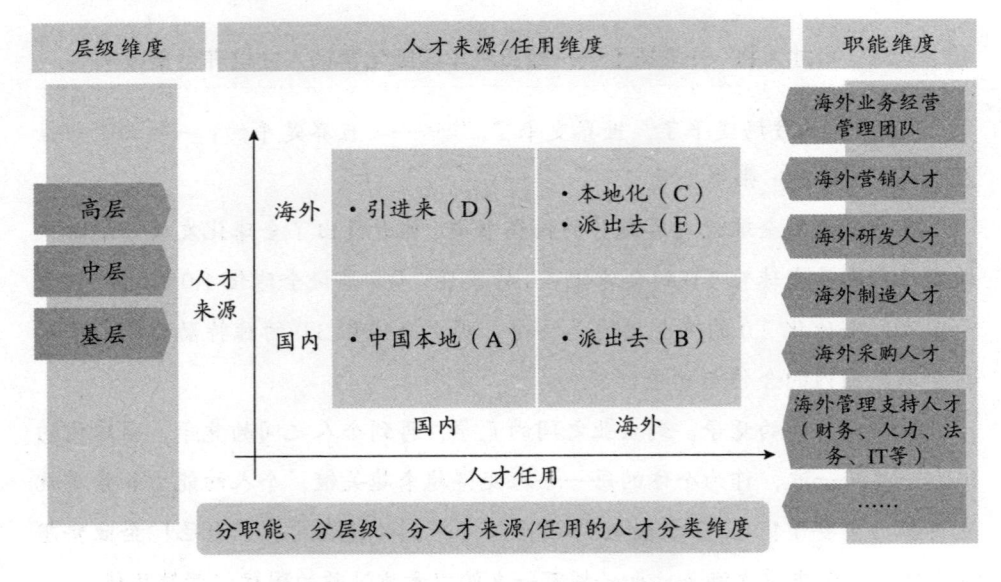

图12-6 国际化人才培养体系

其次，通过对国内外标杆企业的调研、海外高管访谈、业务部门培训需求梳理、海外业务人员问卷调查、海外业务人员绩效五个环节的访谈搜集，结合科学的测评工具及能力素质分析工具，搭建了海外营销人才能力素质模型（如图12-7）。通过对能力要素的量化描述，引入能力评价机制及能力评价结果应用。对现有人员能力评价进行差距分析，将其广泛应用于人员配置、员工招聘、绩效改进、员工培训及职业发展等多个方面。国际化营销人才能力素质模型的建立为培训提供了标准和方向，针对福田汽车国际化业务的战略目标和现有人员的能力素质差距进行培训开发，补足能力短板、发挥能力优势，确保每一位福田汽车的国际化营销人才都是合格的。

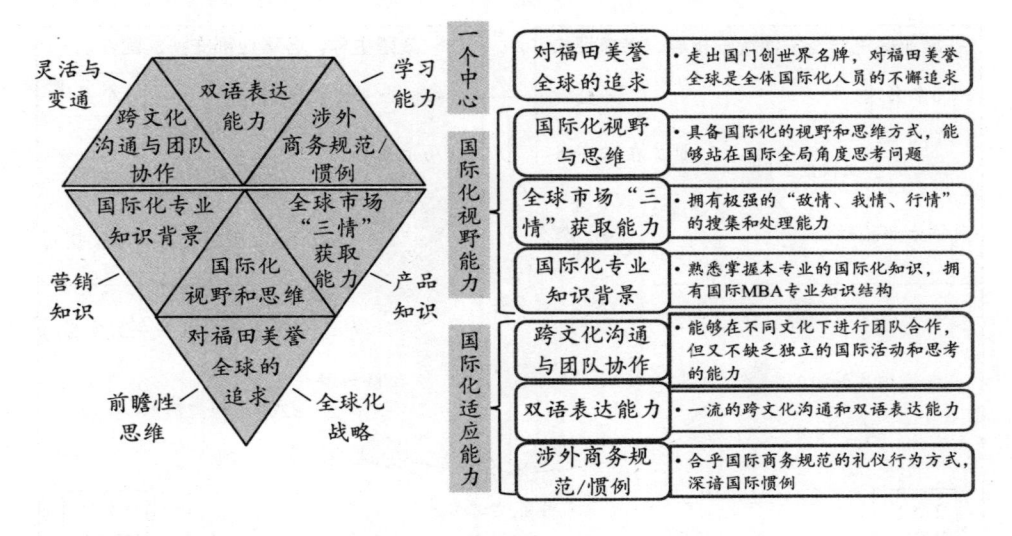

图 12-7　福田汽车海外营销人才能力素质模型

最后，福田汽车以任职资格为基础，开发了国际化营销人员的学习地图，将员工的任职资格要求与职业发展、能力提升目标紧密结合，并且完善了全系列的课程规划、师资力量等培训基础资源体系的建设，为全面培养国际化营销人才奠定了坚实的基础。

从 2011 年开始，福田汽车创新地开展了一系列国际化营销人才的培养项目，诸如国际化营销培训生、国际化人才直通班、海外营销经理先锋培训班等，不仅构建了福田汽车的人才培养项目体系，而且真正为福田汽车的国际化营销业务输送了一批批优秀的人才。下面，以上述三个项目为例，进行具体阐述：

■ "国际化营销培训生"项目——从"娃娃"开始全面的培养项目

每年 8 月，福田汽车即开启为期一年的新员工入职培训项目，培养主要包括三个阶段：综合文化培训阶段、一线实习阶段和岗位实习阶段（如图 12-8），这个项目是针对全体新员工的。

在新员工入职培训阶段，公司以"十年磨剑，已出鞘；一生职涯，今启航"为培训主题，且根据主题开发了"一个中心、两个基本点"的培训思路，"一个中心"即"启航"，"两个基本点"指的是针对新员工职业化的培训和针对新员工工作岗位的培训，这"两个基本点"的培训是"新员工启航"的核心内容。

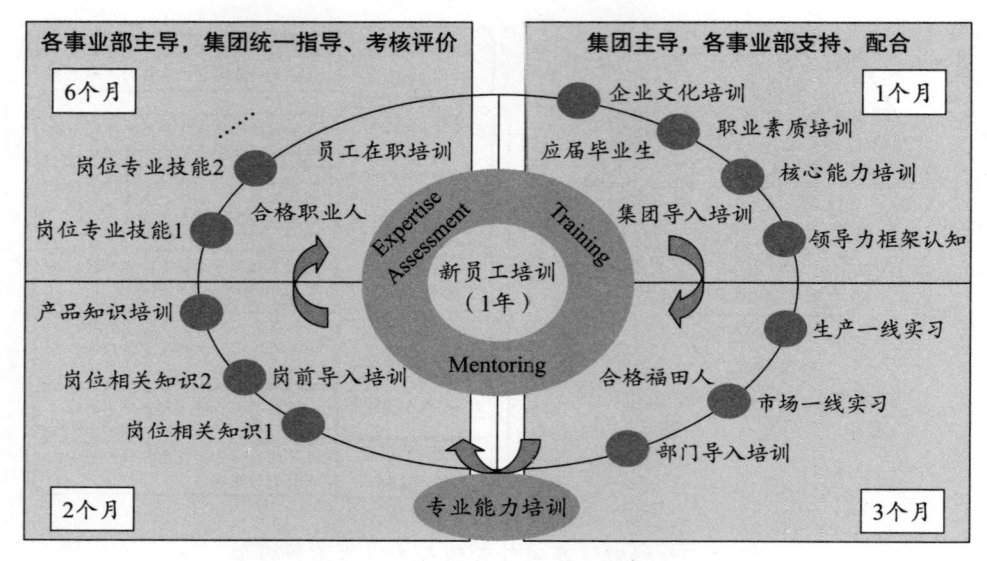

图 12-8　福田汽车新员工培训

众所周知，知名跨国企业的校园招聘通常包括三类人员招聘：实习生（Intern）、普通员工（Staff）及管理培训生（Management Trainee），其中管理培训生（MT）是企业以培养未来领导者为目标的特殊人才培养与发展项目。

管理培训生虽面向应届毕业生，但是属于优中选优的项目，即通过树立清晰的职业发展总目标和阶段目标，以及完善的导师制、职位轮换、全面培训、项目管理等职业发展方法和管理平台，从应届生中选拔出一批综合素质好、有较高培养价值的高潜力校园人才，是从"娃娃"抓起，致力于培养公司未来领导者的项目。

因此，福田汽车在充分借鉴管理培训生（MT）的项目精髓基础上，结合企业具体的国际化业务需求，针对今后将从事海外一线销售业务的新员工，除了做好统一的新员工培训项目之外，又设计了"国际化营销培训生（IMT）"

的培养项目，旨在培养过硬的一线营销人才队伍。

"国际化营销培训生（IMT）"计划是为打造未来集团海外营销骨干和管理者而量身定制的集选拔、培养、职业发展、考评、淘汰于一体的系统化人才培养工程，整个项目为期五年（如图12-9）。

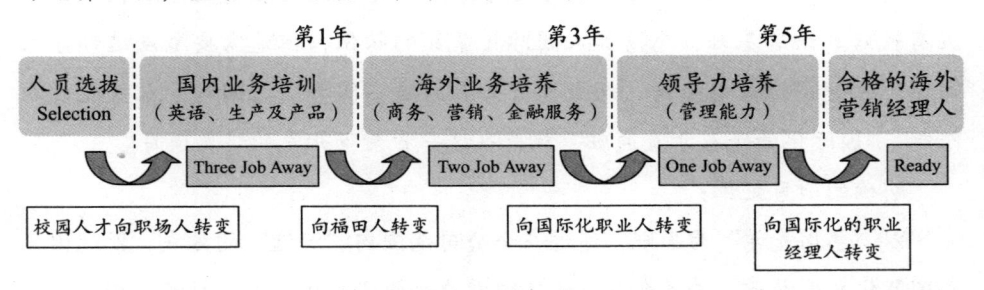

```
                第1年              第3年            第5年
人员选拔     国内业务培训        海外业务培养      领导力培养      合格的海外
Selection  （英语、生产及产品）  （商务、营销、金融服务）（管理能力）    营销经理人
           Three Job Away    Two Job Away    One Job Away    Ready
校园人才向职场人转变    向福田人转变    向国际化职业人转变    向国际化的职业
                                                           经理人转变
```

图12-9 福田汽车IMT计划

参加该项目的新员工属于有志从事海外业务、具备高发展潜力的优秀人才，通过系统的培养使其全面掌握汽车产品、商务、外语、营销、金融服务和管理六项核心技能，迅速成长为综合素质达标、具有福田印记、能够派驻海外市场的"六项全能"型海外营销经理人。

福田汽车"国际化营销培训生（IMT）"项目定位准确、特色鲜明、得到了集团和员工的认可。

- "起点越高，天地越宽"——国际化营销培训生的定位较高，远远高于对公司普通职员的培养。
- "海阔凭鱼跃，天高任鸟飞"——为国际化营销培训生提供广阔的成长空间，旨在建设快速的职业发展通道。
- "根正苗红，精心培养"——选拔合适的海外销售一线学员，由中高级管理者亲自带队辅导。
- "全球视野，基层经验"——注重"理论＋实践"的系统培训，使学员具备全球化的视野及扎实的基层工作经验。
- "分秒必争，浓缩精华"——加大培训的强度，提升学员的学习效率。
- "突破短期，长效机制"——突破短期培训项目的定位，致力于建设企业未来领导型人才的培养与发展。

■"国际化营销人才直通班"——建立福田汽车国际化营销人才的发现、培养与输送机制

根据国际化人才的选拔和使用经验，企业内部现有人才是国际化营销队伍扩充的重要来源之一。这些人才通常具备一方面或几方面的专业技能，而且有较好的语言基础，愿意加入国际化营销的队伍，但是需要激发这部分人对国际化营销业务的热情，而且也有必要打破不同部门之间对于人才流动的限制。"国际化营销人才直通班"就是在这一背景下开发的培养项目。

明确的项目定位：

以"急用先学"为原则，通过在全公司范围内"海选"的方式，甄选出具备国际化发展潜质、并适合国际化岗位需要的优秀人才，经过脱产培训、岗位竞聘和在岗培训，为集团国际化业务输送人才。所谓"直通班"包括三层含义：

- "报名直通"——在全公司范围内号召优秀人才报名参加选拔，无须部门领导批准。

- "职业发展直通"——公司为员工提供海外业务的职业发展"直通"机会，需要员工与公司签署"员工外培协议书"，承诺服从公司的岗位调配安排，即可获得新的职业发展平台。

- "岗位直通"——提前公布海外业务相关的空缺岗位，在测评环节确定岗位意向，脱产培训后"直通"新的工作岗位。

培养方式：

"国际化人才直通班"采取三个月脱产培训的方式，使员工从原岗位脱离，转而进入系统的学习，培训项目一是"基于岗位需求"的培训；二是国际化人才能力素质提升的综合性培训。

培训特色：

- 职业机会：为优秀员工提供一个全新的、富于挑战性的职业发展平台。

- 报名程序：报名申请不需要所在部门或人力资源部门批准，通过测评后由集团人力资源部统一协调，安排脱产培训。

- 课程设计：设置了商务英语、国际营销、国际贸易及国际化职业素养等特色课程。

- 培训方式：除课堂讲授外，引入角色扮演、课堂演练、福田汽车教学案

例研讨等更加注重实效的培训方式。

- 选拔流程：为提升选拔环节的专业性，全方位地筛选出能够胜任国际化业务的优秀人才，本培训特设置四个选拔环节，包括资质审查、英语测试、人才测评（职业倾向/发展潜能测评）以及国际化发展潜力综合面试环节。既能有效甄别学员的综合素质，又能使学员更加珍惜、重视公司提供的培训机会，增强学员学习的主动性。

■ "海外营销经理先锋培训班"——国际化营销将帅的摇篮

海外营销经理作为海外业务开疆拓土的良将，驻扎在海外市场一线，是海外业务运营与管理的中坚力量。2011年，公司启动了首期"育才为将，开疆拓土"——"海外营销经理先锋培训"，从专业知识技能、管理知识技能以及个人素质三个维度，对海外营销经理开设阶段性培训课程，"学中用，用中学"，并将培训效果与个人职业晋升、薪酬激励相挂钩，极大地调动了学员的积极性。福田结合外派人员的回国时间，每年保证3期培训。

"海外营销经理"培训周期为一年，培训采用理论学习—课堂体验—实际应用—理论学习的良性循环方式。"育才为将，开疆拓土——海外营销经理先锋培训班"定位明确，项目明确围绕企业、人力资源和员工三个角色的使命与定位开展："开疆拓土"是现阶段企业的使命和定位；"育才为将"是人力资源职能的使命和定位；"先锋班"是这个培训项目学员的使命和定位。这三者的使命在项目内涵里被演绎得非常充分（如图12-10）。

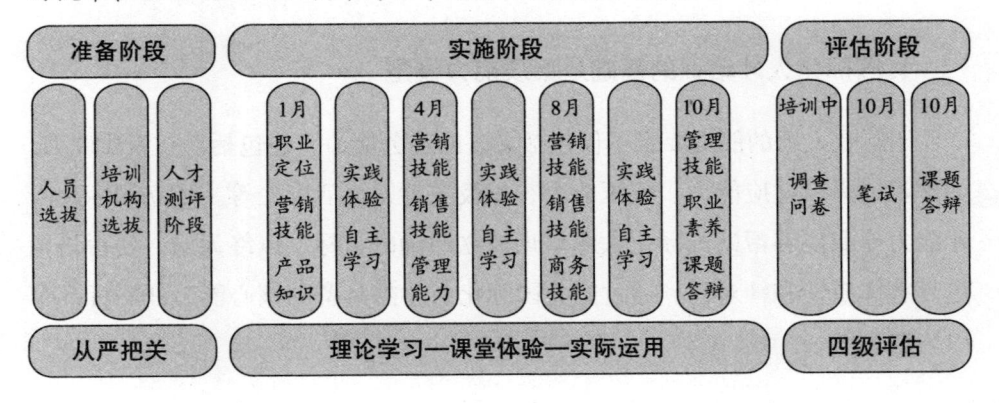

图12-10 "海外营销经理"培训

培训特色：

- 从严把关——层层筛选、综合考评、高层评议、宁缺毋滥。
- 按需分配——通过人才梯队分析、任职现状分析、调查问卷分析，得出实际课程需求。
- 师资阵容——邀请全球顶尖科特勒咨询集团高级讲师、国内营销领域资深专家以及公司内部高层领导担任课程讲师。
- 证书发放——完成培训课程学习后，学员学习档案归档保存，经考核合格，将颁发科特勒结业证书及培训班毕业证书。
- 学以致用——学习、体验、应用一站式培训，培训结果与绩效评估、薪酬、晋升机制挂钩。

除此之外，福田汽车还通过"英语协会"的全员普及式培训、"商务英语脱产培训班"的强化式培训和"量身定制"的订单式学习等方式全面提升员工的英语基础能力；通过国际化人才培养论坛激发员工对国际化业务的兴趣，通过沙龙和论坛与员工分享各种话题，员工通过参与论坛，可以更加了解公司的国际化战略，也开阔了自身的国际化视野，提升了国际化业务需要的能力和素质，为福田汽车国际化业务的发展快速做好准备。

12.3 老 HRD 的智慧分享

1. 国际化人才培训的基础是素质能力模型

国际化人才的能力要素不仅包括必备的业务能力，还包括潜在素质能力，如学习能力、适应能力、抗压能力、积极主动、灵活应变等。建立国际化人才能力模型能够帮助国际化人才培训树立明确的目标，以终为始，使得培训更具有体系性和针对性。通过建立国际化人才需具备的核心能力任职标准牵引培训工作。

2. 如何通过培训帮助外派员工突破跨文化沟通的瓶颈

根据员工外派停留时间及所需面对的压力与挑战情境，在强化岗位知识和技能的基础上，企业需更加关注员工在国际化视野、跨文化沟通、压力与情绪缓解等方面的突破，因为这与员工的外派效率和外派成功率密切相关。通过设置外派前、外派期、回国后的配套培训，实现外派政策、跨文化沟通、语言能力、专业技能及管理能力的"五项修炼"，如此企业才能有效地帮助"被扔进深水里的"外派员工不仅不被"淹死"，反而成了游泳健将。这些游泳健将充分理解他们将赴任国家的文化氛围，熟知派驻国国民的价值观与行为观，可以迅速地适应派驻国的工作和生活环境，并能充当两种不同文化的桥梁，促进业务的顺利发展。

第 13 章
营销一线人员培训

- 营销一线人员是企业品牌形象和文化活力的窗口
- 如何实现业务员—市场经理—市场总监的职场晋阶
- 营销一线人才队伍培训的独特性体现在哪些方面
- 文化理念与能力提升是培养营销人员的两个途径
- 实现从"营销一线到后台管理"职业转型与发展

13.1 营销一线人员的定位

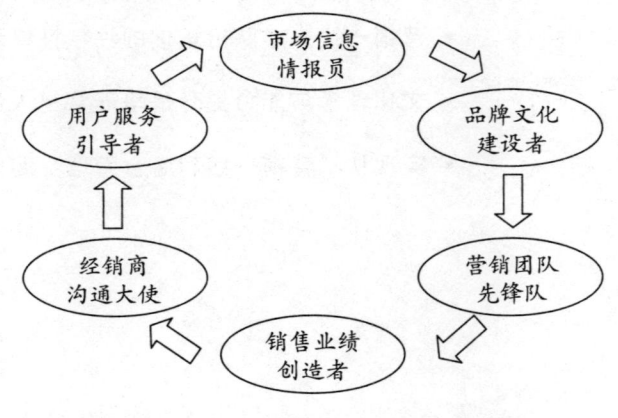

13.1.1 营销一线人员角色定位

营销一线人员直接面对市场，是价值链的最前端，是市场的开拓者，是企业直接销售目标的相关者，其个人素质、综合技能、营销能力在很大程度上决定了企业的市场竞争力。

准确定位一线人员，有助于建立营销一线人员的能力素质模型和岗位任职资格要求，并有利于其发展。营销一线人员主要有以下六种角色：

图 13-1 营销一线人员角色定位

（1）市场信息情报员：及时准确地获取市场终端信息情报，为企业市场销售策划及目标达成提供信息支持。

（2）品牌文化建设者：在工作中建设企业形象及传播品牌文化，提高企业品牌形象及美誉度。

（3）营销团队先锋队：冲锋陷阵，从事市场策划、渠道开发等工作，完成销售目标，培养团队营销能力和服务能力。

（4）销售业绩创造者：通过能力提升，在所属区域市场范围内，在实战中创造销售业绩。

（5）经销商沟通大使：辅导并帮助经销商解决经营管理过程中遇到的各种问题，与其建立良好的合作关系，实现双赢。

（6）用户服务提供者：及时处理客户遇到的问题，化解矛盾，从而有效避免客户投诉，提高客户满意度和品牌忠诚度。

13.1.2　营销一线人员职业发展

以营销一线岗位职能、业务要素、管理幅度及能力素质、技能经验需求为标准，将一线人员划分为业务员、市场经理、市场总监三个层级。

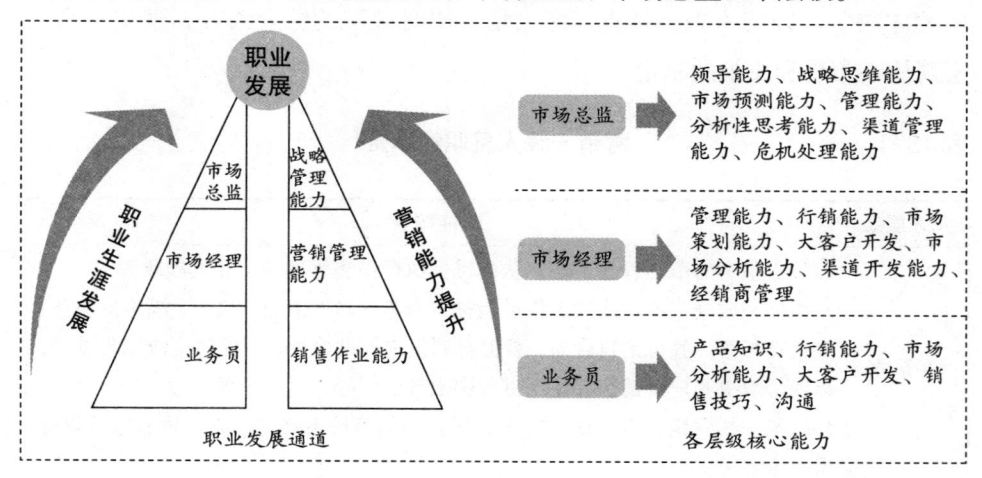

图 13-2　营销一线人员职业发展

（1）业务员

业务员是指在营销组织中直接承担执行计划、销售、传播等具体业务的工作人员，负责基础的市场管理工作，积极完成规定的销售量指标，为客户提供主动、热情、满意的服务。

业务员如同战场的"尖兵"——剑锋所指，所向披靡，具备"亮剑"精神，需具有职业素养和营销工作技能，能够完成计划销售任务。

（2）市场经理

市场经理是承担制订计划、产品、销售、服务网络开发、品牌建设与传播、客户关系维护等任务的人员，他们根据客户的需求提供服务，确保公司利润最大化和客户满意度最大化。

市场经理如同战场的"先锋"——南征北战，开疆拓土。市场经理是能在局部范围内掌控局势，带领团队顺利完成市场任务的人员，偏重于战术或方式方法的研究。

（3）市场总监

市场总监是负责市场运营工作的高级管理人员，主要负责市场规划、营销团队管理、营销战略制定等工作，能够引领团队超额完成市场销售目标，提升市场占有率。

市场总监如同战场的"将军"——运筹帷幄，决胜千里。优秀的市场总监德才兼备，以德为先，具有"懂人情、明时政"的综合素养，偏重于市场宏观战略布局和决策的制定。

表 13-1　　　　　　　　　　营销一线人员职能职责

人才层级	职能职责
业务员	1. 负责基本的市场管理工作，认真贯彻执行销售管理规定和实施政策； 2. 积极完成规定或承诺的销售量指标，为客户提供主动、热情、满意的服务； 3. 负责与客户签订销售合同，督促合同正常如期履行，并催讨应收销售款项； 4. 妥善解决客户在销售和使用过程中出现的问题，须办理的手续； 5. 收集一线营销信息和用户意见，对公司的营销策略、广告、售后服务等提出参考意见。
市场经理	1. 负责细分区域年度、月度销售目标的审定； 2. 负责细分区域内竞争策略、促销方案的制订、评审； 3. 负责细分区域内销售、服务网络开发、建设计划及运行评价； 4. 负责了解细分区域内客户对产品需求的研究、竞争品牌信息收集、研究； 5. 协助上级细分区域内的团队建设及人员管理等工作。
市场总监	1. 负责区域全面工作，负责年度、月度销售目标的制定及推进； 2. 负责区域内市场运行评价管理、竞争策略、促销方案的评审、评价； 3. 负责销售、服务网络建设规划及运行评价； 4. 负责消费者特征及习惯研究及客户信息数据信息管理； 5. 负责区域广告宣传、实物宣传、新产品推广计划等方案的制订； 6. 负责特大纠纷和特大服务抱怨的协调处理。

13.2 营销一线人员的特性

13.2.1 工作环境的不定性

营销一线人员直接面对市场，是市场的开拓者，其一线岗位工作存在以下特点：

（1）工作地点异地性：营销一线人员工作在一线终端，依据工作区域，分布在全国各个省市。

（2）工作时间不定时：营销一线人员属于不定时工作制，工作时间相对不固定。

（3）市场环境变化性：营销一线工作需及时关注市场环境变化，进行业务政策调整。

（4）产品更新换代性：营销一线工作人员需及时组织相应培训，了解新产品知识，便于进行产品推广。

13.2.2 培训组织相对较难

工作岗位和工作性质的特殊性，决定了营销一线人员的培训相较于传统培训项目存在一定的困难，主要体现在以下几个方面：

（1）人员较难集中；

（2）人员流动性强；

（3）传统经验与业务创新的矛盾性。

13.2.3 营销一线人员特性

基于营销一线培训的特性，企业可以从职业发展和绩效导向两个方面着手，开展针对性培训，逐步提升营销人员的综合素质和营销技能，激发营销人员的潜力，以适应营销业务发展的需要，从而提升销售业绩，提高产品市场占有率，实现企业和员工的共同发展。对此可以从以下几个层面着手进行人员培养：

（1）建立明确的绩效目标管理；

（2）加快各个层级人员培养及储备；

（3）建立基于职业发展的人员培养机制。

13.3　营销人员培训五步法

针对入职 1—3 年的业务员，建立以入职、胜岗、业绩提升为目标的能力培养提升体系；针对工作 4 年以上的市场经理，进行市场开发、渠道管理及区域细分市场管理与分析能力培养；针对工作 6 年以上的市场总监，应注重打造具备市场战略规划能力和团队建设能力的营销一线统帅。

业务员：
建立以胜岗、业务目标为导向，以销售能力提升与员工职业发展相结合为基础的能力培养体系

工作1-3年

能力储备，销售提升

市场经理：
以营销能力提升为目标，提升团队管理能力，带领团队完成市场任务

工作4年以上

市场开发，渠道拓展

市场总监：
打造具备战略规划和团队建设能力的高端营销一线统帅

工作6年以上

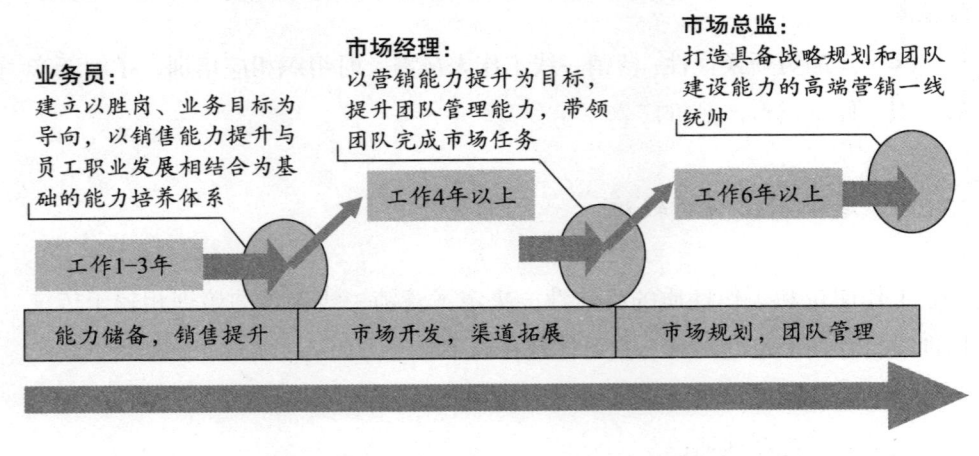

市场规划，团队管理

图 13-3　营销一线人员成长及年限对照

13.3.1　营销人员培训五步法流程

以营销一线人员培训的特殊性为基础，结合绩效导向，通过"能力模型建立、培训需求分析、课程体系搭建、组织实施、效果评估"，了解营销一线人员的能力需求，明确能力提升路径，建立基于职业发展的"培训五步法"，

搭建"业务员—市场经理—市场总监"人才发展通道。

（1）建立能力模型

①以人为基础的职业素养

主要包括管理艺术、人际沟通、时间管理、职业心态和抗压管理等能力要素。

②以岗位为基础的营销技能

主要包括市场细分、市场信息、目标达成、商务谈判、危机应对等能力要素。

结合岗位职能职责，以绩效目标为导向，对营销一线业务员、市场经理、市场总监必备的能力素质进行分析，可将能力要素划分为职业素养、营销专业技能两个类别。

表 13-2　　　　　　　　营销一线人员能力要素

能力要素	业务员	市场经理	市场总监
职业素养	主动性 诚实自律 沟通技巧 商务礼仪与职业心态	团队合作 人际沟通 时间管理 项目管理	团队建设与管理 施加影响 关系维护
营销专业技能	执行力 市场信息收集 产品知识了解 目标达成	市场分析能力 目标推动与达成 工作计划的制订与推动 市场信息 商务谈判 危机应对	市场分析、决策能力 工作创新与变革 问题分析与解决 销售政策制定与规划 渠道拓展与管理 客户开发与维护 危机应对

（2）培训需求分析

①企业战略目标

主要是分析企业战略目标、组织管理模式、企业的产品与服务、销售政策、业务渠道等因素，寻找这些因素对营销人员培训需求的影响。

②岗位能力要求

主要分析岗位任职资格、能力要素、职能职责等因素，寻找其对销售人员销售技巧、销售能力的需求。

③员工综合素质

主要分析员工团队合作、沟通交际、抗压能力、创新能力、成就动机等因素，确定个人能力素质短板。

④员工营销技能

主要分析员工对产品知识和销售专业知识的掌握程度、市场分析能力等因素，确定员工个人营销能力短板。

（3）课程体系搭建

营销一线人员工作性质的特殊性，决定了营销一线人员除了要接受职场礼仪、团队合作能力、沟通技巧等通用能力培训外，还需要接受营销基础知识、销售技巧、营销策略、客户开发技巧等方面的培训。

营销一线人员课程设置的两个层面：

①通用课程

以各个层级人员的工作性质及能力要求为基础，设置识别管理类、团队建设类、沟通技巧及个人素质等方面的共性类课程。业务员层级人员更侧重于个人素质及沟通技巧课程；市场经理更侧重于团队建设及管理类课程；市场总监更侧重于领导力及团队建设课程。

表 13-3　　　　　　　　　营销一线人员通用课程

类　别	课　程	培训时间
通用课程	管理类	时间管理	
		项目管理	
		战略管理	
		运营管理沙盘模拟	
	团队建设	如何建立高效的营销团队	
		迈向卓越的领导技能	
		基于组织绩效提升的团队建设与管理	

续表

类别		课程	培训时间
通用课程	领导力	经理人如何培育优秀部属	
		基于战略的绩效考核	
		中高层经理卓越领导力修炼	
	沟通技巧	沟通谋略与领导艺术	
		客户关系建立与维护	
		销售谈判技巧	
		会议主持与策划	
	个人素质	营销人员自我管理	
		商务礼仪与职业素养	
		职业心态与压力管理	

②个性课程

个性课程是针对不同层级的培训对象，基于不同的能力需求，进行个性定制的差异化培训课程，详见业务员、市场经理、市场总监培训项目规划。

（4）组织实施

①培训时间

对于新进人员，需第一时间进行"师带徒"培训，帮助新进人员尽快了解产品知识及业务流程。

销售人员职位晋升。当业务人员职位晋升时，某所扮演的角色及承担的工作职责发生变化，需组织新晋人员培训项目，促使员工更快适应新的工作岗位。

新产品上市。企业有新的产品上市时，需第一时间对销售人员进行产品知识、销售政策等方面的培训，以促使销售员准确了解新产品，提升新产品销量。

销售淡季组织。企业组织培训时，应结合企业产品销售淡旺季周期，避开产品销售旺季，避免因组织培训而影响产品销售，即旺季抓销售，淡季抓能力。

企业召开集中会议。可以在企业集中组织年度或者季度会议时，举办培训论坛，邀请外部优秀讲师授课或内部销售业绩优秀者分享经验，为营销一线人员进行持续性的培训。

②培训地点

销售人员培训应当在不影响区域销售任务的前提下,以市场区域为单位,就近组织该区域的营销一线人员组织培训项目。根据培训对象的不同,培训场地选择也会有所差异,还可邀请该区域的经销商派人参加培训。

③培训讲师选择

选择销售人员培训讲师时,主要考虑讲师的个人资历及工作经验,尽力避免由缺乏实战经验的学院派讲师进行培训。因为销售人员的培训,特别注重讲师的实战经验,一般可以邀请具有丰富一线销售工作经验的销售经理或者销售骨干,也可以聘请同类企业的实践者来分享交流。

④培训方式确定

培训人员的时间、地点的不集中性,决定了培训方式的选择一定要就地就近,灵活多变。培训的主要培训方式有沙盘模拟、案例研讨、移动终端、集中培训、案例研讨、情景模拟、E-learning 等。

⑤制订培训实施计划

结合已经确定的培训时间地点、培训方式、培训课程内容,制订相应的培训实施计划。详见本书第四章"培训计划的制订",在培训期间,利用不同的培训形式,提升销售人员的销售技巧与沟通表达能力。

⑥实施与监控

针对销售人员培训的项目,除进行前期的项目策划、培训设施准备外,在组织培训过程中,还应注意做好培训过程的监控,保障培训人员的出勤率,通过沟通互动提升销售人员的参与度与积极性,确保培训达到预期效果,并在培训结束后对培训效果进行评估。同时,要对整个培训过程做好监控,记录过程中出现的问题,以便为培训完成后的评估工作提供资料。

培训过程记录主要包括培训时间、培训地点、培训课程名称、培训讲师、培训对象层级、计划参加人数、实际参加人数及学员签到等信息。

(5)效果评估

销售人员培训效果评估,主要是针对培训讲师、培训课程、培训组织及培训学员的学习效果进行评估。效果评估内容、方法详见本书第五章"培训效果评估"。

不同层级人员的培训项目，因培训形式、培训内容的差异，培训评估的侧重点也有所不同。

13.3.2 业务人员培训

通过定向招聘，选拔有意向从事营销一线工作的应届校园人才，为营销一线队伍补充新鲜血液，进行人才储备及培养。

（1）人员需求

素质要求：认同企业文化、可塑性强。

专业要求：工程技术、市场营销、工商管理相关专业。

（2）培训课程

针对业务员层级人员在营销活动过程中必须具备的能力，所开设的培训课程，主要涵盖通用知识、产品知识、营销技能三个方面。

表13-4　　　　　　　　　　业务员培训课程

课程类别	课程明细	课程内容
通用课程	课程体系搭建——通用课程	
产品知识	产品知识课程需结合企业自身产品特点进行开发，需要强化重点知识课程的标准化、规范性及一致性。	
营销知识	营销基础知识	销售基本概念与理论
		市场营销学
		消费者心理学
	市场管理	订单、库存管理
		市场信息收集
		媒介广告促销新思路与策略
		新产品推广
		营销数据分析
		市场活动策划与执行
		大客户销售管理
	销售技巧	如何提高实销技巧
		如何进行电话销售

（3）培训地点

营销一线业务员培训，场地以教室为主，培训内容以政策宣贯、产品知识介绍为主。同时，要不定期安排一线实践培训，在营销一线进行实践模拟演练，让学员尽快熟悉掌握业务知识及操作流程。

（4）培训讲师

培训师应以内部讲师为主，主要进行以企业产品介绍、销售政策宣贯、营销知识为主的培训。例如，讲授产品知识等课程，建议聘请内部产品专家进行培训。

（5）培训方式

业务员层级人员培训，多采用集中培训、情景模式和体验式培训等方式，侧重于实战能力的提升。

（6）结果评估

业务员的培训效果评估，侧重于业务知识的掌握程度，主要通过对反应评估及学习评估进行评价。

13.3.3 市场经理培训

针对业务知识熟悉、业绩优秀的业务员，通过择优选拔，培养他们作为市场经理队伍后备人才，建立人才培养梯队。

（1）人员需求

从事业务员岗位3年以上，认同企业文化，业绩优秀，具备市场开拓创新和管理能力，学习能力强的人员。

（2）培训课程

在掌握业务员必备知识培训课程基础上，需学习掌握通用知识、产品知识、营销技能。

表13-5　　　　　　　　　　市场经理培训课程

课程类别	课程明细	课程内容
通用课程	课程体系搭建——通用课程	

续表

课程类别	课程明细	课程内容
产品知识		产品知识课程需结合企业自身产品特点进行开发，需要强化重点知识课程的标准化、规范性及一致性。
营销知识	营销基础知识	市场营销学
		消费者心理学
	市场管理	市场发展趋势与研究
		订单、库存管理
		市场竞争战略分析与最佳策略选择
		区域市场深度营销模式与全景案例
	市场推广	新产品推广
		区域市场精细化管理
		市场预测与细分
营销管理	大客户	大客户开发与管理
		大客户销售管理
	渠道管理	区域市场渠道选择、设计与维护
		渠道客户服务与关系管理
	风险控制	危机谈判公关与解决
		风险控制管理

（3）培训地点

营销一线市场经理的培训，培训场地以内部教室或者机场附近的酒店为主，培训多以理论知识及销售实战技巧为主。

（4）培训讲师

培训师多采用"外部聘请 + 内部讲师"的方式，由外部讲师进行销售理论、团队管理等培训，同时，由企业内部营销骨干专家，进行销售实战技巧、销售经验的培训与分享。

（5）培训模式

市场经理的培训，多采用案例研讨、移动终端、E-Learning 等方式，侧重于市场开拓能力、大客户管理、团队管理等内容，辅助一些前沿知识、理念的分享，以成功实战经验的分享和研讨为主。

(6) 效果评估

针对市场经理层级人员,培训评估方式以行为评估与结果评估为主。

13.3.4 市场总监培训

对业绩优秀、团队管理能力强的市场经理层级人员进行选拔、识别,挑选在职市场经理人数 20% 左右的人员作为公司市场总监后备储备,建立人员培养梯队。

(1) 人员需求

从事市场经理岗位 3 年以上,业绩优秀,高度认同企业价值观,市场调度能力、策划能力、管理能力强,能够带领团队超额完成区域销售目标的人员。

(2) 培训课程

在掌握市场经理培训课程的基础上,需重点掌握以下技能,具体涵盖通用知识、产品知识、营销管理三个方面。

表 13-6　　　　　　　　　市场总监培训课程

课程类别	课程明细	课程内容
通用课程	课程体系搭建——通用课程。	
产品知识	产品知识课程需结合企业自身产品特点进行开发,需要强化重点知识课程的标准化、规范性及一致性。	
营销知识	营销基础知识	市场营销学
		消费者心理学
	营销与战略	市场发展趋势与研究
		新媒体营销
		市场竞争战略分析与最佳策略选择
		区域市场深度营销模式与全景案例
	市场推广	新产品推广
		区域市场精细化管理
		数字媒体新思路新策略
		市场预测与细分

续表

课程类别	课程明细	课程内容
营销管理	大客户	大客户开发与管理
		大客户销售管理
	渠道管理	区域市场渠道选择、设计与维护
		渠道客户服务与关系管理
	风险控制	危机谈判公关与解决
		风险控制管理

（3）培训地点

营销一线市场总监的培训，场地多选择较为封闭的场所进行政策理念沟通及研讨，以避免其他事务的干扰。

（4）培训讲师

培训讲师需聘请具有特别丰富的理论与实践经验的讲师，培训师主要带领培训学员进行案例研讨，并引进业内先进管理、经营理念、营销战略等经验。

（5）培训模式

市场总监的培训项目，多采用沙盘模拟、案例研讨和移动终端等方式。通过模拟企业经营来全面提升学员的管理能力。

（6）效果评估

针对市场总监层级人员，培训评估方式以行为评估与结果评估为主。

13.3.5 培训项目总结报告

以某企业营销一线培训项目总结报告为例，来阐述如何对公司培训项目完成的好坏进行评估。

××公司营销一线培训项目总结报告

××公司营销一线培训项目于×年×月×日顺利完成。针对培训班的授课内容、授课方式、授课质量、学员情况、培训组织实施及培训是否达到预期目标等内容，公司在培训结束后进行了培训总结（反应评估和学习评估为主）。为更好地开展一线人员培训工作，获取对培训项目的有效性评价（行为评估和结果评估为主），公司对营销一线培训进行效果总结，总结如下：

一、项目总体基本情况

培训项目名称		培训对象	
培训机构		主办单位	
受训人数		培训周期	
培训地点		培训形式	

二、评估实施过程及方法

1. 本次评估主要采取问卷调查形式

①由各位学员评价业务能力提升效果并提出培训项目改善意见及建议等；

②由公司领导对培训班项目、学员知识技能提升、学员工作表现情况等进行评价。

2. 针对培训班的培训时间、课程内容、学习活动和培训管理等情况进行分析总结

三、培训项目评价

1. 运营情况分析

培训运营评价是学员在培训结束后针对课程内容、讲师水平、培训效果等指标进行的评价。

项 目	非常满意	满 意	一 般	不满意
课程内容				
讲师水平				
培训效果				

2. 有效性评价（学员自评）

学员的有效性评价是指培训结束后，在一定时间内，学员对业务能力提升、个人影响等方面进行评价，旨在了解培训课程是否帮助学员提高了个人能力。

项　目	非常满意	满　意	一　般	不满意
业务能力提升				
个人影响				
培训课程				

（1）业务能力提升

项　目	非常满意	满　意	一　般	不满意
课程设置指导性				
课程设置合理性				
培训内容应用性				
工作业绩提升				

（2）个人影响方面

项　目	非常满意	满　意	一　般	不满意
获得新知和理念				
有效应用				
优化工作安排				
理论指导实践				

3. 有效性评价（领导评价）

领导的有效性评价是培训结束后在一定时间内单位负责人对学员的工作业绩、工作能力、工作态度等方面进行的评价。

项　目	非常满意	满　意	一　般	不满意
工作业绩				
工作能力				
工作态度				

4. 培训班实施情况分析

通过对培训班的培训周期、课程内容、学习活动和培训管理等指标进行优劣势分析，并结合学员反馈情况提出改善建议，为营销一线培训项目实施提供指导性依据。

项　目	优　点	存在的问题	改进建议
培训周期			
培训人数			
课程内容			
学习活动			
培训管理			

四、学员跟踪评估（培训后1年）

1. 培训部门人员对培训班学员在培训后的工作晋升情况进行跟踪评估

职业发展	职务晋升	轮　岗	保持原岗位
占比（%）			

2. 培训前后人员岗位变动明细见下表

单　位	姓　名	培训前岗位	培训后岗位	职务变动类别 （晋升/轮岗/不变）

3. 人员岗位变动情况评价

针对培训班学员培训前后岗位变动情况进行分析，××岗位人员晋升占比较高，从××岗位培训后轮岗人员角度看，建议公司重点加强××岗位人员的培训力度。

五、总结

营销一线培训班项目累计培养营销一线人才××人次，各项学习任务圆满结业。通过以上分析评估，培训班得到了公司领导和各营销系统单位的帮助与支持，达到了预期目标，但是在培训管理及效果提升方面还有很大的提升空间。结合培训班反映的问题，提出以下几点改善建议：

项目	优点	存在的问题	改善建议
培训时间			
培训地点			
……			

13.4 基于业绩提升的培训

13.4.1 绩效目标确定

以岗位职责和组织绩效目标为基础，确定营销一线人员绩效指标及目标，量化指标目标，及时以月度或者季度为周期，对绩效目标达成情况进行评价。营销一线人员核心绩效的指标为销售计划完成率、利润目标完成率和回款率等。下表为某企业销售人员季度绩效考核表。

表 13-7　　　　　　　　　营销一线人员绩效考核表

营销一线人员绩效考核量表			年　　月		
部　门		职　位	销售员	考核人评分	
指标类别		考核内容	自评分 20%	考核岗位 60%	直接上级 20%
KPI指标	销量	销量计划完成率=期间内实际销售收入/计划销售收入		部门负责人：	
^	^	新增渠道=新增渠道实际销售收入/客户计划销售收入		部门负责人：	
^	回款	应收账款周转天数=［(期初应收账款余额+期末应收账款余额)/2］×360天/销售收入		部门负责人：	
^	^	清收客户回款进度=期间实际清收回款/期间计划清收回款		部门负责人： 财务部：	
行为指标		工作态度积极，工作责任心强，能按时主动完成工作任务和领导安排的其他任务		人力资源部：	
考核者评语					

13.4.2 绩效评价改善

针对绩效完成情况进行评价，按照绩效等级评价结果分为 S、A、B、C、D 五个等级。重点针对绩效有差距的人员，分析其绩效方面存在哪些不足，个人绩效与目标绩效之间的差距在哪里，并针对绩效短板开展有针对性的培训与辅导。

对影响销售收入目标达成的主要因素进行识别，制订有针对性的培训计划，通过持续地绩效评价及绩效改善，实现绩效目标的提升，促进营销一线人员销售目标的达成，提升企业市场占有率，实现员工和企业共同发展。

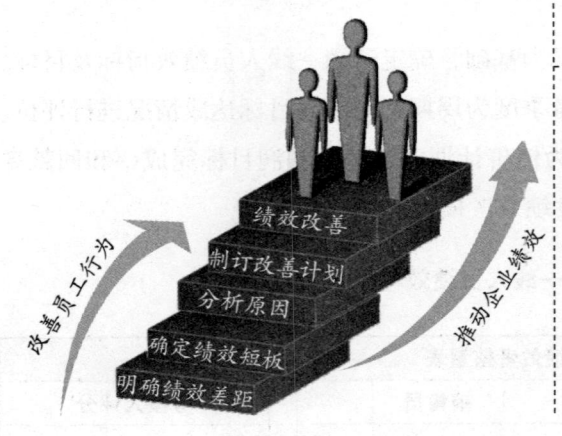

图 13-4 绩效改善流程

13.4.3 绩效改善培训

通过销售人员绩效的改善，实现销售业绩的提升，在实际操作过程中，明确其职业发展方向及员工能力短板，确定下一步能力提升计划。下表为某企业营销一线人员绩效反馈及改进计划。

表 13-8　　　　　　　　　绩效反馈与改进计划表

员工绩效反馈及改进计划表			
姓　　名		职　　位	
工作年限		绩效等级	

续表

员工绩效反馈及改进计划表
1. 绩效改善
××年第一季度，绩效完成评价情况为有差距
××年第二季度，绩效完成结果评价为合格
……
2. 业绩提升
××年第一季度，销售目标完成率为××，回款率为××
××年第二季度，销售目标完成率同比提升××，回款率同比提升××
……
3. 发展方向及能力短板
成为销售领域专家，能够完成销售目标计划，并指导团队
4. 待提升能力
客户关系管理能力、沟通能力、系统思考能力、谈判协商能力等

13.5 服务能力提升的培训

营销一线人员在从事销售工作的过程中，提供的不仅仅是独有的产品，更是优质的服务。服务质量关系着顾客的满意度及产品的口碑与美誉度。因此，从事营销一线销售工作，必须建立"销售即服务，服务即销售"的营销理念——服务是促进产品销量提升的有效手段，销售是通过优质服务而达到的目标。

13.5.1 市场营销服务概念

服务是指随时随地注意身边所有人的需求和渴望，迅速达成其需求、渴望，从而使一次性消费增值为持续性消费的过程。

13.5.2 营销服务的重要性

服务能够为企业创造附加价值，高品质的服务决定顾客的购买意向，尤其在市场竞争日益激烈的时代，优质服务对企业竞争力的提升具有显著的意义。提供优质服务，能够增加客户的满意度与重复购买率，帮助企业更加清晰地了解客户的需求，同时有助于与客户建立良好的人际关系，从而为企业提供更多的商机。

13.5.3 如何提供满意的服务

为客户提供满意的服务，需在完成本职工作服务之余，为客户提供增值服务，使客户感动，从而认可企业的服务及产品，成为企业的忠实用户。服务分为以下三个层次：

（1）销售分内的服务：在销售产品同时，所承诺提供的与产品相关联的一系列服务，属于本职工作范围内的服务；

（2）销售分外的服务：在本职服务之外，结合产品周边提供的额外增值服务。通过提供该服务，有利于提升客户的满意度；

（3）与产品无关的服务：如果提供与产品无关的服务，客户会感受到销售人员的诚意与真心，比较容易感动，而感动客户是最有效的服务。

13.5.4 提供营销服务原则

（1）要因时、因地、因人、有针对性地提供服务；

（2）要用心提供差异化、生动化的服务，加深客户印象；

（3）注重时效性，对于新客户需在 24 小时内通过电话、短信等方式进行及时沟通、问候；

（4）要善于利用互联网工具，如手机、电脑、短信、微信群组等。

13.6 老 HRD 的智慧分享

1. 营销一线人员培训的核心点

营销一线人才的核心能力是"市场意识"，可以从以下四个方面来分析：

（1）客户。客户最优先考虑的内容是什么？现在及未来将会有什么样的变化？

（2）技术与服务。正在发生的技术转变或发展趋势是什么（如互联网技术）？对公司的业务影响是什么？

（3）竞争对手。谁是你的竞争对手？他正在进行哪些方面的调整？是什么将企业与竞争对手区分开？

（4）市场及经济结构。政治、政策、法律法规的变化，人们生活方式、时尚和文化的变化趋势是什么？

从市场总监到业务员，"市场意识"能力是必须具备的，因此针对营销一线人员开展培训，培训内容一定要切实落地，关注人才核心能力及业绩提升需求，开展相关培训。

2. 如何针对营销人员的特点和需求，实现定时定点集中培训？

在综合考虑营销一线人员工作地点及培训特性的前提下，优化管理培训机制，通过规范考勤制度、加强培训过程管理、培训后考核测评等方式，将培训与个人绩效挂钩，确保营销一线人员能够集中在固定场所，进行集中培训。

此外，还可以合理运用远程视频、E-learning、手机 APP 培训等现代化手段，拓展营销一线人员培训渠道。

3. 如何通过培训实现营销一线人才晋阶？

人才培养关键是建立合理的人才发展通道。针对不同层级的营销一线人员，明确能力要素及培训需求，为员工提供相应的培训课程及知识，搭建学习平台，从而逐步实现从业务员到市场总监的职场晋阶。

4. 营销一线人员培训延伸——人员培养及职业发展

（1）如何让优秀营销一线人员从事后台营销管理工作

拓宽营销一线人员职业发展路径，建立从一线到后台营销管理岗位的轮岗机制。对于从事营销一线工作的优秀人员，在综合考虑个人意愿、后台岗位需求的情况下，将一线人员以晋升或者平调的方式调整至营销后台，继续从事营销管理工作。

（2）知识沉淀积累与分享

加强企业内部讲师队伍建设，邀请优秀营销一线人员担任内部讲师，通过个人成长感悟与实战经验分享，实现营销知识财富的积累与沉淀。

（3）如何留住优秀营销一线人员，避免关键人才流失

建立清晰、明确的营销一线人员职业发展通道，搭建培训学习及实践的平台，并为营销一线人员提供与其能力相契合的晋升机会与通道，从而提升员工的忠诚度与满意度，避免优秀营销一线人员流失，实现企业与员工的双赢。

第 14 章
技能人才培训

- 技能人才职业发展通道是技能人才培训的源动力
- 技能人才分级培训设计强化技能人才培训系统性
- 入职军训可让企业与年轻员工进行较好的双向选择
- 技能等级提升应有相应的技能津贴等激励政策支撑

针对技能人才所处的不同发展阶段，企业应为其设立不同的培养目标。对于新入职的技能型员工，培训目标就是让其尽快地通过培训上岗，即让新员工接受公司的安全教育、消防教育；了解公司的企业文化、规章制度；熟悉工艺、质量、精益制造理念；明晓自己的工作职责与责任，感受企业的文化氛围，促使新员工更快地融入企业，让新员工产生归属感，尽快掌握岗位的应知应会技能，转正上岗。对于工作 2 年及以上的员工，企业每年都要为员工开设不同的专业知识培训课程及实操培训，使其在培训合格后能够满足岗位的工作要求，并按双向通道（管理和专业）进行发展。

14.1　技能人才培训需求来源

1. 岗位业务技能分析差异

技能人才培训的依据是职位定位。技能人才的工作场地是生产现场，工作任务是在满足标准要求的基础上完成交付。如从精益制造的安全、人员、质量、响应、成本、环境六大要素分析，技能人才的素质技能、规则意识、工作态度、责任心、担当意识需要达到岗位要求。素质技能可以通过培训与演练达成，规则意识可以通过强化规则、制度达成，工作态度和责任感需要企业文化的长期熏陶。因此，培训的设计应以职位能力要求为基础，在岗位分析的基础上建立能力素质模型，通过开发课件组织实施来进行。

2. 绩效目标是否达标差异

技能人才是一个具有共性的群体，而每一位技能人才又具有个体的不同情况。因此，在做技能人才个人需求分析时要考虑个人绩效结果的短板，对工作中需要用到的短板进行针对性的培训，进行胜岗与提高个人绩效的短板培训与职业发展及技能升级培训等。

14.2 技能人才的发展通道

以技能人才的职位定位及素质能力模型为基础,量化培训产出结果,制定职业技能发展与管理能力发展两条路径。职业技能发展路径,新员工—初级工—中级工—高级工—技师—高级技师;管理发展路径,新员工达到中级工水平后可根据管理素质能力及职位空缺向管理岗位转岗,即班组长—工段长—生产科长—生产部长。

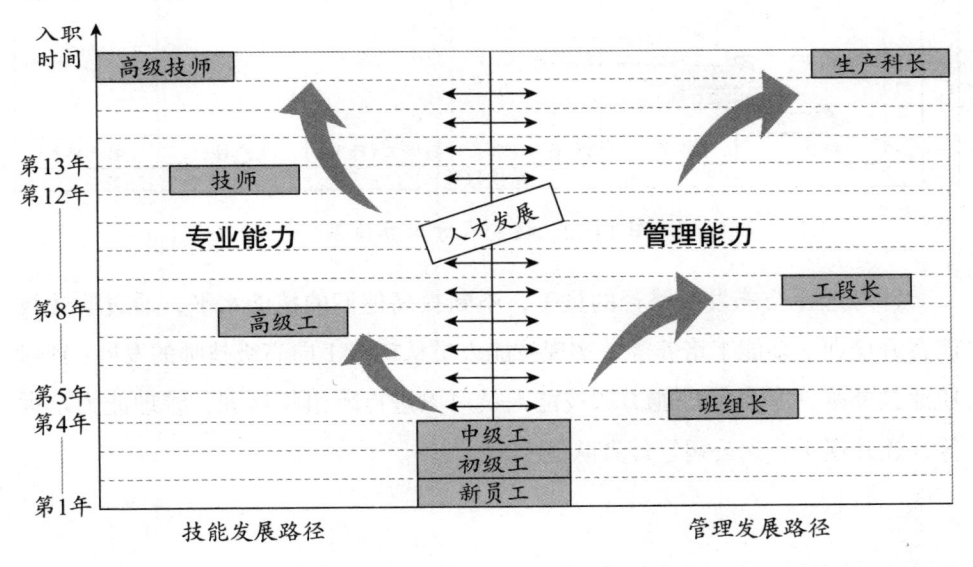

图 14-1 技能人才发展通道

14.3 技能人才的培养体系

对技能人才的培训需求进行分析,制订每个阶段的培训计划,按照技能人才的两条发展通道制定总体培养体系:一条是以技能发展路径为主线,分别设计出不同的培训方案,技能发展路线可依照国家技能等级鉴定标准开展;另一条是以管理发展路径为主线，实现管理岗位晋升。如图14-2，为技能人才培养体系，可供读者参考。

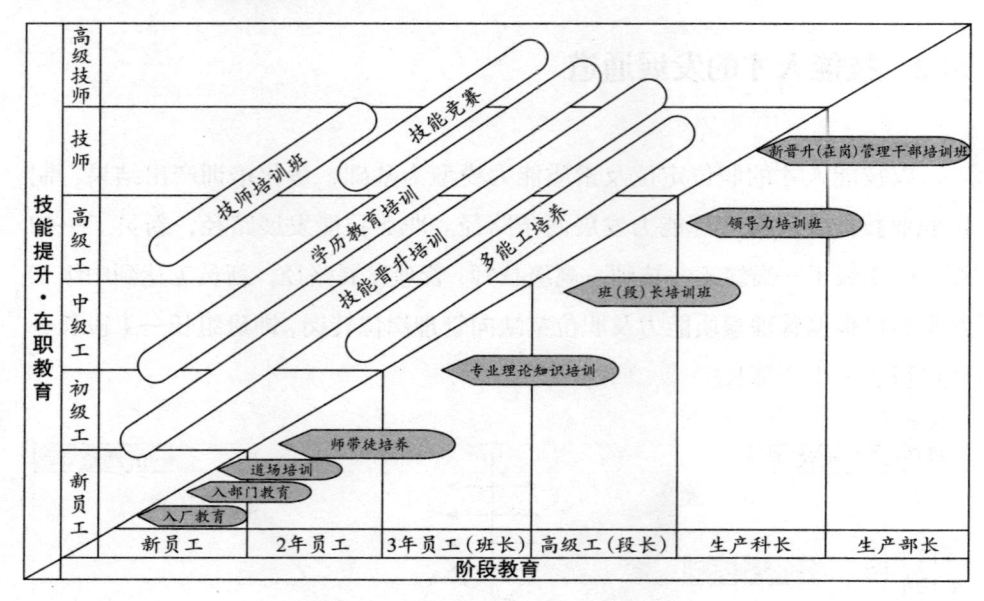

图 14-2 技能人才培养体系

针对选择技能发展路径的员工，不断提高他们的技能水平，通过职业技能晋升培训、多能工培养等，实现技能人员从初级工向高级技师的发展；针对职业技能强、具备管理能力的技能人员可以进行班组长培训、管理能力培训等，让其逐步走到公司管理者队伍中。

14.4　技能人才培训六步法

技能人才培养就像生产产品所使用的"制造工艺"一样。在技能人才的整体培养流程中，从一个新入职的员工到岗位成长的每一步均有相应的培训内容。从"上岗"到"胜岗"，最终打造出一个合格的、高素质的技能人才。图14-3为技能人才"制造工艺"的六步流程。

```
入职双选 → 厂级培训 → 车间培训 → 班组培训 → 岗位见习 → 岗位成长
```

- 面试
- 体能测试
- 军训筛选

理论:
- 企业文化培训
- 安全教育培训
- 质量管理培训
- 精益制造培训
- 工艺管理培训

理论:
- 车间规范
- 车间安全
- 工艺质量
- 工装设备

实操:
- 道场实训

理论:
- 班组安全教育
- 班组管理制度
- 作业指导书

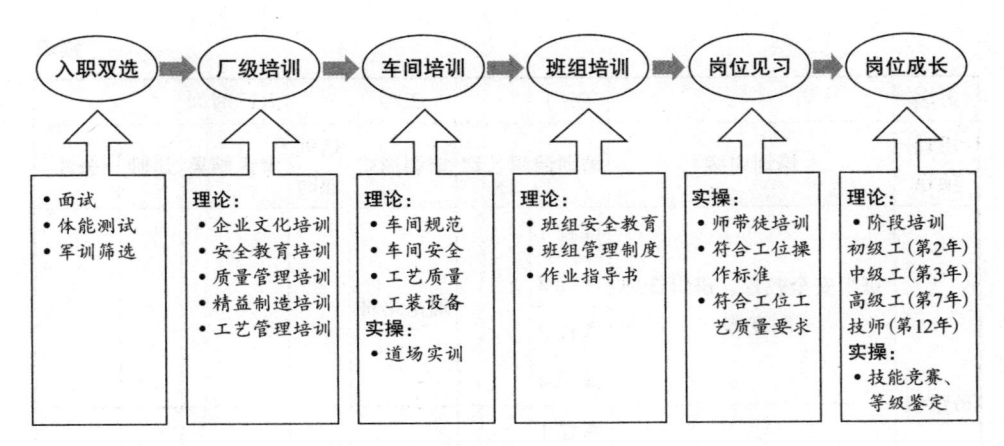

实操:
- 师带徒培训
- 符合工位操作标准
- 符合工位工艺质量要求

理论:
- 阶段培训
  初级工(第2年)
  中级工(第3年)
  高级工(第7年)
  技师(第12年)

实操:
- 技能竞赛、等级鉴定

图 14-3 技能人才培养步骤

根据技能人才的培训步骤可制定新员工入职培训的流程卡，如表 14-1 所示。

表 14-1　　　　　　　技能人才培养流程卡

姓名		部门		工种		入职时间			
培训项目	培训内容	培训课程名称	培训形式	培训课时	考评结果	讲师	备注
入职双选	军事项目训练。	课程1	军事训练				
工厂级	安全教育、管理制度、企业文化、员工行为规范等。	课程1	理论培训				
		课程2					
		课程3					
		课程4					
车间级	部门级安全教育、部门管理制度等。	课程1	理论培训				
		课程2					
		课程3					
		课程4					
	安全防护、成本管理、物料管理、工艺流程、质量保证等。	课程1	道场培训				
		课程2					
		课程3					
		课程4					

续表

姓名		部门		工种		入职时间			
培训项目	培训内容	培训课程名称		培训形式	培训课时	考评结果	讲师	备注
班组级	班组安全教育、班组管理制度等。	课程1		理论培训				
		课程2						
		课程3						
		课程4						
	工具的使用、零部件识别、岗位标准作业等。	课程1		实操培训				
		课程2						
		课程3						
		课程4						
岗位见习	岗位标准作业。	课程1		师带徒培训				
岗位成长	安全防护、成本管理、物料管理、工艺流程、质量保证等。	课程1		理论培训				
		课程2						
		课程3						
		课程4						
	技能等级鉴定、多能工培养等。	课程1		实操培训				
		课程2						
		课程3						
		课程4						

14.4.1 第一步：入职双选

企业在新员工面试通过并办理入职手续后，统一安排为期3—5天的军事项目培训，旨在考察锻炼新员工吃苦耐劳的能力及团队合作的精神。在此期间，不达标的新员工解除试用合同，达标后新员工再分配至车间，进入下一阶段的培训。

14.4.2 第二步：工厂培训

1. 培训目标

工厂级培训为新员工入职后的第一期理论知识培训，目的是让新员工了解企业文化、规章制度，使其尽快地融入企业，同时初步了解技能操作的基础理论。培训课程涉及企业文化、安全教育、质量、精益制造、工艺流程、制度等方面的内容。

2. 培训课程设置

表 14-2　　　　　技能人才工厂级培训课程内容一览表

培训项目	培训课程内容	培训时间	备注
企业基本情况	1. 公司基本情况介绍 2. 公司战略及发展目标 3. 组织机构及职能职责设置 4. 产品介绍 5. 公司相关规章制度，如"考勤休假管理制度""员工违纪管理规定"等		
安全教育	1. 生产安全教育 （1）国家安全法律法规 （2）企业规章制度培训 （3）安全生产管理及安全健康知识 2. 消防安全教育		
质量管理	1. 质量的基本知识 2. 质量管理的基本原则 3. 质量管理的工具方法		
精益制造	1. 精益制造文化 2. 常用工具和方法		
……	……		

14.4.3 第三步：车间培训

1. 培训目标

经工厂级培训考试合格后，将员工分到车间，在车间进行理论培训，在实训基地进行操作培训。

理论培训主要讲授部门规章制度、安全防护、成本管理、物料管理、工具设备、工艺流程、精益制造、质量保证等模块的知识，课程结束后进行理论考试；道场实操为新员工进入岗位前的操作培训，新员工在工位操作前需在实训基地进行为期1个月的实际操作培训和演练，并达到合格状态。

2. 课程设置

表14-3　　　　　技能人才部门级培训课程内容一览表

培训项目	培训课程内容	时间安排	备注
安全防护	1. 部门安全基础知识 2. 安全作业基础知识 3. 部门消防安全知识		
成本管理	1. 成本控制基础知识 2. 成本业务流程概述		
物流管理	1. 生产物流安全教育 2. 物流基础知识		
工具设备	1. 部门设备、工装、工具认知 2. 工具使用方法、训练 3. 常用工具与设备的原理 4. 工具日常维护与保养方法		
工艺流程	1. 部门工艺介绍 2. 工艺文件识读 3. 工艺过程控制方法		
精益制造	1. 精益制造系统理念理解 2. 精益制造管理实际应用		
质量保证	1. 标准作业 2. 生产过程中的质量缺陷		

14.4.4 第四步：班组培训

1. 培训目标

班组培训为新员工在分配岗位前由班组长为其做的班组安全教育、班组管理制度及作业指导书的理论知识培训。培训结束后将员工分配至工位（岗位）。班组培训旨在让新员工了解班组的管理制度，在岗位操作前熟悉操作规范、技能技巧。

2. 培训课程设置

表 14-4   技能人才班组级培训课程内容一览表

培训项目	培训课程内容	培训时间	备 注
班组安全教育	1. 班组内危险源识别 2. 班组内安全生产规范		
班组管理制度	1. 工作时间及劳动纪律规定 2. 安全生产纪律规定 3. 生产流程规范		
作业指导书	1. 班组作业指导书识读 2. 班组工艺流程和质量指标		

14.4.5 第五步：岗位培训

1. 培养目标

岗位见习采取师带徒的形式，由班组内优秀的技能人才做新员工的师傅，由师傅为新员工制定培带标准、培养周期，分阶段、分层次完成培养目标。确定师徒人员后双方签订师带徒协议，确定师傅的职责，培带结束后由部门做技能鉴定考评验收。同时制定"师带徒管理办法"对新员工进行有效管理。

2. 实施要素

岗位见习阶段主要进行岗位实际操作的相关培训，培训前由师徒双方确定培带关系，企业在进行师带徒培养时需确定培带计划及签订师带徒协议。表 14-5 是一份技能人员"师带徒"培训中，师徒关系建立表的样例，可供读者参考。

表 14-5　　　　　　　　　　师带徒目标表

学员信息			师傅信息		确定目标		输出结果（培带结果后填写）	
序号	部门	工段/班组	学员姓名	师傅岗位	师傅姓名	培带起始时间	培带计划（目标）| 考评结果	评价时间
1									
2									
3									
……									

确定师徒关系后，员工与师傅应签订师带徒协议，以保证师徒关系的建立。

师带徒协议

甲方（所在部门）：＿＿＿＿＿＿＿＿＿＿＿＿

乙方（新员工师傅）：＿＿＿＿＿＿＿＿＿＿＿＿

丙方（新员工）：＿＿＿＿＿＿＿＿＿＿＿＿

由甲方安排，乙、丙双方自愿结对，签订本协议，并共同自觉遵守执行。

一、协议期限：×年×月×日至×年×月×日

二、职能职责

（一）甲方应履行的职能职责

1. 制定学习期丙方应达到的目标，并与乙方共同制订相应的实施计划；

2. 甲方为乙、丙双方达到协议目标提供必要的学习机会和创造良好的工

作环境；

3. 甲方对乙、丙双方执行协议的情况进行指导与检查，并定期进行评估。

（二）乙方应履行的职能职责

1. 依据甲方提供的培训要求、培训计划对丙方进行指导、培养，使其掌握岗位必备知识、操作技能，达到胜任岗位要求；

2. 实习期间，按照所订的计划与丙方沟通，确定丙方的考评计划，并在结束后对丙方的完成情况、效果进行评价，与丙方进行阶段性面谈（至少一个月一次），进行业务指导；

3. 在丙方未脱离见习身份前，乙方一直担任丙方的岗位监督人。

（三）丙方履行的职责

1. 按照协议所订的计划，尊重并听从乙方的指导，努力学习，刻苦钻研，努力完成乙方为提高丙方岗位技能水平而安排的相关工作，确保达到协议所订的培养目标；

2. 必须服从部门安排，在指定师傅处进行学习；

3. 严格遵守实习出勤、劳动纪律、安全及公司其他管理规定的要求。

三、其他

1. 培带期间，经乙方指导，丙方因专业技能、业务水平高超而获荣誉，以及培带期满，丙方考评成绩优异，可作为乙方评先的优先考虑条件之一；

2. 乙、丙双方都有因对方的原因而提出变更协议的权利；如果丙方学习工作态度不端正，办事故意拖延，乙方可以提出变更申请；如果乙方只安排重复性工作，不予以指导、辅导和无阶段性面谈的，丙方有权利提出变更申请；

3. 乙方发生岗位变动，乙、丙双方均应向甲方提出重新续签协议，重签协议由甲方安排，重新确定师傅，否则人力资源部有权对甲、乙、丙三方各负激励100元。

四、附则

1. 乙、丙双方在执行过程中因故需要变更协议，须及时向甲方陈述，由甲方协调解决；

2. 本协议如有不尽之处，由执行的三方共同协调解决，并报人力资源部备案；

3.本协议一式四份，甲、乙、丙三方及人力资源部各保留一份。

甲方（签字）_____　　年　　月　　日

乙方（签字）_____　　年　　月　　日

丙方（签字）_____　　年　　月　　日

3. 岗位上岗证

岗位见习期间，根据新员工对产品生产工艺及其专业知识、岗位操作能力的掌握情况，由安全生产和设备管理等部门联合对新员工进行上岗能力评估，达标者发放岗位上岗证，进入由师傅指导的独立操作阶段；如果上岗能力考评不合格者，则不发放岗位上岗证，继续跟随师傅作业或者解除劳动合同。

14.4.6　岗位成长

1. 培养目标

依据国家职业标准和岗位技能要求，为技能人才规划职业生涯发展通道，开展与职业技能等级相匹配的培训内容及目标。

①初级工：初级工技能鉴定理论与实操培训，初级工职业技能鉴定考核。

②中级工：中级工技能鉴定理论与实操培训，中级工职业技能鉴定考核。

③高级工：高级工技能鉴定理论与实操培训，高级工职业技能鉴定考核。

④技师：技师职业技能理论与操作技能培训，技师职业技能鉴定考核及综合评审。

⑤高级技师：高级技师理论与操作技能培训，高级技师职业技能鉴定考核及综合评审。

每一个阶段同时贯穿职工素质教育培训、职业技能竞赛、学历教育提升、班组长管理能力培养、技能竞赛裁判员培训、职业技能鉴定考评员培训、技能培训师培训等项目。

2. 培训课程设置

表 14-6　　　　　　　　一般技能人才各阶段课程内容一览表

培训对象	培训项目	培训课程内容	培训时间	备注
报考初级工职业技能的员工	安全防护	安全隐患排查与应急处理 班组日常安全管理标准		
	成本管理	成本费用控制的方法		
	物料管理	到货与在库管理		
	工具设备	工具与设备维修		
	工艺流程	标准件编号规则		
	精益制造	精益制造活动的工具使用 开展精益制造管理活动		
	质量保证	动、静态扭矩控制		
报考中级工职业技能的员工	安全防护	部门安全检查标准		
	成本管理	如何有效降低成本		
	物料管理	准时化物流的基础知识		
	工具设备	工具与设备的改善		
	工艺流程	工艺过程的控制方法		
	精益制造	精益制造系统应用		
	质量保证	常见质量缺陷评价原则		
报考高级工职业技能的员工	安全防护	安全作业改善方法		
	成本管理	费用预算管理		
	物料管理	顺引顺建基础知识		
	工具设备	工具、工装改制		
	工艺流程	标准作业编制、优化 工艺评审		
	精益制造	开展精益制造管理活动、人员培养		
	质量保证	质量问题分析方法		

表 14-7　　　　　　　　　班组长培训课程内容一览表

类别	能力要素	培训课程内容	培训时间	备注
企业文化	公司价值观认同	"企业文化"		
通用能力	执行力	"班组长职责定位" "班组长一日管理" "班组执行力"		
	问题发现与处理	"问题分析与解决"		
	沟通协调	"服务意识与沟通能力训练"		
	员工指导与团队建设	"班组团队建设"		
生产管理	安全生产	"班组安全管理"		
	质量控制	"品质保证与质量问题预防" "质量问题分析与改善"		
	标准化作业	"班组标准化作业管理"		
	确保可生产	"生产中的4M管理"		
	异常管理	"生产异常的识别与处理"		
	持续改善	"持续改善方法与流程"		
	成本控制	"班组长成本意识与控制"		
	5S与目视化管理	"现场5S管理与应用" "BPD目视板管理"		

3. 培训过程管理

人力资源部门根据技能鉴定工种，并根据考试要求制订培训计划，同时对整个培训过程进行培训记录、归档。

各培训主题按照培训计划实施，并做好培训结果的验收。

各等级职位技能培训时间基本要求如表14-8所示：

表 14-8　　　　　　　各等级职位技能培训时间基本要求

分　类	理论知识培训	实操技能培训	备　注
初级工	20 学时	50 学时	培训合格申请鉴定，鉴定是评估培训结果的手段
中级工	30 学时	70 学时	
高级工	40 学时	100 学时	
技师	60 学时	150 学时	
高级技师	80 学时	200 学时	

4. 技能人才职业技能等级鉴定管理

技能人才职业技能鉴定是引导技能人才职业技能提升的重要手段。因此，本书对职业技能鉴定管理做如下介绍。

职业技能鉴定依据：国家职业标准和岗位知识与技能特色。

职业技能鉴定申报条件：满足国家职业标准所要求的学历、本工种工作经验；完成必要的培训课时，且培训结果合格；能够较好的完成生产任务，并确保安全、质量、成本、交货期的指标要求。

职业技能鉴定实施：具备国家行业职业技能鉴定资质的单位，可以按照国家职业技能鉴定的相关工作要求公示鉴定公告，收取鉴定报名信息，制订鉴定考评计划。对申报技能鉴定的人员进行资质审查后，纳入鉴定站（所）的鉴定计划中，分步骤组织考评人员和管理人员，组织命题或从题库中抽取试题，组织理论考试和实操考试，汇总考评成绩。由鉴定站（所）上报鉴定数据及考评报告，待上级鉴定管理机构审核通过后，对理论成绩和实操成绩均在 60 分以上且部门工作业绩良好的考生，下发证书编号并制作证书，并存档相关技术文件。

不具备国家行业职业技能鉴定资质的单位，可以根据国家职业标准组织培训，也可委托合作院校或者社会培训机构对单位内部的一线员工进行职业技能等级培训。对于培训合格者，可以依托具有国家行业职业技能鉴定资质的单位或部门，组织进行相关鉴定考评。对于鉴定考评合格者，颁发职业资格证书。

参加国家或者地方职业技能竞赛晋级的人员也可获得相关职业技能等级证书。

通过职业技能鉴定考评的员工，应在人力资源系统中修订其职业技能等级。对于高级技工以上人员的申报表，信息及审批部门盖章完成后存入个人人力资源档案。

5. 多能工培养

培养多能工，使其能够培养他人，并能进行班组内多工位的顶岗作业，达到班组通，能够辅助班组长进行班组管理工作。下表为用于多能工培养的岗位柔性表及培养标准，在培养过程中可参考以下工具。

表 14-9　　　　　　　　岗位柔性表（用于多能工培养）

班次		工段				班　　组						年		
工号	姓名	到岗时间	岗位内容									要求达到的柔性目标（季度内）		
												一季度	二季度	……
			⊕	⊕	⊕	⊕	⊕	⊕	⊕	⊕	⊕			
			⊕	⊕	⊕	⊕	⊕	⊕	⊕	⊕	⊕			
岗位柔性统计		第一季度		评估确认		第二季度		评估确认		……				
1个操作者能够多岗作业柔性化（%）		1人会3岗	1人会4岗	1人会5岗及以上	班组长	1人会3岗	1人会4岗	1人会5岗及以上	班组长	……				
1个岗位储备多个操作者柔性化（%）		1岗备2人	1岗备3人	1岗备3人及以上	工段长	1岗备2人	1岗备3人	1岗备3人及以上	工段长	……				

◐知道操作步骤◑能安全、按质量要求工作，但不能按节拍完成◉在没有他人指导下能安全、按节拍按标准化要求完成任务●能培训他人

14.5 技能人才培训效果评估

14.5.1 培训效果评估内容

1. 对培训讲师、培训课程的评估

主要针对讲师的授课水平、授课技巧及课程整体安排是否合理，讲授知识是否易懂，讲授课程是否具有实用性进行评估。

2. 对培训组织的评估

对培训的时间、地点，培训前期的准备工作，培训过程中的组织情况等进行评估。

3. 对受训技能人才培训效果的评估

对受训人员的培训效果评估可以从以下三个方面考虑：

第一，对受训人员的出勤率，课程学习过程中的学习态度，上课的积极性等方面的评估；

第二，对受训人员掌握的理论知识程度的评估，可采取考试、课堂提问等形式进行；

第三，对受训人员掌握的生产操作、技能等级情况的评估，可进行生产实操。

14.5.2 培训评估方法

1. 理论试题测试法

理论试题测试法可根据培训课程的内容，以试卷的形式来检测受训人员接受培训的效果，试题形式参考填空题、判断题、简答题等。

2. 效果反馈调查法

效果反馈调查表是培训结束后随机对受训人进行调查的一种方法，其示例如下：

表 14-10　　　　　　　　　　培训效果调查表

培训讲师							
所属部门		评估分数	5	4	3	2	1
关于培训课程内容	1. 课程的目的和意义是否得到了清楚的阐释						
	2. 课程素材是否清晰准确						
	3. 课程流程是否清晰明了						
	4. 课程的难易程度对您是否合适						
	5. 课程教材中包含的实践案例丰富程度如何						
	6. 课程是否得到了有效的总结						
关于培训讲师	7. 讲师讲课是否顺畅						
	8. 讲课的进程是否合适						
	9. 是否留有时间来解答问题						
	10. 是否有效说明、解释了问题						
	11. 讲话方式是否清晰明了						
	12. 能否有效地安排时间						
	13. 可视化教学工具使用的有效性如何						
关于培训场地	14. 培训会场及座位安排是否恰当						
	15. 视听器材（如投影仪）的位置是否合适						
	16. 培训会场的噪声和温度是否合适						
17. 请您说出本次培训的优点和缺点							
18. 请您列出本次培训应该改进的地方							

14.6 社会力量助力技能人才培训

任何一个企业的自培能力、拥有的资源均是有限的，而技能人才的培训与发展是多方位的。因此，仅靠企业自身是做不好技能人才培训的。通过引入外力来共同进行技能人才培训是非常有必要的，甚至是必需的。通过分析总结，有以下的社会资源可以应用。

14.6.1 技能基础教育类——联合办学

长期以来，我国教育重理论轻实践，导致技术型人才很难成为能将科技成果及时转化为物质产品和应用于现实生产、服务的人才。为使技能人才能够快速适应岗位的需求，为社会和企业创造更大的价值和利润，"校企合作，联合办学"模式便发挥了其突出的优势。

"校企合作"模式既能发挥学校和企业各自的优势，二者又能共同培养社会与市场需要的人才，是高校与企业（社会）双赢的模式之一。加强学校与企业的合作，让教学与生产结合，校企双方互相支持、互相渗透、双向介入、优势互补、资源互用、利益共享，是实现高校教育及企业管理现代化、促进生产力发展、加快企业自有人才的学历教育，是教育与生产可持续发展的重要途径。由此可见，校企合作是办好高校教育、促进合作企业活力，培养生产、建设、管理、服务第一线专门人才的重要途径。

"校企合作"要培养的是技能型和实用型人才，其既要具有扎实的专业理论知识，又要有较强的操作技能，还要符合用人单位的需要。学生在校学习期间，通过实习实训虽然可以获得一定的操作技能，但那仅仅是一种静态的操作规程，是一些分散的实习课题，与工厂的实际工作环境不可能完全相同，与实际生产产品的要求还相差甚远，加之学校的设备条件和原材料有限，不可能使每一个学生都达到操作技能娴熟的程度。因此，通过与企业合作的实践，学生基本可以达到企业对技能人才的需求。经过调研分析，"校企合作"

可分为如下几个层面。

1. 联合招聘生源，定向需求锁定招募对象

学生在读期间即选拔一个班的学生作为"签约准员工"，企业就缺口岗位与校方达成培养协议，每年将所需专业人数通报校方，由校方负责招生、培养。企业选择优秀学生进入企业顶岗实习一年，实习期满后回校参加毕业考试和职业技能鉴定考试。学生把在校所学到的理论知识和企业的生产实践相结合，在企业当一次真正的工人，培养他们独立处事的能力和吃苦耐劳的精神，提高他们的实际操作技能，让他们对毕业后走向社会有良好的思想准备，为进入企业工作打下了扎实的基础。同时学生获得了一定的劳动报酬，学校也节省了大量的实训资金，企业短期的用工难问题也得到了缓解，达到了校企优势互补，学校、学生和企业互惠互利的良好效果。

2. 联合设计课程，根据企业需求设计课程

建立学校与企业合作进行人才定向培养的机制。学校根据企业所需求的培养目标、人才规格，与企业签订人才"期货"订单。先解决学生毕业安置的后顾之忧，然后再根据企业的生产需要制订教学计划，安排教学内容，开发教材并落实实训方案和质量评估标准等。学校始终把提高学生的职业能力放在突出的位置，加强实践教学，努力提高毕业生素质，达到企业"订单"的要求，以求和企业长期的合作。为明确每个工种不同技能等级应该具备的能力，根据"工种—级别—能力—课程"的培训设计思路，建立各工种从初级工到高级技师的课程体系。

3. 联合考核评价，提前完成职业资格认证

学校可以与企业签订职工提升培训协议，并根据企业的工作特点，采取夜班、周末班、半工半读班等形式组织培训。在双方协商的基础上制订培训计划、课程设置、实训要求、考核标准等内容，实现学校培训目标与企业岗位需求同步，学校教学内容与企业生产任务同步。使这些学员在文化素质和操作技能上得到很大提升，并通过职业资格鉴定考试取得相应的职业资格证书。这种培训模式既有利于企业,又有利于学校和学员,取得了"三赢"的良好效果。

4. 联合教研资源,学校聘用企业人才为师

校企共同选定培养高技能人才的师资;学校积极引导各专业教师深入企业生产一线顶岗进修,紧贴企业实际进行培训课题开发。同时聘请企业有丰富实践经验的技师、高级技师一起参与课题开发和直接从事教学。拓宽"产学研一体化"办学思路,在条件成熟时,积极承接企业加工难题,由教师带领冠名班学生进行技术攻关,成功后将其开发成冠名班教学课题。校企合作是适合职业学校生存和发展的新型办学模式,是培养技能型人才的必经之路,需要职教工不断地探索和努力、开拓和创新,使这项工作迈向深入,同时也是企业发展社会力量的重要保障。

校企合作有利于学校的课程改革,有利于"双师型"教师的培养。可促进学校教学方法的变革,带动专业设备的更新。能及时、有效、科学地把握市场人才需求,提高学校的市场适应能力。

5. 联合办学平台,企业资助学校资源建设

企业为校方提供实践基地,由企业指派人员对学生进行实训;加强学校教学与生产实际的结合,弥补学校教育与企业生产脱节的缺陷,培养和锻炼学生解决企业生产一线实际问题的能力。校企共同研究开发培养高技能人才的教材;将与企业生产密切相关的、直接从企业生产一线提炼出的生产性案例式教学课题,在校内对学生进行案例教学,或直接放到校企合作基地,由企业工程技术人员或生产骨干,根据课题的内容和教学要求在生产现场实施教学。

校企合作的开展,能够较好地提高校企双方的社会知名度,融合双方的文化,更好地利用双方的资源,达到相互学习、相互沟通、相互促进,实现校企双赢的目的。

14.6.2 在职技能提升类——全面成长

1. 将部分员工送到外部标杆企业去培训

根据学习目标的不同，外部标杆学习可以分为以下两种类型：

①竞争型标杆学习

竞争型标杆学习包括认定竞争对手的产品、服务工作流程。其目的是找出竞争对手的产品、流程及经营成果等特定资讯，然后再与自己组织的类似资讯做比较。竞争型标杆学习要求企业对竞争对手进行调查与分析，所获得的信息非常宝贵，这些信息有助于企业进行竞争策略分析以及市场定位。此外，由于企业一直在收集竞争对手的信息，如市场占有率，生产成本等。因此，一般说来，标杆学习所需要的资料可以直接从企业数据库中获得，从而节省宝贵的时间。企业与竞争企业在技术、流程、工艺等各方面存在的相似性，使得其可以将从对手那里获得的信息，很快运用到自身的组织内。

竞争型标杆学习的最大缺点在于相关信息收集困难。在信息收集中，容易触及对方的商业机密，容易加深竞争企业之间的紧张关系，此外，还涉及企业道德和商业伦理等问题。

②功能型标杆学习

功能型标杆学习是指企业跳出行业或地区的局限，放眼观察其他产业领导者的作业方式，分析他们取得成功的原因。换言之，标杆企业的绩效是唯一的考核标准，而不在于其所处的产业、规模以及其他因素。功能型标杆学习能够帮助企业跳出原来封闭的环境，引导企业去发现更多具有创新意义的经营之道。来自产业外界截然不同的观念与做法，很容易对原先处于封闭环境下的企业造成很大的刺激，进而引发许多创新性的想法，使企业内部原有的运作方式发生重大转变，起到"他山之石，可以攻玉"的效果。当企业放眼所有行业中的企业时，找到一个真正的最佳典范是很容易的。

功能型标杆学习的缺点，主要表现在资料收集的巨大困难上，而且成本耗费很高。此外，由于双方所处产业可能迥然不同，如果要学习其他产业的做法，在流程的比较以及范式的转移上可能要花费较大的力气。尽管如此，由于功能型标杆学习可以激发组织进行创新性的突破，它仍被普遍认为是为数不多的最具长期回报与效益的最佳管理实践方法，值得推崇。

企业应当结合自身的实际状况和目标，选择可以学习的对象的范围。从分类上可以看出，标杆学习并没有一成不变的界限，并不局限于企业所在的行业与地区。企业应当具有一种开放的学习心态，跳出企业看企业，跳出行业看行业，在尽可能大的范围内，寻找最合适的学习目标，以达到最佳的学习效果。

2. 请标杆企业优秀老师到现场培训

企业的另外一种学习方式就是邀请标杆单位的资深讲师到公司分享经验。这种形式的学习可以避免人、才、物的过分投入，同时也可以大大提升学习效率。讲师根据公司的培训需求及业务困惑点，有针对性地设计课程及提炼案例，切实有效地为公司排忧解难。同时讲师也会将自己企业具有引领性的实践经验和具体做法，分享给兄弟单位，以拓宽公司员工的视野，激发公司创新的灵感。标杆单位的讲师较市场上良莠不齐的咨询机构而言，会为企业提供更为实际的工作方法指导和切实有效的行动指南，不会在培训和学习后找不到转型和改善的切入口。所以企业之间的经验分享和交流不仅能够互相促进提高，也是培育企业优秀讲师的很好方法和平台。

3. 将员工送到技能提升学校升级培养

员工技能的提高，不能一蹴而就，它是坚持长期培训活动的结果。当企业的硬件设施不足以支撑技能人才的技能升级培养时，企业可以推送有潜力的学员到专门的技术院校或者机构进行定向培训，让员工强化实操训练，快速达到更高标准的岗位胜任要求。

依托职工素质教育工程，分析产业工人的素质品格，及时掌握员工的思想动态，开设诸如企业文化、自我发展与团队管理、社交礼仪等素质课程，提高员工的素质和职业修养，增强员工的企业向心力和凝聚力。通过定期的素质教育工程和不定期的座谈会和问卷调查及时了解员工的思想动态，由工会党群系统具体实施和评估，强化组织、制度、物质、执行保障，对班组技能培训活动的开展起到"保驾"作用。通过职工素质工程，建立有效载体，建立促进班组技能培训的制度，保证班组技能培训在培训计划、人员等方面的实施落到实处。

14.6.3 以赛促技提升类——技能大赛

1. 以比赛为驱动力，驱动企业为荣誉而加大培养投入和重视

技能竞赛是展示技术工人技能水平和企业良好形象的平台，是激发全企业技术工人学习技术、钻研技术的热情和营造重视技能、尊重技能人才氛围的有效手段，也能体现企业的核心竞争力和制造实力。各企业通过参加和组织各级职业技能竞赛，不仅取得了累累硕果，同时也找到了向国际化公司高技能人才培养目标靠拢的方向。高技能人才的培养是一项艰巨的长效工程，需要深厚的底蕴，参赛选手若能将比赛时拼搏的斗志带回工作岗位，必将促进公司高技能人才队伍建设新局面的早日打开。

2. 以大赛为驱动力，驱动员工为荣誉、奖励而学习技能

从技术工人参加全国机械行业和省市级技能竞赛的轨迹中可以看到，技术工人正在不断地超越自我、不断地挑战极限。参与技能竞赛让很多企业内部涌现出一大批高技能人才，他们都是从各级竞赛中脱颖而出并在决赛中获胜的选手，享受国务院技师特殊津贴、获得"全国五一劳动奖章""全国劳动模范""首席技师工作室"以及"创新工作室带头人"等荣誉称号，并在各自的岗位上起着技术带头的重要作用。

3. 通过比赛促进员工在工作中学习

为了促进高技能人才的培养，逐步提高技能职工团队的整体技能水平，企业需要着重开发高技能人才应用新知识、新技术、新工艺、新方法解决生产实际问题的能力以及创新能力。在企业内部搭建职业技能竞赛舞台，构筑企业高技能人才成长的绿色通道，满足企业发展的高技能人才需求。

4. 通过对获得好成绩者的奖励，树立标杆，激励员工学习提升技能

技能竞赛像一个技能人才奥运会，需要非常多的资源支持。竞赛技术方案的制订、竞赛的策划和组织方案、命题人员和裁判员的培养与使用、参赛选手的选拔和竞技结果评定等都需要企业各级优质资源支持。与其说竞赛活动是参赛选手的比拼，不如说是参赛组织单位人员、培训专家与裁判员之间的比拼。

14.6.4 社会机构助学类——特种作业

1. 利用社会专业上岗证书进行职业培训

特种作业岗位是很多制造型企业内普遍存在的一类岗位，他们的作业容易发生人员伤亡事故，可能给操作者本人、他人的生命健康及周围设施的安全造成重大危害。直接从事特种作业的人员称为特种作业人员。

特种作业有着不同的危险因素，容易损害操作人员的安全和健康，因此，特种作业需要有必要的安全保护措施，包括技术措施、保健措施和组织措施。

《中华人民共和国劳动法》和有关安全卫生规程规定：从事特种作业的职工，所在单位必须按照有关规定，对其进行专门的安全技术培训，经过有关机关考试合格并取得操作合格证或者驾驶执照后，才准予独立操作。特种作业人员在独立上岗作业前，必须进行与本工种相适应的、专门的安全技术理论学习和实际操作训练。负责特种作业人员培训的单位应当具备相应的条件，并经省、自治区、直辖市安全生产综合管理部门或其委托的地、市级安全生产综合管理部门审查认可。取得培训资格的单位，每5年由原审查、批准机构进行1次复审，经复审合格的，方可继续从事特种作业人员的培训。特种作业人员的安全技术培训考核标准和基本培训教材，由国家经济贸易委员会制定和组织编写。培训单位应将培训计划、教员资格等资料报送考核、发证单位备案。

2. 利用特有的技能机构培训个体

特种作业人员必须接受与本工种相适应的、专门的安全技术培训，经安全技术理论考核和实际操作技能考核合格，取得特种作业操作证后，方可上岗作业；未经培训或培训考核不合格者，不得上岗作业。特种作业人员培训考核实行教考分离制度，国家安全监督管理局负责组织制定特种作业人员培训大纲及考核标准，推荐使用教材。培训机构按照国家安全监督管理局制定的培训大纲和推荐使用的教材组织开展培训。各省级安全生产监督管理部门、煤矿安全监察机构或其委托的有资质的单位根据国家安全监督管理局制定的考核标准组织开展考核。

特种作业操作证，由国家安全生产监督管理局统一制作，各省级安全生产监督管理部门、煤矿安全监察机构负责签发。特种作业操作证在全国通用。特种作业操作证不得伪造、涂改、转借或转让。

14.7 老 HRD 的智慧分享

1. 技能人才是企业人才队伍的重要组成部分，是企业发展不可或缺的一支队伍。企业在制定技能人才培养实施规划时要根据自身的发展状况制定培养模式，打破传统的培训理念，从指导思想、培训机制、培训模式、培训手段等方面加快改革，突出实践技能的培养，以适应新形势下技能人才培养工作的需要。

2. 一线生产人才培训的关键是"标准化"，一切按规范动作、质量要求和时间节点执行，再辅以严格的激励机制。一线生产就是军事化管理，以"不折不扣地执行"为第一要务。因此，一线生产人才培训的关键就是标准化的课件。为了让员工能尽快掌握作业技术，现场演练和"师带徒"都是很好的模式。

3. 建立"招生即招工""联合办学促实效"的人才选培机制。在校企合作模式下，"招生即招工""联合办学"等方式既能发挥学校和企业的各自优势，又能共同培养社会与市场需要的人才，是高校与企业（社会）双赢的模式之一。具体包括按企业人才规划共同招生即教育培养模式；让企业实践专家走进学校教学；推进实习基地和培训基地的"双基地"建设；通过与高校项目合作，培养技术创新型人才。

4. 对于技能人才的培训，系统性的职业教育规划是做好职业素质教育的保证。按企业战略规划做好人才规划，按人才规划做好企业职业教育规划，将职业教育规划作为培训的主要部分列入人才发展和培训工作之中，通过多种途径的职业教育培训，构建职工终身学习的培训体系，让职工树立牢固的"终身学习，追求知识，与时俱进，开拓创新"意识，逐步形成在工作中学习，在学习中工作，理论知识与实践技能操作相互结合、相互促进的局面，不断提高人才的素质和能力。

5. 搭建技能人才内外展示技能水平的舞台。技能竞赛是展示技术工人技能水平和企业良好形象的平台，是激发全企业技术工人学习技术、钻研技术的热情和营造重视技能、尊重技能人才氛围的有效手段，能体现企业的核心竞争力和制造实力。企业可以以比赛为驱动力，驱动企业为荣誉而加大培养投入和重视程度，促使员工在比赛中学习并提高技能水平。

第 15 章
校园人才"五步成长"培训

- 如何让校园人才尽快转变为企业职业人
- 校园人才"五步成长"如何设计与应用
- 校园人才一线培训的目的与意义是什么
- 岗位竞聘为校园人才提供了自主再选岗

新人培训对于校园人才进入企业是否能够快速转型，成为优秀的职业人，把在学校的"优秀"延续到企业中，成长为真正优秀的人才非常关键。这就要求企业必须将选拔与培训相结合。首先是选择优秀的、适合的校园人才来企业工作。选对人才是培养人才的前提，那些不适应生活环境，又不愿意去改变的校园人才是培养不出来的。因此，一般企业对校园人才的招聘都非常重视，并将其作为培养人才的前提。

15.1 抓住"90后"校园人才的特点

校园人与企业人的区别主要表现在以下几点：第一，理论知识与企业实践的对接缺乏，理论有而技能几乎没有；第二，有个性、有特点，不愿受约束被管理，在校学习时管理较为松散，尤其在临近毕业的一年，产生了自由散漫、游戏玩乐、生活无规律等问题，新员工需要从这些状态快速转变到职业人的状态；第三，在校以学习为主，个人靠努力、勤奋与智商就可以取得优秀成绩，但进入企业后靠这种方式是行不通的，如何将知识、智商、情商转化为个人能力、团队能力，让自己快速成长是每一个人都需要面对的。

在知识经济全球化、信息化、网络化的背景下，"90后"校园人才的思想比以往任何一代人的思想都更具特点：他们的思维极其活跃，想法新潮，视野开阔。开放的多元媒体，使得"90后"校园人才比自己的父辈更加见多识广。他们接受新事物的能力强，敢想、敢问、敢说，也由此形成了与前代人迥然不同的人生观、世界观。企业招聘校园人才作为后备人才培养，是企业人才自我"造血"发展的重要体现，那么当今时代，校园人才有哪些特点呢？

1. 数量大、差异大

根据教育部统计，近年来高校毕业生数量逐年攀升：2007 年全国高校毕业生人数为 495 万，2013 年毕业生人数达到 699 万，2014 年毕业生人数继续走高，达到 727 万，2015 年毕业生人数达到 749 万。他们的专业与社会就业的需求差异较大。

2. 有个性、有特点

自由、理想主义、创造力、冒险、敢想敢做、个性化，这些词语都可以用来形容"90 后"青年群体。他们具有强烈的自我意识，有自己独特的思考能力和处事准则，乐于接受新鲜事物，喜欢推陈出新。同时，他们在行为上勇于张扬自我个性，强调自己与他人的不同之处。他们的自我评价普遍较高，也很聪明，具有较强的学习能力，需要企业提供机会或者舞台来展示自我。由于在思想上的束缚少，他们有着很强的想象力和创造力，所以与他们沟通时，要倾向于用感情沟通的方式进行交流，而非命令式的"我说你做"。

3. 素质高、要求高

"90 后"校园人才自小便接受很好的教育。他们从小接触和学习的知识很多，能全方位、深层次地涉猎各方面的知识。父母不愿让自己的孩子输在起跑线上，给他们提供最优越的教育环境和条件，为他们报各种兴趣班、特长班……这无形中也使得"90 后"校园人才普遍知识丰富、见识广阔、多才多艺、综合素质较好，自然，他们对自己拥有较高的定位与评价。

4. 新时代、领潮流

在信息化的互联网时代，"90 后"校园人才面临着新的技术、新的理念、新的思潮的冲击。在互联网高度普及的今天，他们的触角可以延伸到世界上的任何地方，从网络中获得大量的信息和知识。他们习惯性地、轻松自如地接收各种信息来充实自己大脑中的信息库。

因此，企业在校招新员工与培训方面，面临着相当大的挑战与改变，只有紧密关注新员工的心理成长，把握住他们的个性化需求，才能设计出真正适合他们的培训项目。而完善的新员工成长培训体系，不仅可以吸引优秀校园人才加盟，更重要的是能将招聘的校园人才尽快培训成为企业的有用之才。

15.2 "4-3-2-1"校园人才培训体系

新员工应该培训什么呢？不同的企业做法不尽相同，但大体上都是从以下两个方面入手：新员工从校园到社会的角色转变；文化融入与职业发展。企业的新员工培训可以总结为"4-3-2-1"培训体系，即培训新员工4种精神，培训新员工3种作风，重点开发2项能力，建设1个培训体系（见图15-1）。

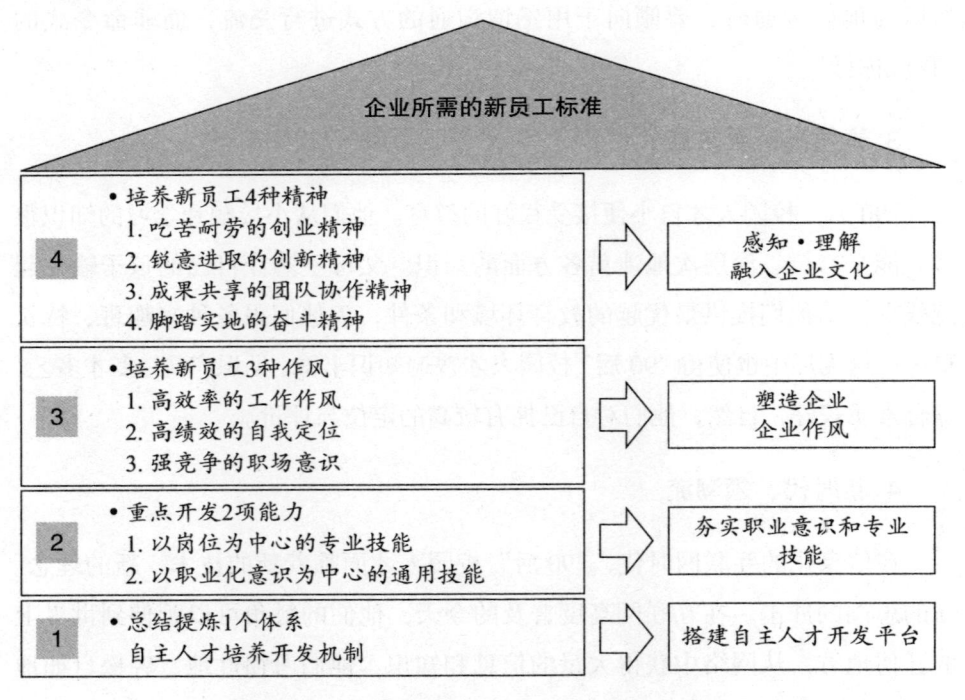

```
                    企业所需的新员工标准

┌─────────────────────────────────────┐
│   • 培养新员工4种精神                │      感知·理解
│ 4   1. 吃苦耐劳的创业精神            │ ⇒  融入企业文化
│     2. 锐意进取的创新精神            │
│     3. 成果共享的团队协作精神        │
│     4. 脚踏实地的奋斗精神            │
├─────────────────────────────────────┤
│   • 培养新员工3种作风                │
│ 3   1. 高效率的工作作风              │ ⇒   塑造企业
│     2. 高绩效的自我定位              │     企业作风
│     3. 强竞争的职场意识              │
├─────────────────────────────────────┤
│   • 重点开发2项能力                  │     夯实职业意识和专业
│ 2   1. 以岗位为中心的专业技能        │ ⇒   技能
│     2. 以职业化意识为中心的通用技能  │
├─────────────────────────────────────┤
│   • 总结提炼1个体系                  │
│ 1     自主人才培养开发机制           │ ⇒  搭建自主人才开发平台
└─────────────────────────────────────┘
```

图15-1　新员工培训目标（"4-3-2-1"人才培训目标体系）

15.3 "五步成长"校园人才培训模式

目前,企业越来越重视自主人才的培训与开发,企业都希望降低对"空降兵"的依赖,以此增强人才队伍的凝聚力,建设稳定的人才队伍。同时,现代企业对员工的培训与管理也有着诸多的新要求,特别是在互联网时代,许多新的学习与发展方式顺势而生,如社群化、碎片化、游戏化的学习。因此,培训管理者更应审视既有的培训模式、资源是否真的能满足这群"90后"客户。

"五步成长"校园人才培训模式,融合了翻转课堂、集中培训、体验式学习、课题讨论、实践学习等诸多方式,通过这种组合拳式的培训,让新入职的员工在一年内快速融入企业、了解企业并胜任岗位的要求。

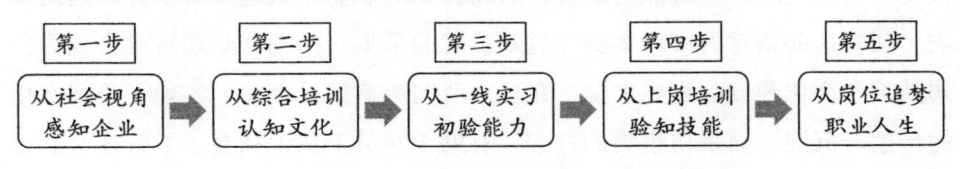

第一步 从社会视角感知企业 → 第二步 从综合培训认知文化 → 第三步 从一线实习初验能力 → 第四步 从上岗培训验知技能 → 第五步 从岗位追梦职业人生

图 15-2 校园人才"五步成长"的培养阶段

15.3.1 从社会视角感知企业

1. 设计目标

(1)让即将加盟的新员工提前感知企业,通过市场观察、调研、访谈等了解企业在消费者心目中的形象,全面了解企业的品牌、产品、售后服务和消费者口碑。

(2)市场是最生动的课堂,走进市场可以培训新员工对市场的认识,培训他们观摩整理、分析判断等方面的能力,同时可以获取市场的一线信息。

(3)每个企业都有自己的历史,在市场中发生了许多服务客户、感动客户的故事。这些新鲜的市场案例经过新员工的采集、挖掘和整理后可成为公司品牌和文化建设的源泉。

（4）将新员工的作品在企业内刊、新员工培训课程中宣传展示，充分给予新员工展示个人风采的平台。

2. 设计方式

（1）眼观：企业印象——摄影大赛

所谓摄影大赛就是通过与企业相关的产品广告、产品实物、产品背景等影像记录企业背后一个个鲜活的人文故事。可以设计不同的主题，引导新员工用镜头在社会中看企业，感受企业的品牌度和美誉度。

（2）耳听：企业品牌——案例采集

每个企业从创立到逐步发展扩大，在此过程中有很多可以挖掘的闪光点，这正是新员工进一步了解企业的契机。在这一过程中，新员工直接感受企业文化，与其观念产生碰撞与磨合，对新员工的职业化塑造具有十分深远的影响。同时这些新鲜的市场案例经过新员工的采集、挖掘和整理后也会成为公司品牌和文化建设的重要来源，在这个双向影响的过程中，实现了公司文化的传播与沉淀。而采访收集的过程，有助于新员工认识社会、了解社会。这种与人沟通能力的培养对新员工来讲是不可多得的经历。

（3）口说：人文情怀——演讲活动

在感知企业的过程中，新员工对企业的历史、人文了解逐渐加深，他们心中的感情需要一个抒发的平台，可以设置演讲比赛，让新员工尽情地表达他们的所见所闻。

（4）笔写：个人感受——征文活动

为了让新员工正向表达加入企业的感想，企业可以举办征文活动，主题设置可以包括加入企业的感想、心目中的企业、个人职业规划等内容，亦可以将企业的发展与行业、国家的发展相结合。例如，在"中国梦"的主题下，如何实现企业梦想，成就个人梦想等。这些题目带有明显的倾向性及引导性，在无形中帮助新员工尽快融入企业、树立主人翁意识与企业自豪感，引发新员工对企业发展的思考。

（5）思考：企业发展——市场调研

市场调研活动是新员工从专业出发，结合企业业务进行调研分析和标杆对比，确定自己的调研方向和主题的活动。市场调研活动的落脚点及根本任务是提出解决方案。以企业新员工市场调研活动为例，学习市场营销的新员工可以就企业产品的卖点进行营销调研，给出切实可行的市场策划建议；学习管理类专业的新员工可以从企业文化、管理规范等方面进行调查研究，提出改进建议等。

3. 整体工作计划与安排

（1）活动计划编制

企业进行活动方案设计，编制详细的活动计划，内容包括活动目标、活动安排、活动原则、活动评选与工作计划等。

（2）活动通知发布

为保证新员工接收活动方案，在招聘部门将学生分配到各部门后，督促各部门在通知新员工报到时间及地点的同时，提醒新员工在外部官网上查看活动细则，并进一步确定提交方式（邮箱、命名方式）及时间（一般在报到前一周左右）。为规范各部门通知内容，应编制通知模板，并要求发送回执。

（3）活动素材收集

在收集和整理活动素材的过程中，要有意识地挑选一些有特长的新员工的素材，为后续更多活动的开展进行储备，将合适的素材与实际的活动相结合。例如，各部门收回本单位员工作品后，评选出各类别（征文、摄影、市场调研）参与评选前 10% 的新员工名单、作品，陈述推荐理由，填写评选单。在综合培训前 1—2 周提交人力资源部门，由人力资源部门组织进一步评审，最终评选出各类别 1—3 等奖（综合培训前 1 周左右完成）。

（4）活动成果运用

各类成果的后续使用非常重要，尤其是市场调研类文章，需要将其尽快发放到相关业务部门。市场调研类获奖作品在培训结束后应按照内容类别交给相关部门，由其确定价值，对于特别有意义、有创新性的内容可以在公司内部使用，并进行奖励。

（5）活动成果宣传

"从社会感知企业"活动的获奖作品主要用于新员工培训期间的宣传及后

期新员工专刊的稿件供应。所有获奖人员根据加分明细进行相应的加分，纳入综合考评。

培训期间，可在教室中展示获奖作品，展示信息包括姓名、部门、获奖理由等。

（6）活动服务保障

由于很多新员工不了解活动要达成的目标，企业可以通过以下方式加以保障：

①微信推送引导：在新员工微信平台上进行历年优秀作品、内容引导、方法技术的小贴士、相关内容辅导的推送，确保新员工了解目标要求，掌握必备的方法工具（《如何选择有意义的课题》《如何抓住时长精彩瞬间等》）。

②在前期挑选的名单上重点关注部分新员工，可以要求他们精益求精、反复修改，持续创新。

③及时对新员工的成果进行评价并提出好的建议，让他们进一步挖掘出更好的内容与素材。

15.3.2 从综合培训认知文化

入职培训的意义在于通过系统、规范的培训，使新员工了解公司的企业文化与运营流程，向员工系统展示企业全貌并提出要求，帮助新员工调整心态，了解职业通道，培养正能量，为下一阶段培训做好身心准备。入职综合培训是对新员工进行的首次正面熏陶，这关系到新员工对企业的认可程度，也为新员工如何看待企业奠定了基础。这一阶段可以采用多种形式相结合的方式，如军训、拓展、文化及职业化课程培训等。绝大部分企业都十分重视这一阶段的集中培训。

1. 活动总体设计及安排

综合培训主要由四部分构成：拓展与军训、职业化塑造、集中培训、成果汇报。主线如下：

拓展与军训 ＋ 职业化塑造 ＋ 集中培训 ＋ 成果汇报 ➡ 准备进入一线培训

图 15-3　综合培训总体构成

2. 资源配置与管理

（1）场地选择及时间安排

表 15-1　　　　　　　　　　场地与时间

序号	项目	实施要点	备注
1	场地选择	• 尽可能地选择封闭场地 • 后勤服务保障，如住宿、食堂、教室容纳人数等	
2	时间安排	• 避免培训场地的冲突 • 避免培训时间与企业重大活动产生冲突	

（2）讲师及课程准备

表 15-2　　　　　　　　　　课程与讲师

序号	项目	实施要点	备注
1	课程设置	• 与培训主题相关 • 最能够体现企业优势及整体特色 • 符合新员工认知水平	
2	讲师安排	• 授课技巧熟练的讲师 • 有一定的工作年限，专业课程讲师尽量选择中高层管理干部	
3	拓展项目	• 贴合培训主题 • 活动设计充实，全员参与 • 安全有效	

（3）管理团队及培训用品准备

表 15-3　　　　　　　　　　人员与资源配备

序号	项目	实施要点	备注
1	团队成员	• 管理团队如何构建（班主任、常驻人员、轮值人员等） • 医疗、用车、管理团队的准备	
2	班主任	• 班主任选择负责任、有管理方法的管理者担任 • 有一定工作经验	
3	培训教材	• 封面设计、内部构图及内容设计	
4	培训穿着	• 统一、美观、适合军训及拓展 • 型号齐全、舒适、可换洗	
5	生活、学习及办公用品	• 综合培训期间日常使用、临时工作需要等	
6	宣传物料	• 培训展出的内容 • 摆放方式与展出位置	

3. 操作要点及注意事项

（1）开营准备：对开营仪式会场进行会前检查，确保音响、议程等正常使用。

（2）团队管理：授权管理团队利用前期编制的工作人员手册进行行为约束。

（3）拓展训练：由拓展公司组织训练，注意新员工的人身安全，准备应急预案与应急药品。

（4）军事训练：由教官组织训练，提前进行应急措施及预案准备，准备常备药品以防室外训练中暑。

（5）讲师调度：考虑到内部讲师本身有自己的业务量，因此应提前和讲师进行沟通，按时进行上下课时间和地点的提醒。

（6）课堂管理：授权班主任维持课堂秩序，明确管理原则及奖惩方式。

（7）课后测试：组织考试并进行综合成绩评价。

（8）成果汇报：会场布置与设备检查、会议安排等。

4. 培训评估及总结

表 15-4　　　　　　　　　培训总结

序号	项目	内容	操作要点
1	评估报告	总结培训项目及成果	• 对问卷进行回收、统计、分析 • 对讲师、课程、组织、成果创新、存在问题等进行总结 • 提出下一步改进措施及计划
2	感谢信及感谢活动	对所有参与项目的人员发送感谢信	• 授课讲师感谢信 • 参与项目的相关人员：评委、医生、相关领导等 • 班主任感谢信及研讨会

5. 项目宣传

（1）微信平台

充分利用微信平台对新员工活动进行持续的报道，事先规划各期主题，在综合培训期间出版 8—10 期，可以包含以下内容：

新员工入职前：

①新员工"五步成长"培训计划；

②报到前的准备、安全提示；

③致新员工的一封信。

综合培训期间：

①开闭营仪式报道；

②班主任与管理团队介绍；

③拓展训练与军训掠影；

④"从社会视角感知企业"优秀作品推送。

（2）场地布置

①条幅：操场、教学楼大厅；

②展板：活动主题、企业文化等（教学楼大厅）；

③优秀作品展示：教学楼大厅及各班教室；

④公告及班级展示：各班教室。

> **小贴士**
>
> 这一阶段的培训是入职培训的重要组成部分，可以采取"混合式学习"的方式代替单一的课堂学习，营造"体验式"与"研讨创新"的学习氛围，将同质化的培训做出企业特色。

15.3.3 一线实习初验能力

新员工了解企业价值创造的环节，直观感受企业产品的价值所在，对新员工企业价值观的建立具有十分重要的意义。因此，企业需要设计新员工的一线培训环节，从一线开始践行。国内很多大型企业，如一汽、海尔等，都十分重视新员工一线培训，并将这一阶段的培训制度化、流程化。一线培训主要内容如下：

理论培训（时长可根据实际情况制定），主要内容包括通用知识、工厂管理知识与产品制造知识。其中，通用知识包括员工行为规范、安全教育、消防安全教育等；工厂管理主要是与工厂相关的组织架构、职能职责以及劳动纪律和休假管理；产品及制造包括产品工艺、生产流程、质量监督、现场管理等。

实操培训，可划分为三个步骤，即观摩学习、顶岗学习、轮岗学习。每个环节均设定明确的培训目标和内容，并且明确每个阶段的过关条件。

鼓励一线创新改革。企业可以制定创新改革激励办法鼓励新员工在一线主动参与改革，通过奖励，激发他们的动力。具体的实施步骤如下：

1. 总体安排

（1）时间安排：6个月（可根据实际情况进行安排）

（2）培训地点：一线生产车间

（3）培训目标：通过一线生产培训，熟悉现场管理知识与岗位技能，认识企业制造文化和产品工艺流程，磨炼意志，提升专业素质，顺利完成角色转型。

具体内容如下表所示：

表 15-5　　　　　　　　　　一线培训时间安排

阶段	项目	主要内容	月度目标				备注
工厂实习	制造管理知识导入	生产安全培训、工艺产品知识培训、生产线观摩。	理论授课				
	顶岗实习	掌握工艺流程和本岗位的作业规范，体验一线员工的工作内容和劳动强度。	顶岗作业实习				
	轮岗实习	掌握新的岗位的作业内容、工艺流程。				轮岗实习	
	一线管理辅助实习+改善提案	辅助班组长现场实习，工序改善提案，掌握解决问题的方法。				改善提案	
过关测试		根据不同阶段的实习内容组织理论考试、技能鉴定、改善提案评比。	理论知识考试	上岗证取证	技能鉴定	改善提案评比	
其他培训形式	职业化课程	"压力管理""目标管理"等职业化课程。	课程				
	精益制造大赛	作业实践知识大赛、操作技能大赛、精益制造改善提案成果展示。	实践知识大赛		操作技能大赛	改善提案成果展示	

2. 总体原则

（1）安全第一：各部门需建立安全管理制度，并组织安全教育培训，保障新员工一线培训期间的生产、生活、交通与人身财产安全。

（2）全员参与：任何单位不得以任何理由抽调新员工脱离一线培训，任何员工个人不能退出一线培训。

（3）精益管理：各部门要严格按照精益制造理念来培训新员工，制订详细的培训计划，确保培训效果。

（4）末位淘汰：各部门需建立一线培训考核标准及末位淘汰机制，对各阶段考核不达标的新员工可进行末位淘汰。

（5）培训工厂全权负责：培训工厂全权负责新员工一线培训期间的纪律与管理，委托方应充分信赖培训工厂的培训计划与考核机制，对相关事件有知情权和参与权，但不可越级管理。

3. 培训模式及考核流程

（1）培训模式

培训模式主要是将理论学习与生产培训相结合。其中理论学习为期一周左右，新员工通过观摩培训后再进入正式的顶岗与轮岗培训，具体如下表所示：

表15-6　　　　　　　　　一线培训内容安排

阶段细分	基准目标	实习内容	实习形式	考核模式
导入式实习	理论考试成绩达到75分以上	1. 生产安全知识教育； 2. 车间精益制造知识、产品与质量管理知识培训； 3. 生产线观摩，操作技能知识讲解	集中培训生产线观摩	理论考试
顶岗实习（岗位1）	掌握本岗位的标准作业流程	1. 在固定岗位顶岗作业，完成本岗位标准作业，达到该岗位所要求的质量且节拍达标； 2. 学习了解其他岗位技能操作要点，了解车间精益制造流程	顶岗作业	车间评价
初级工技能鉴定（岗位1）	达到初级工技能鉴定标准	通过实习岗位的初级工技能鉴定	理论+实操考试	技能鉴定考核

续表

阶段细分	基准目标	实习内容	实习形式	考核模式
轮岗实习	1. 掌握本班组另一岗位的标准作业流程； 2. 承担班组改善课题撰写，提高解决问题的能力。	1. 轮岗作业，完成另一岗位标准作业，达到该岗位所要求的质量且节拍达标； 2. 在轮岗实习期间配合班组长撰写精益制造改善提案。	顶岗作业 改善提案	车间评价
精益制造改善提案	改善提案获批	修改完善精益制造改善提案，展示优秀改善提案成果。	发布改善提案	成果答辩

（2）培训流程

①关键考核点

员工通过生产班组顶岗作业，掌握本班组工艺流程和本岗位的作业规范、质量标准，体验一线员工的工作内容和劳动强度，独立完成班组内一个岗位的作业内容，达到初级工标准。在此基础上，学习掌握其他工序的标准作业方法，并配合班组长开展现场管理、作业优化或进行精益改善。

②考核流程图

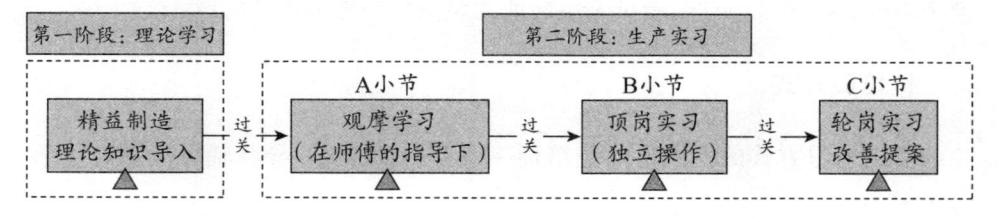

图15-4 一线培训考核流程

③考核标准

生产一线培训，主要通过理论考试、技能鉴定和改善提案三部分考核新入职的校园人才。

4. 组织分工

各部门建立培训管理小组、安全执行小组和思想生活小组，委托培训单位将安全执行小组设在受委托工厂，具体安排如下：

（1）培训管理小组

制订本单位的新员工培训计划，做好培训准备、协调处理相关事宜；组织第一阶段的集中培训、生产线观摩和理论考试，每周定期检查培训的执行情况；安排职业导航和相关管理专业知识培训。

（2）思想生活小组

每月定期组织新员工座谈会，了解新员工的思想动态，解决培训中遇到的困惑和问题。

（3）安全执行小组

确定可容纳培训的车间班组和培训人数，将新员工分配至各工位，并为新员工安排指导老师，并且负责每月的定期评价、落实技能鉴定。

15.3.4 从上岗培训验知技能

新员工经过粗加工就好像是原料木材，只有通过进一步的加工磨炼才能成为栋梁。新员工在了解文化、管理、运营的基础上，需要深刻理解工作流程，通过观察或操作去发现工作流程中的疑点。因此，"岗位培训"成为新员工培训必不可少的环节，这是新员工定岗前为岗位集中做准备的阶段。

1. 培训方式

按照学习方式的不同，岗位培训一般有两种形式：导师辅导法和自主学习法。

（1）导师辅导法

导师辅导法，顾名思义，给新员工指定导师，在新员工的培训过程中为其制订培训计划，对新员工进行辅导，帮助新员工掌握基本技能。导师可以是一个人也可以是组建的专项培训小组。

（2）自主学习法

自主学习法，并不是对新员工放任自流，而是给新员工布置工作项目或课题，督促其通过自主学习、向老员工请教等方式自行解决问题并推进项目。

在这一过程中,不对项目本身进行直接指导,而是列出需要学习的相关内容,定期进行检查并进行反馈,同时对新员工的学习成果给予及时的肯定或纠正,激发其潜能。

以上两种培训方法的运用应结合新员工的个性和心理特点,按照岗位训练的不同阶段展开,重点是塑造新员工的心态,培训其职业价值观和思维模式,传授其工作技能和方法,形成良好的职业素养。

2. 培训模块

岗位培训不同于前三阶段的培训。在此期间,新员工对相关岗位的培训需求有了比较明显的区分,不同职业目标与意向的员工需要考虑不同岗位所需的专业知识技能与工作信息等。因此,在岗位培训期间,不仅要注重通用能力的培训,还要有目的地进行岗位职能职责的学习,并且通过这一系列的培训,达到相应岗位的初级任职资格要求。精细化培训模块示如图所示:

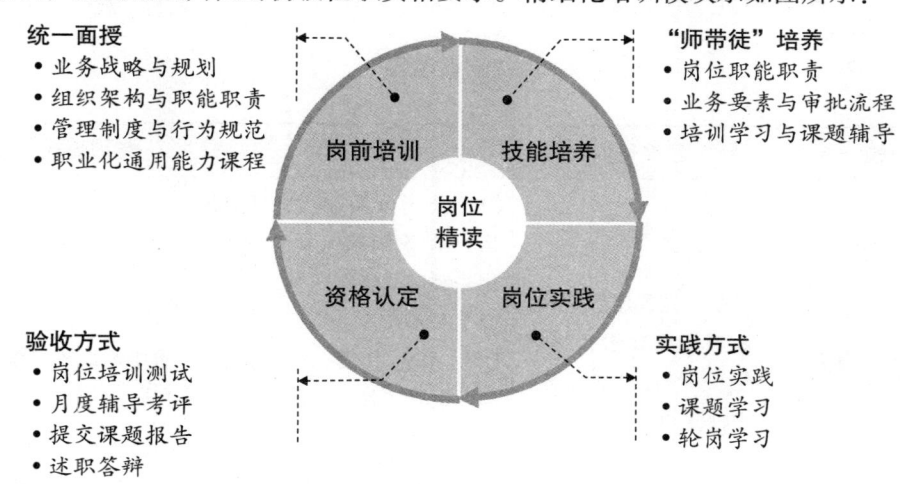

统一面授
- 业务战略与规划
- 组织架构与职能职责
- 管理制度与行为规范
- 职业化通用能力课程

"师带徒"培养
- 岗位职能职责
- 业务要素与审批流程
- 培训学习与课题辅导

验收方式
- 岗位培训测试
- 月度辅导考评
- 提交课题报告
- 述职答辩

实践方式
- 岗位实践
- 课题学习
- 轮岗学习

（岗位精读：岗前培训、技能培养、岗位实践、资格认定）

图 15-5 岗位培训精细化模块

3. 整体工作计划安排

（1）培训目标

①引导新员工进一步了解部门文化,学习部门经营目标、组织架构、业务类别、岗位目标等;

②帮助新员工明确岗位职能职责、熟悉工作流程，培训实际工作中所需的知识和技能；

③学习了解岗位相关专业知识、工作技能，加强新员工职业技能的培训与锻炼。

（2）培训原则

①分级管理：人力资源部门制订培训方案，各部门自行安排岗位培训。

②导师辅导：采用"师带徒"模式，导师指导新员工制订计划，并监督计划完成情况，做好月度面谈辅导，并且直接对新员工安全负责。

③结果导向：重视知识与技能的掌握与运用，通过混合式的学习方式进行培训，考评合格后进行资格认证。

④过程管控：做好充分的岗前准备，按计划完成各项工作，做好月度考核，按要求提交相关材料，并且做好培训记录归档。

（3）培训内容

表15-7　　　　　　　　　　岗位培训内容

模　块	基准目标	培训内容	培训形式
通用知识技能	了解公司的组织机构、业务架构要素、部门相关制度和办公软、硬件使用。	（1）公司政策制度：组织机构、业务架构、业务要素、相关制度的规定内容； （2）基本技能：Word、Excel、PPT、OA、RTX、打印机、复印机等工具设备的应用； （3）部门业务流程：本部门的业务流程、政策制度及相关上下游部门的业务。	集中培训+自学
岗位职能职责	掌握本岗位的职能职责、工作计划、业务审批流程。	岗位职能职责相关的知识和技能。	指导学习
任职资格标准	学制岗位所属序列的一级预备等要求的必备经历和结果产出。	序列任职资格一级预备等相关的实践要求。	岗位实践

15.3.5 从岗位追梦职业人生

新员工的培训要"推拉"结合,所谓"推"就是针对新员工的各项,所谓"拉"就是学习的牵引力,通过考评或认证牵引新员工自主学习,帮助他们成为合格的职业人,在工作中崭露头角,散发光芒。主要内容如下图所示:

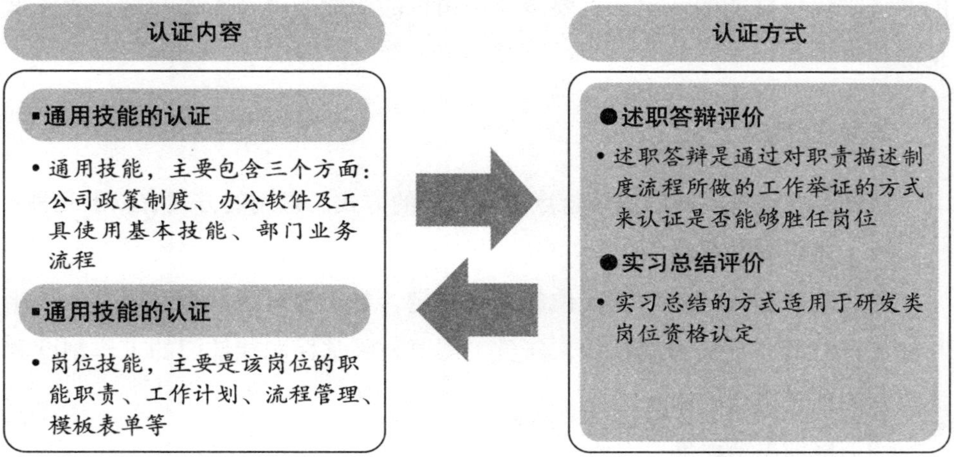

认证内容
- 通用技能的认证
  - 通用技能,主要包含三个方面:公司政策制度、办公软件及工具使用基本技能、部门业务流程
- 通用技能的认证
  - 岗位技能,主要是该岗位的职能职责、工作计划、流程管理、模板表单等

认证方式
- 述职答辩评价
  - 述职答辩是通过对职责描述制度流程所做的工作举证的方式来认证是否能够胜任岗位
- 实习总结评价
  - 实习总结的方式适用于研发类岗位资格认定

图 15-6 上岗认证内容与方式

1. 认证内容及原则

(1)先培训,后考核,再认证

上岗资格认定遵循"先培训,后考核,再认证"的原则,是所有新员工在岗前培训、一线培训和岗位培训之后,转正之前需要接受的能力素质评估。通过标准考核,对新员工的能力素质进行多维度的评估,达到标准后,将由公司统一对新员工进行资格许可认定。

(2)"考试——导师评价——部门评价"三位一体

上岗资格的认证,同时还取决于一对一导师和部门领导、同事方面的评价。这种"考试——导师评价——部门评价"三位一体的认定原则更具灵活性,也更容易挖掘新员工的多方位潜能。

认证的内容主要包含通用技能的认证和岗位技能的认证。通用技能主要包括三个方面：

①公司政策制度；

②基本技能，Word、Excel、PPT、OA、即时通软件、打印机、复印机等工具设备的应用；

③部门业务流程，包括本部门的业务流程、政策制度及相关上下游部门的业务。岗位技能的认定，主要涉及该岗位的职能职责、工作计划、业务审批等。

2. 认证方式

认证需要根据不同的岗位特点选择合适的方式。常用的方式有以下几种：

（1）述职答辩评价

述职答辩常用于管理类岗位的资格认定，如人力资源、金融服务、法律与知识产权等。在岗位培训中，新员工需要熟练掌握职能部门的工作制度和流程并能独立担任工作。

（2）培训总结评价

培训总结的方式适用于研发类岗位资格认定，培训总结中应包括产品性能测试报告等内容。

（3）调研报告评价

调研报告主要用于营销类岗位的资格认定，新员工通过前期的市场调研，了解产品知识、销售流程以及市场一线经销商和服务商。因此，需要根据实际的培训内容写出调研报告。

15.4 老 HRD 的智慧分享

1. 准确把握需求，树立培养目标

面对来自不同高校背景的新员工，应对他们的需求号准脉，设计出能满足不同学生的培训方案，并且对他们的心理成长与变化密切关注。企业未来需要的是教了就会，会了就干，干了就好的人才。因此，在校园人才的培训中一定要准确把握培养目标，按需培训。

2. 注重校园人才的行动与改变

（1）动手能力

经过十几年的学历教育，应届毕业生通常都很有"创意和想法"，他们对未来有梦想，希望通过自己的"创意"影响企业，这种理想主义与现实的碰撞，就是企业文化的融入问题。要转变校园人才的思想，就要把他们放在企业的一线岗位去亲身体验。一方面通过实践让他们认识到什么是"会做"，什么是"做到位"，另一方面是改变他们的心智、韧劲和挑战。

（2）淘汰机制

校园人才并不是都能成为社会人才，淘汰是自然规律。企业的培训淘汰机制是对那些不适应、不胜岗的人进行淘汰，通过淘汰机制来改变他们对社会、对发展的认识，只有认识到了，才能去改变。

3. 把关心渗透到方方面面

竞争淘汰机制并不是说企业不用关心新员工，让他们自生自灭，而是应更多地去关心他们，为其提供好的生活、工作环境。企业要体现关爱，用家的温暖去关心他们，让他们体会到"企业如家"的感觉，也只有这样他们才能把企业当作自己的家，并成为家的主人。

4. 通过竞聘上岗找准职业跑道

竞聘上岗是整个校园人才培训必不可少的环节，也是帮助新员工找准职业方向的一扇门，因此，设置好这扇门的标准和门槛是至关重要的。培训部门应将岗位及任职资格相结合，为校园人才开启职场生涯，找准跑道。

第 16 章
数字化学习时代真正到来了

- 2020 年随着新冠肺炎疫情在全球的肆虐流行,
- 人们之间正常的交往交流也成了被限制的行为,
- 线下的培训课堂变成了"弥足珍贵"的奢侈品,
- 各企业在保障安全的情况下都在加快复工复产的
- 步伐,而承接战略、业务和人才的培训工作又
- 如何开展线上学习平台、资源建设和运营呢?
- 时下和未来企业培训的发展趋势
- 数字化学习的时代真正到来了

当前，数字化技术快速发展，新兴媒介层出不穷、快速迭代发展，知识爆炸一天比一天剧烈，超乎人们的认知和想象。很难想象，现如今每天产生的信息数据量超过了过去几个世纪所产生的信息的总量。面对大数据的爆发式增长和新兴媒介的快速发展，人们的学习也必然发生深刻的变化，瞬间进入"知识爆炸"的时代，如何快速获取、筛选、学习和应用知识不可避免地成为一个令人头疼的事情。

面对如此艰巨的挑战，打破传统学习方式的桎梏是第一步。记录学习过程、识别应用场景、感知学习场景、链接企业和社群等都将成为新时期智慧学习的重要特征和发展方向。智慧学习环境正在经历从 E-learning 学习向全方位的移动学习和 AR 技术仿真学习等方向发展。

16.1　E-learning——企业数字化学习 1.0

16.1.1　E-learning 的概念

E-learning 可以译为"数字（化）学习""电子（化）学习""网络（化）学习"等，已经不是一个新概念。它最早在美国 On-Line Learning 大会上被提出，并在教育研究者、知识管理专家、E-learning 平台和内容开发者的共同研究下得以快速发展。当前教育和培训界的普遍共识是，"E-learning 是一套完整的学习资源库，更辅以相关的知识管理、学习管理等辅助系统，目的在于为学习者提供学习服务"。

从美国教育部 2000 年度的"教育技术白皮书"中，我们可以不断厘清 E-learning 的概念：

E-learning 是一种新而有效的受教育方式，包括新的沟通机制以及人与人之间的交流互动。这些新的沟通机制是指：因特网、多媒体、专业内容网站、信息搜寻、电子图书室、数字学习课程与网络学习等。

E-learning 指的是通过因特网进行教育训练与培训等相关服务。

E-learning 提供了随时随地学习的可能性，从而为终身学习提供了落地的方法。

E-learning 改变了教师的作用和师生关系，从而改变了教育训练的本质，"培训"不再是"施"与"受"的单向传递，而进化成了师生之间互动交流的双向沟通。

E-learning 是为学员提供灵活的思考模式和分析能力训练的重要途径。

E-learning 可以很好地实现某些特定的训练目标，它不能完全替代传统的课堂教学，但会极大地改变课堂教学的目的和功能，最大限度地释放课堂时间。

E-learning 的创新学习模式，使学员不论何时、何地都可以利用互联网直接链接至学习平台进行学习，对于课程中的不懂之处，也可以反复练习。特别值得一提的是，学习过程中的学习记录将让学习过程一览无余。

16.1.2　E-learning 的特点

E-learning 自从在教育培训行业发展、流行以来，就因其具备了技术化、自主化、多样化的特点，取得了快速技术突破和学习实践的发展。

1. 技术化

计算机和互联网是 E-learning 最重要的特征和技术基础，正是由于有了这样的技术背景，才极大地方便了资料的及时更新、知识数据的分发共享、学习过程的互动体验等，而且随着智能终端技术接入移动互联网，技术的发展将不断使 E-learning 学习的内涵和方式获得进化。

2. 自主化

学习的终端是学员，受训者可以根据自己的时间自主安排学习的进度，根据自己的需求安排学习的内容和过程，E-learning 帮助学习者突破了培训的局限，变成了一项以学习者为中心的自主行为。

3. 多样化

为满足学习者对知识体系的学习需求，企业和教育培训机构会定制开发多维度、多层次、多专业的线上学习资源，覆盖学习者所在行业、企业、专业的方方面面，这些丰富多彩的学习内容能实现快速的规划、定制开发和管理，前所未有地丰富了学习内容，并便捷了学习内容的获取。

4. 实战化

E-learning 作为一种互联网时代的学习手段，企业可以将其作为独立的方式组织学习，更需要与其他培训和学习方式搭配起来使用，比如在关键人才培养项目中，E-learning 可以与书籍学习、课堂学习、社群学习、行动学习等其他方式进行混合设计。一方面，E-learning 可以充当翻转课堂的"知识先行军"，另一方面，企业可以根据业务场景设计实战化的在线学习模块，通过"在线教""在线练""在线核"等环节强化学习效果和实用目的。

5. 一致化

在传统的授课过程中，受老师和学员授课与理解水平的影响，信息在传递过程中会出现衰减甚至走样，而通过网络的学习则能够最大限度地保证知识的及时性、准确性和全面性。比如，企业核心价值观的培训，如果企业能将核心价值观制作成标准、规范的视听内容放在网上，学员就无须讲师讲解和转述，接收第一手的学习资料，确保公司上下获得一致的信息。

6. 档案化

通过网络技术和智能硬件设备，学习者的所有学习活动过程被 E-learning 轻而易举地记录和保存了下来，它比纸媒时代很多企业建立的"学习档案"能够保存得更为详细、保存得更为长久，这些档案当下可以成为评估学习效果和获得培训需求的分析依据，今后也可以作为追踪上岗资格认证和职业生涯发展的见证性资料，帮助企业更好地进行人才的盘点和发展。

16.1.3　E-learning 遇到的问题和挑战

近年来，E-learning 经历了从不成熟到成熟的过程，在发展中也遇到了一些问题和挑战，主要表现为以下几点：

1. 发展受技术的限制

E-learning 的概念提出比较早，但发展一直不温不火，究其原因在于它受技术发展的限制比较大。一方面，E-learning 平台底层建构技术的发展不够成熟和完善，无论是网络基础技术、功能开发还是网页的体验设计都十分落后和粗糙；另一方面，课程内容的制作技术一直以来也是短板，课堂内容大多数是像素不高的视频或者是 PPT 的录播课程，直到近几年逐步普及了一些动画、高清视频、直播等新的课程制作技术后，情况才有所好转。

2. 平台建设周期长、投入费用高

早期云平台相关技术并不十分成熟时，很多企业都是搭建自己的学习系统，完成系统规划、开发和上线，短则四五个月，长则一两年，企业往往需要投入较高的成本才能建立自己的 E-learning 学习系统。

3. 未获得足够的重视

企业建立 E-learning 学习平台后，因其学习过程相对枯燥、课程内容利用率不高、知识更新过慢等，很难得到企业和学习者足够的重视和应用，于是沦为摆设。

4. 培训管理者缺少有效运营手段

要想将 E-learning 重新盘活，必须在平台技术、内容开发和 O2O 的学习运营等方面加大力度，企业要像经营业务一样去提高平台的知名度、增加精品课程的曝光度、增加平台应用度等，不断提升平台的价值和作用。

5. 企业大学咨询与 E-learning 技术未能有效融合发展

企业大学是实现人才发展的最佳实践载体，而 E-learning 则是承载企业大学实践最为有效的信息化手段。然而，这两个咨询技术领域却一直缺乏交集，而很难有效地结合，由于中国企业的管理基础往往较为薄弱，并且较习惯于采购整套解决方案，早期从事 E-learning 的中国企业在这方面的能力异常薄弱，而国外企业由于高度的专业分工，也只有 IBM、埃森哲或甲骨文等拥有技术背景的咨询服务机构能够提供整体服务，但咨询能力的不足也导致了 E-learning 发展的不均衡。

16.2 移动学习——企业数字化学习 2.0

E-learning 经历了 20 多年不温不火的发展，一直难有大的突破，直到近些年智能手机、ipad 等移动终端技术进步和产品普及，人们一步迈进了移动学习时代，出现了"移动学习"。移动学习并不是要"革了 E-learning 的命"，而是与 E-learning 相融合，为企业的线上学习带来新的发展。

16.2.1 移动学习的概念

移动学习（Mobile Learning），是一种在移动设备帮助下能够在任何时间、任何地点发生的学习。它的发展主要依托于移动通信技术（4G/5G）、移动通信智能终端（智能手机和 PAD）和 Blue Tooth、IEEE802.11 等无线通信技术和协议。移动学习是未来学习不可缺少的一种形式，目前已经被越来越多的企业使用。

16.2.2 移动学习的特点

1. 随时随地可学习

移动学习可以打破传统线下培训或者 E-learning 对学习时间和空间的限制，学习变得无处不在、无时不能。移动学习完全可以在非正式的场合发生，学习的时间也可以更加灵活——我们可以看到有多少人在地铁上使用手持移动设备获取各种知识。

2. 知识点简单实用

因为要满足随时随地学习的需要，移动学习提供的知识内容不再像传统大课那样丰富、系统，更多是以独立知识点的方式呈现，且知识点必须凝练、简单和实用，这样学习者才能利用碎片化的时间轻而易举地掌握某个技巧和方法，并为自己的工作带来切实的帮助。

3. 从碎片化到体系化

学习的碎片性是移动学习的又一大特点，这种碎片性为学习者提供了学习的便利，主要体现在两个方面：一是学习时间碎片化，乘车、等待、睡前等各种零散时间都可以用来学习；二是内容碎片化，各种知识、技能、资讯都可以一个个地学习掌握。但碎片化也需要向体系化方向发展：碎片化学习需要学习者养成坚持学习的习惯，将碎片化时间拓宽和延长，变成持续的行为习惯；体系化学习需要学习者做好学习专题的规划，要有目标、有步骤地学习，尽可能将碎片化知识串起来、用起来。

4. 交互学习体感好

移动学习可充分利用移动设备的交互基本功能，实现信息的双向甚至多向传递、交流，学习者与授课分享者、直线经理及企业培训管理者都可以在移动学习系统中进行沟通和交流，更好地构建从个人学习到团队学习的系统和生态。

5. 从被动学习到主动学习

在传统培训中，学习者是被动参加学习的，而且很多学习项目设置了明确的学习时间、学习纪律、达标验收等方面的要求，学习者缺少自主的规划和自由选择。而移动学习则更多地体现了学习者的自主行为，学习者可以设计满足自己需要的个性化学习方案，无论是"扬长"还是"补短"，都可视自身情况而定。移动学习能有效弥补传统课堂需要跟讲师面对面带来的压力，对于一些性格相对内向的学员来说无疑是一个好的学习方式，学员可以与老师单独交流，也相当于另外一种形式的"面对面""一对一"，可以极大地释放学习的积极性。

16.2.3 移动互联网趋势下的培训新特征

互联网从一出现就开始迅速发展，现在人们的生活中，随处可以看到互联网的影子，未来的世界必然是互联网的世界。企业在这种新趋势下，要把握住机会、快速转型，方能获得快速的发展。在移动互联网趋势下，培训业务又呈现出哪些新特征？培训又如何实现"互联网＋培训"的有机融合？让我们在互联网的特性下，一起畅想培训模式的改变。

1. 何为互联网思维

互联网思维，就是在（移动）互联网、大数据和云计算等科技不断发展的背景下，对市场、用户、产品、企业价值链乃至整个商业生态进行重新审视的思维方式。从另一个角度看，互联网思维其实就是一种工具，能让我们用新的思维方式来反思和工作。传统企业的培训结果往往是"高大上、听不懂"，而互联网企业的培训则追求"接地气、讲干货、说人话"。互联网思维催生了种种堪称简单粗暴的方式，却往往能直击用户内心深处。

2. 移动互联网趋势下，培训三种能力的新运用

传统的培训要求我们至少具备三种能力：讲课的能力、开发课程的能力和培训运营管理的能力。在移动互联网趋势下，我们可以运用哪些新工具、新方法，玩转传统培训呢？第一，社群运营能力，即能不能让粉丝玩起来；第二，多媒体制作能力，让培训内容成为可听、可视的多媒体产品；第三，爆点营销，即会不会引爆一个问题、带动人气，让客流量上来，并且让人在不知不觉中传播信息。现在有一句话叫"饭前不拍照，臣妾做不到"：不是只有来吃饭的人才叫用户，真正的用户是还没吃就先把照片传出去的人。可能朋友圈里一百个人觉得这个店挺好，下回也要去，于是一个人带了一百个人，这种用户，才是真正的用户。

3. 定制化软件向平台化模式发展

定制化软件的三大痛点在于价格昂贵、界面不友好、学员不愿用。而学习平台模式让免费资源获得交互利用，学员可以像在社交网站上一样分享、交流，有效地解决了定制化软件的软肋。PC端与移动端的结合与移动互联网的发展直接影响企业员工的学习模式，用手机等移动端进行阅读、分享、观看微视频成了新一代人学习的潮流。但这并不会取代PC端上的学习，两者将长期共存于企业培训管理模式中。这让任何一家中小型企业都有机会接触到世界上最前沿的行业资讯，这也加速了企业内部资源和外部资源的融合，互相借鉴、去粗取精、去伪存真。

4. 线上、线下培训一站式管理成为可能

尽管在线学习已成为培训市场极为青睐的大蛋糕，但在企业培训中，线下培训仍然占据主导地位。因此，企业必须兼顾线上培训与线下培训的平衡，这就对企业的培训管理提出了更高的要求，在线学习平台使得企业线上、线下培训一站式管理成为可能。员工能力管理、学力管理贯穿个人整个职业生涯，学习是自己的事情，每一个人都应该为自己的能力负责。企业提供的学习培训是基于业务的，但每一个员工自身的能力管理和学力管理将与之终身相伴，这将催生出针对个人的专门学习平台的建立。平台将为个人建立独立的账户，它不随离职、跳槽而消失，而是个人身份的重要凭证，贯穿个人整个职业生涯。

5. 培训课程个性化

培训课程的个性化是指通过以内容为中心的个性化设计与开发，形成自己的定位和特色。随着培训市场竞争的日益激烈，培训机构普遍感觉生存压力加大，在这种情况下，谁能另辟蹊径，谁就能争取到新的商机。于是，个性化培训渐成主流。

英语培训市场出现了按行业划分的细分市场，如"汽车英语""金融英

语""贸易英语"等；IT 培训市场开始分化为"白领培训"和"蓝领培训"两大阵营；CEO 培训则出现了针对女性 CEO、CEO 太太的培训项目；企业内训分为管理培训、项目管理培训、销售培训、技术培训等。这种个性化的发展趋势预示：差异化竞争态势已经开始形成，培训市场细分天下的时代已经来临。就目前的发展态势而言，差异化竞争之路可以通过课程设置等手段实现，以个性化课程的逐渐完善和教学质量的进一步提高，逐渐打破培训机构之间的同质化竞争格局。突出实战性，从课程的设计到培训过程，都尽量让其具有良好的实用价值和针对性，更符合学员的个性化需求。

6. 学习碎片化

通过对学习内容的分割整理，形成一个个可以快速灵活学习的小单元，方便人们利用零散的时间进行学习，这就是碎片化的学习方式。企业碎片化学习的产生和发展的原因除时间有限外，快节奏的工作改变了人们对知识需求的节奏也是一个重要原因：人们需要用最短的时间发现信息、学会方法、找到答案。换言之，碎片化学习需要提供一种快速响应的学习体验，就仿佛我们使用百度一类的搜索引擎一样，输入问题，很快就能得到相关的答案。

IDC 的一项调查统计显示，知识型工作者要花 25% 的工作时间搜索信息，应对难题时，用来"搜索"问题解决方法的时间可能会更长。意识到这一点的企业开始尝试"节省"搜索时间的方法。例如，有的企业会建立企业 Youtube 视频库，员工在遇到工作上的问题时，可以去视频库里寻找相对应的资料，尽可能便捷地解决问题。为即用即学、按需而学的学习需求提供优质、快速的响应，也是碎片化学习产品未来的一个重要发展方向。

16.2.4 移动学习的发展挑战

移动学习为学习带来了创新和便利，但随着移动学习在教育和培训领域的不断发展，也出现了一些问题和挑战：

1. 移动学习系统的技术

移动学习特别倚重移动计算机技术、网络技术、多媒体技术和内容制作技术等的发展，而这些技术还有待于进一步发展和突破。

2. 移动学习的内容开发

当前，对于行业通用课程内容的开发比较多，而对企业特有知识和内容的开发还有很大的不足，这一方面是因为企业对它缺少重视和相应的投入，另一方面是因为企业在技术和人才储备方面也有差距。因此，移动优先设计应该成为各类企业和机构在内容开发中的重点，所有的课程和学习内容都要首先假设其主要学习方式是移动学习。

3. 移动学习的项目运营

在学习领域有一个"721"法则，即一个人能力的提升 70% 是从工作实践中获得的，20% 是从跟他人学习中获得的，只有 10% 是从正式的课堂学习中获得的。移动学习能够有效地突破课堂限制，将业务场景、社群互动及课堂学习整合起来，但在这方面，多数企业做得还不够，需要以移动学习为主线进行学习项目设计，而不是仅仅将移动学习作为一种补充手段。相反，线下学习才应该成为在线学习的一部分。

4. 移动学习的成果转化

移动学习因为碎片化、自主化、离线化等特点，在学习成果的转化方面没有传统培训课堂方便设计和实施，因此移动学习成果如何转化也是需要重点思考和策划的。

16.3　AR 仿真学习和深度学习——企业数字化学习 3.0

AR（Augmented Reality），增强现实，就是将真实环境和虚拟的物体实时叠加到同一个空间或者画面中，令使用者充分感知到并操作虚拟的立体图像。

AR 应用于学习后，就超越了知识学习本身，更多地发挥了操作和练习在学习中的作用，这一点是 E-learning 和 M-learning 做不到的。在 AR 仿真学习场景中，以 AR 技术刺激学习者的感官，加强与虚拟"真实场景"的全方位互动，使学习者有了操作练习的便捷性、安全性和真实性，将极大地刺激和推动知识技能的掌握。目前，AR 技术越来越多地被一些高科技企业用于一些特殊场景，如一些高危行业特殊工种的训练中。

Deep Learning，深度学习，源于人工神经网络研究，是含有多隐层、多层感知器的一种深度学习结构。深度学习是机器学习中一种对数据进行表征学习的方法，如果说数字化学习 1.0 和 2.0 阶段还是以人为主体的学习，到了万物互联的数字化学习 3.0 阶段，机器学习便会成为新的发展趋势。

在数字化学习 3.0 时代，因为技术的发展，学习过程呈现出了智能化学习、深度学习的特点，以下是此阶段的一些特征和发展趋势。

1. 游戏化

通过游戏来学习获得较快的发展，游戏化学习的目的是增强学习的乐趣和吸引力。研究表明，视频游戏能增强手眼协调能力，提高学习者的学习兴趣，正式的游戏化学习可以通过积分、勋章、排行榜等激励体系，通过学习场景的故事化、任务化设计，通过对学习内容的趣味化、模块化开发，推动学习者全身心投入学习的过程，完成学习任务，实现课程目标。

2. 云

目前，移动学习系统正从自持服务器向云系统切换，企业数字化学习系统上的"云"，一方面可以让学习的速度更快、更稳定，另一方面可以承载更大数据的知识形式和知识内容，从而可以极大地释放企业服务器的存储空间，降低数字化学习平台的成本。

3. 大数据

在如今的移动学习中，学习者将会产生大量的数据，这里既有从系统流向学习者的知识体系，也有因为学习者的学习活动和互动而产生的数据，海量的数据在学习过程中生成。这些数据通过学习系统收集和保存了下来，不仅清晰地反映了学习过程，可以方便任何时间的追溯，也可以通过数据本身对学习目标、学习内容和学习方式的反向定制，推动组织进一步产出更具针对性的学习内容。

4. 可穿戴技术

未来的数字化学习也将进一步结合人工智能、3D 打印、穿戴设备等技术。2012 年因谷歌眼镜而被称为"智能可穿戴设备元年"，这些可直接穿戴在身上的便捷高科技装备，极大地突破了人类认知范围内的生理极限。这些设备不仅仅是硬件，更能通过软件支持及数据交互、云端交互来实现的强大功能，通过可穿戴技术实现学习，将是人类认识世界的新武器。

5. 万物互联、万物智能时代，开启深度的智慧学习

此阶段的学习已经突破人们的限制，而变成了人与人、人与机器、机器与机器之间的学习系统。随着各种技术的成熟，万物之间的学习生态开始形成，也势必推动数字化学习新时代的到来。

16.4 数字化学习平台成功的"三驾马车"

鉴于在以上数字化学习不同阶段可能遇到的挑战和问题，企业要想规划和使用好数字化学习平台，就必须做好三个关键的步骤：技术平台、内容建设和学习运营。

首先，数字化平台技术是基础载体。如前文所述，与数字化学习产业密切相关的产业和技术包括：软件开发产业、教学设计与多媒体设计产业、企业大学咨询服务产业，只有这三个产业获得全面发展和技术革新，才能带来新的产业融合和技术革命。

其次，数字化学习的核心工作是内容开发。一些企业喜欢外采课程，那些买来即用的课程看似省去了培训管理者很多时间，但是企业培训的核心目标必

须围绕企业的战略方向、业务挑战和业务场景、员工任职资格的进阶式发展而定制开发，这样的课程才是数字化学习平台真正需要开发和承载的课程。

因此，越来越多的企业投入精力开发电子课程，特别是那些贴合业务场景、知识技能明确的电子微课更是备受关注。"微课"是指为使学习者的自主学习获得最佳效果，经过精心的信息化教学设计，以流媒体形式展示的、围绕某个知识点或教学环节开展的简短、完整的教学活动。它的形式是自主学习，目的是最佳效果，设计是精心的信息化教学设计，形式是流媒体，内容是某个知识点或教学环节，时间是简短的，本质是完整的教学活动。因此，对于老师而言，最关键的是要从学生的角度去制作"微课"，而不是从教师的角度去制作，要体现以学生为本的教学思想。"微课"的主要特征有以下几点：

1. 教学时间较短

教学视频是"微课"的核心组成内容。根据中小学生的认知特点和学习规律，"微课"的时长一般为5—8分钟，最长不宜超过10分钟。因此，相对于传统的40分钟或45分钟一节课的教学课例来说，"微课"可以称之为"课例片段"或"微课例"。

2. 教学内容较少

相对于内容较宽泛的传统课堂，"微课"的内容聚集、主题突出，更适合教师的需要。"微课"的主要目的是突出课堂教学中某个学科的知识点，或是反映课堂中某个教学环节、教学主题的教与学活动，相对于传统一节课要完成的复杂众多的教学内容，"微课"的内容更加精简，因此又可以称为"微课堂"。

3. 资源容量较小

从大小上来说，"微课"视频及配套辅助资源的总容量一般在几十兆左右，视频格式须是支持网络在线播放的流媒体格式（如 rm、wmv、flv 等），非常适合教师的观摩、评课、反思和研究。

4. 资源构成"情景化"，资源使用方便

"微课"选取的教学内容一般要求主题突出、指向明确、相对完整。它以教学视频片段为主线，"统整"教学设计（包括教案或学案）、课堂教学时使用的多媒体素材和课件、教师课后的教学反思、学生的反馈意见及学科专家的文字点评等相关教学资源构成了一个主题鲜明、类型多样、结构紧凑的"主题单元资源包"，营造了一个真实的"微教学资源环境"。

5. 主题突出、内容具体

一个课程就一个主题，或者说一个课程讲一件事。研究的问题来源于教育教学具体实践中的具体问题，或是生活思考，或是教学反思，或是难点突破，或是重点强调，或是学习策略、教学方法、教育教学观点等，都是具体的、真实的、自己或与同伴可以解决的问题。

6. 草根研究、趣味创作

正因为课程内容微小，所以人人都可以成为课程的研发者。

7. 成果简化、多样传播

因为内容具体、主题突出，所以研究内容容易表达、研究成果容易转化；因为课程容量微小、用时简短，所以传播形式多样（网上视频、手机传播、微博讨论）。

8. 反馈及时、针对性强

由于在较短的时间内集中开展"无生上课"活动，参加者能及时听到他人对自己教学行为的评价，获得反馈信息。

那么，如何制作一门优秀的电子微课呢？以下六步将可以帮您制作一节精品电子微课：

A——Analysis，**内容和目标分析**。首先要对线下课程的主题、内容和教学目标进行分析，选取重点、难点、覆盖面广的单一知识点进行电子微课

设计。

B——Big Idea，**确定主题、风格和微课主创意**。根据分析，选取特定的微课角度和主题，根据内容确定电子微课的风格，构思出电子微课的主创意，电子微课要生动、幽默。

C——Create & Tell a Story，**创造设计故事脚本**。电子微课制作前必须设计出创意故事脚本，整个课程制作的每一页都要有脚本。

D——Design，**教学设计**。麻雀虽小，五脏俱全，电子微课虽然短、不能与学员面对面、会限制教学手法的使用，但教学手法在电子课件中依然非常重要，要设计得像游戏一样，才能吸引学员更好地学习和掌握。

E——Courseware Editing，**电子课件编辑制作**。借助电子微课开发软件进行微课的编辑制作，要注意素材恰当、画面美观、动画效果连贯、故事趣味强等。

F——Final Modify & Online Launching，**最后修改及发布**。最后环节就是对开发的电子微课进行仔细的修改和美化，精益求精，打磨一个精品的微课，并在在线平台进行发布和学习运营。

最后，数字化学习平台的运营是成功关键，一直以来也是数字化系统落地的短板。企业建设的各种数字化学习平台或许会有技术的先天不足，或许内容也算不上精良，但只要加强对平台及内容的运营和管理，就一定会取得较好的效果。

1. 平台集成，流量导入

将公司的官网、OA办公系统、人力资源系统、微信公众号和企业号、抖音、快手等新媒体号系统平台进行全面的集成和关联，互相导入流量，这是提升平台运营效率的重要方式。

2. 数据挖掘，深度定制

培训经理必须有大数据意识，善于设计模型、分析数据，通过对数据的深度挖掘和使用，反过来影响培训需求、学习产品设计、培训绩效转化等。

3. 精品课程，定向推送

培训经理要根据业务和员工发展的关键节点，定期将学习平台上的精品课程进行定向精准推送。满足学员痛点需求的产品才是好产品，"锦上添花不如雪中送炭"，这样平台才有活力。

4. 项目策划，学习应用

在关键核心人才项目的设计过程中，培训经理要用线上线下相结合（O2O）的模式，发挥线上平台在培训项目中"翻转课堂"的作用，将线上知识自然而然地融入学习任务中，并通过在线学习实现对学习过程的数字化管理。

5. 工作辅助，知识分享

每家公司在日常经营中，都会有自己一些独特的管理模式和管理工具，如海尔的"OEC管理法"（日清）、联想的复盘管理等，可以在学习平台上开发相关知识内容和辅助工具，增强员工对学习平台的工作依赖度，鼓励员工通过平台进一步总结提炼和分享传承新的工作模式、业务知识。

6. 活动策划，事件营销

平台应尽可能配合如"全员质量月""安全生产月""核心价值观知识竞赛"等生产经营活动，也可以配合人们生活中的一些重要的节日和事件，比如教师节、知识产权日，甚至二十四节气等，都可以结合进行学习活动策划，通过事件活动进一步提升平台的活跃度、影响力。

7. 积分体系，刺激学习

对于在线学习表现突出的项目和学员，企业要通过积分体系给予及时的激励，企业在线学习的激励体系可以包括物质层面和精神层面的内容，如积分、勋章、排行榜、最优学员评选、礼品兑换等。北汽福田在新员工"五步成才法"项目中，就为"拯救擎天柱"阶段的学习设置了10个福田欧曼的重卡车模，奖品一经抛出，便极大地掀起了学员的学习兴趣，并提升了学习效果。

平台、内容和运营是在线学习的"三驾马车"，每家企业也都致力于打造超强体验、内容丰富、高效运营的数字化学习平台。

"前台超强学习体验，中台高效体系运营，后台强大技术支撑"指的是：

"前台超强学习体验"：要像"网上商城"一样牢牢把学员吸引在平台上，使学员喜爱、愿意投入时间学习；系统完善，允许学员随时随地高效学习；海量资源，支持学员快捷选课和智慧推送；路径清晰，支撑员工能力进阶；知识有趣、通俗易懂、生动有趣，促进学员的知识吸收。

"中台高效体系运营"：支持全流程培训管理，运营高效；支持讲师快捷、高效的课程开发、在线交付；支持管理者随时查阅员工学习数据、参与学习过程；支持组织智慧沉淀，方便各部门留存、调用资源。

"后台强大技术支撑"：系统功能强大，支撑海量用户；云端数据管理，支撑海量资源；系统架构完善，支持多场景应用。

图书在版编目 (CIP) 数据

老HRD手把手教你做培训：实操版/潘平，闫吉伦著. —北京：中国法制出版社，2021.1

（老HRD手把手系列丛书）

ISBN 978-7-5216-1512-8

Ⅰ.①老… Ⅱ.①潘… ②闫… Ⅲ.①企业管理—职业培训 Ⅳ.① F272.92

中国版本图书馆 CIP 数据核字（2020）第 248303 号

策划编辑：潘孝莉

责任编辑：潘孝莉　陆伶楠　　　　　　　　　　　　封面设计：汪要军

老HRD手把手教你做培训：实操版
LAO HRD SHOUBASHOU JIAO NI ZUO PEIXUN: SHICAOBAN

著者/潘　平　闫吉伦
经销/新华书店
印刷/三河市紫恒印装有限公司
开本/730毫米×1030毫米　16开　　　　　　　　印张/22　字数/330千
版次/2021年1月第1版　　　　　　　　　　　　　2021年1月第1次印刷

中国法制出版社出版

书号 ISBN 978-7-5216-1512-8　　　　　　　　　　定价：59.00元

北京西单横二条2号
邮政编码100031　　　　　　　　　　　　　　　　传真：010-66031119
网址：http://www.zgfzs.com　　　　　　　　　　 编辑部电话：010-66022958
市场营销部电话：010-66033393　　　　　　　　　邮购部电话：010-66033288

（如有印装质量问题，请与本社印务部联系调换。电话：010-66032926）